AF576199

LES DÉPLACÉS

Chemins de la Mémoire

Fondée par Alain Forest, cette collection est consacrée à la publication de travaux de recherche, essentiellement universitaires, dans le domaine de l'histoire en général.
Relancée en 2011, elle se décline désormais par séries (chronologiques, thématiques en fonction d'approches disciplinaires spécifiques). Depuis 2013, cette collection centrée sur l'espace européen s'ouvre à d'autres aires géographiques.

Derniers titres parus

Lafage (Franck), Louis III, dernier roi de Bavière, (1913-1918), *Un souverain dans la tourmente de la Première Guerre mondiale,* 2018.
Louis (Abel A.), *Le livre et ses lecteurs en Martinique de la fin du Directoire à la Monarchie de Juillet (1799-1848). Essai d'histoire sociale et matérielle*, 2018.
Lagardère (Vincent), *Commerce fluvial et batellerie sur l'Adour du xvii*e *au xviii*e *siècle. Les ports de Dax, Saubusse, Port-de-Lanne, La Marquèze*, 2018.
Louis (Abel A.), *Le monde du négoce à Saint-Pierre sous la Monarchie de Juillet (1830-1848), Essai d'histoire sociale et matérielle,* 2017.
Feinermann (Emmanuel), *La tradition juive et sa survivance à l'épreuve de la shoah, Tome 1 et 2,* 2017.
Louis (Abel A.), *Les bourgeoisies en Martinique (1802-1852). Une approche comparative,* 2017.
Massé (Paul), *Le monde au siècle de Louis XIV. Faits historiques et politiques, société, économie, sciences, littérature, arts, religions,* 2017.
Vignal Souleyreau (Marie-Catherine), *« La raison de guerre », Correspondance du cardinal de Richelieu, Année 1635,* 2016.
Galand (Benjamin*), Le sport dans les régimes totalitaires européens au XX*e *siècle. L'exemple du III*e *Reich, 2016.*
Marin (Jean-Pierre), *François-Octave Le Cannellier, Amiral Normand (1855 – 1933), Livre premier et deuxième,* 2016.

Ces dix derniers titres de la collection sont classés
par ordre chronologique en commençant par le plus récent.
La liste complète des parutions, avec une courte présentation du contenu des ouvrages,
peut être consultée sur le site www.harmattan.fr

Claudine Anne Giacchetti

LES DÉPLACÉS

La diaspora juive est-européenne dans la France occupée

Témoignages et combats

Du même auteur

Maupassant : espaces du roman, Genève, Droz, 1993.

Delphine de Girardin : la muse de Juillet, Paris, L'Harmattan, 2004.

Poétique des lieux :
enquête sur les mémoires féminins de l'aristocratie française (*1789-1848*),
Paris, Honoré Champion, 2009.

5-7, rue de l'Ecole-Polytechnique, 75005 Paris

http://www.editions-harmattan.fr

ISBN : 978-2-343-15596-8
EAN : 9782343155968

Remerciements

Je remercie l'Université de Houston pour la subvention de recherche qui m'a été accordée dans le cadre de ce projet.

Je tiens à exprimer ma plus profonde gratitude à toutes les personnes qui, de près ou de loin, m'ont aidée, soutenue et encouragée, et grâce auxquelles cet ouvrage a vu le jour :

Henia Jagla, Suzanne Vence, Anna Hazon, les regrettées Gisèle Szmerlis et Jacqueline Vierny, ainsi que les anciens déportés de Buchenwald Henri Lacroix, Jean Lorge et Jean Marion, dont les témoignages forment la trame de ce livre.

Nelly Vaufrey, présidente de l'Amicale des enfants de déportés de Saint-Claude, et Christel et Patricia Mandelbaum, qui m'ont permis de recueillir certains de ces témoignages.

Lysanne Cordier, archiviste de la Maison du Peuple à Saint-Claude.

Raymonde Frankenstein, Suzanne Grinblatas, Annick Grinzstein, Rina Grunwald, Nathalie Rothkoff, Renée Skoroupka, Edith Spindler et Lise Weill pour les entretiens qu'elles m'ont accordés.

Anne-Marie Granetier-Barcus, Irène Haddad et Marie O'Donnell pour leurs conseils et leur relecture du manuscrit.

Luc et Pierre Vitorge, qui m'ont communiqué le résultat de leurs recherches sur la famille Vitorge, et Pascale Vitorge pour ses traductions.

Françoise Lefebvre, Marie-Claude Vitorge et Lucile Youdelevitz pour leurs récits de la « seconde génération ».

Sylvie Giacchetti pour sa précieuse contribution à ce travail et pour sa réflexion, qui a éclairé la mienne.

Edith Giacchetti-Vitorge, ma collaboratrice et correctrice, dont l'engagement et le combat restent, dans l'histoire familiale, un modèle de courage et d'optimisme. Elle est l'âme de ce livre.

Maïka Haddad, qui m'a donné l'élan de cette longue traversée. Il en a partagé l'aventure et en a accompagné l'écriture.

Je dédie cet ouvrage à Georges Dubus, à Mathilde Soloveitchik-Jewnin et à la famille Bezalel, assassinés dans les camps nazis. Je le dédie aussi à mes enfants Stefan et Jérémy et à leurs futurs enfants, qui seront les passeurs, sur un autre continent, de la mémoire des déplacés.

INTRODUCTION

Imaginons le voyage de ces familles juives qui se déplacent à travers les *oblasts* - ou régions administratives - de l'Empire russe, dans les années 1880, des hommes et des femmes qui ont l'habitude du déracinement. Ils quittent leurs maisons, poussés par une vague inquiétude, s'installent ailleurs, puis perdent leurs titres de propriété, ou sont simplement chassés, se recasent, et fuient à nouveau, arrachés à leurs foyers par les *pogroms* ou d'autres formes de violence.

Les étendues qu'ils franchissent sont des terres sans couleur, sillonnées, dès le milieu du XIXe siècle, par les lignes de chemin de fer qui s'étalent sur des milliers de kilomètres, reliant entre elles les grandes villes de Russie, et s'arrêtant dans les centres industriels comme Bialystok, en Biélorussie, où ils se sont installés. Puis les rails se déploient vers le nord, en direction de l'échangeur d'Arkhangelsk, dans le cercle polaire, jusqu'à la colonie pénitentiaire où fut banni mon grand-père Yossif Vitorz (ou Witorzh) à l'époque du dernier tsar, Nicolas II. D'autres trains transportent les migrants vers l'ouest, à travers la Pologne, les déversant dans les gares d'une Europe aux frontières plus poreuses qu'aujourd'hui, chargés de bagages, les *chemodan*, comme on dit en russe pour désigner les valises, faites, défaites et refaites. Nous étions de là-bas, des Juifs de Russie, disait Edith, fille de Yossif.

La décision de s'expatrier en France, Yossif l'a prise dans l'urgence, à la fin de l'été 1909, alors que la police tsariste était à ses trousses. Il doit sa survie à ce départ précipité, car trente ans plus tard, aucun des membres de sa famille établis dans les villes de Pologne et de Tchécoslovaquie, n'échappa à la « catastrophe juive ». Dès son arrivée à Paris, l'orthographe de son nom fut modifiée, et il devint Joseph

Vitorge. Armé de son patronyme francisé et fort de son accent yiddish, le grand-père apatride s'exclamait « *jè soui fronceï* » lorsqu'on l'interrogeait sur son origine. Et cet homme qu'on appelait encore un *heimatlos*, ce « sans-papiers », fit de la France sa patrie de cœur.

Cette biographie familiale le place, après son arrivée à Paris, dans une communauté de personnes liées par la filiation, l'amitié, ou le partage du même espace culturel. J'ai suivi leurs parcours dans la succession des traversées et des déménagements. Puis, pendant l'occupation allemande, il y eut l'enfermement dans les camps, la fuite et l'entrée dans la clandestinité. Leurs journaux intimes, leurs correspondances et leurs papiers personnels, mis à ma disposition, m'ont permis de reconstituer les itinéraires de ces *déplacés*.

Entre 2009 et 2017, j'ai recueilli les témoignages de « survivants » parmi ces personnes déplacées, qui ont formé la trame narrative de ce récit. J'arrivais chez eux avec mon téléphone ou mon petit dictaphone numérique, que je posais sur la table, à côté des tasses de thé qu'on ne manquait jamais de me proposer. Ces hommes et ces femmes entraient dans ce qu'on appelle le « quatrième âge », et leurs interventions tardives ont souvent pris la forme d'un prodigieux bilan de vie.

Il me faut définir l'emploi que je fais du terme « survivant » de la persécution nazie. Le Mémorial de Yad Vashem, à Jérusalem, en donne une acception assez large sur son site anglophone, mais elle ne concerne que les Juifs qui « ont vécu sous la domination nazie ». Le United States Holocaust Museum à Washington D.C. donne une autre interprétation qui englobe toutes les personnes, juives ou non-juives, persécutées ou exclues par les nazis et leurs collaborateurs entre 1933 et 1945. Les définitions du terme varient selon les sensibilités de chaque communauté nationale et celle du musée de Washington reflète surtout la politique américaine d'inclusion. Cette définition me semble la plus pertinente, car elle comprend tous ceux qui furent les victimes directes du nazisme, sans restriction d'appartenance culturelle ou religieuse.

La discipline de l'histoire orale (*Oral History*) donne aux témoignages personnels - comme ceux que j'ai recueillis - une place privilégiée dans la pratique de l'histoire. Ces documents narratifs à la première personne relatent des expériences individuelles qui contribuent à la compréhension de notre passé et forment notre patrimoine mémoriel. Leur mérite documentaire est évident, mais leur valeur scientifique est parfois contestée, et probablement contestable, car ces récits, colorés - et donc déformés - par l'émotion et une certaine forme de lyrisme, peuvent manquer de cohérence et de rigueur[1].

Il est vrai que le témoignage oral est, par nature, fragmentaire, inachevé, souvent dégradé par l'oubli ou une réminiscence « fossilisée », particulièrement après de longs délais, et l'on est en droit de s'interroger sur son bien-fondé lorsque la mémoire, dont il est la forme narrative, est si peu fiable. Pourtant, même s'il est entaché d'*a priori* et d'approximations, le témoignage ne peut se soustraire à une exigence de vérité, ou plutôt de véridicité, qui est due au lecteur. Cette exigence est une condition *sine qua non* de tout récit de vie, elle est un gage d'authenticité. Dans la mise en texte des discours qui m'ont été confiés, j'ai moi-même respecté ce « pacte de lecture ». Mais ce qu'on retiendra du témoignage tardif, et qui le rend si utile, est précisément sa richesse affective.

D'un chapitre à l'autre, ceux et celles qui se sont confiés à moi m'ont avoué qu'ils n'auraient pas pu le faire plus tôt. Il en est de même des témoignages écrits qui m'ont été remis dans les dix dernières années. Leurs propriétaires ou leurs dépositaires ne s'en sont défaits que récemment. La raison ne m'en a pas été donnée, mais la parole s'est libérée, comme s'il s'agissait d'informations protégées qui sont, au fil du temps, « déclassées » et divulguées.

Ce recul, cette latence de près de quatre-vingts ans, loin d'être un sérieux handicap mémoriel, produit du sens. Il ne s'agit pas de recueillir des propos *in extremis*, dans la précipitation de la « dernière chance » chez des personnes d'un âge avancé. Le long sursis entre le vécu et sa mise en récit provoque une maturation du souvenir ainsi différé, et le dote d'une inévitable part d'invention. Cette suspension est une façon, pour le témoin, le rescapé, le survivant, d'assurer une transmission entière et plénière de son récit de vie tel qu'il le conçoit et tel qu'il l'a construit, au moment d'en passer le relais à la génération suivante. À nous de ne pas céder à l'oubliance.

---

[1] Wieviorka (Annette), *L'Ère du témoin*, Paris, Hachette, 1998, p. 180.

CHAPITRE 1

LES ENFANTS DE SHEYNÉ TEMÉ

En 1862, on peut facilement se rendre à Bialystok, car la ville est desservie par la nouvelle ligne de chemin de fer reliant Saint-Pétersbourg à Varsovie. Le visiteur est frappé, en sortant de la gare aux bâtiments blancs, par le mouvement incessant et bruyant de cette ville industrielle. L'une des personnalités de passage, cette année-là, est l'écrivain et journaliste russe Nikolaï Leskov : « La ville entière ressemble à un marché[1]» rapporte-t-il, ahuri par l'agitation des rues. Cette agglomération est située, depuis le début du siècle, dans la « Zone de résidence ». C'est ainsi qu'on appelle les territoires de Pologne, de Biélorussie, de Lituanie, de Moldavie et d'Ukraine annexés à l'Empire russe en 1791. Cette Zone a toutes les caractéristiques d'un immense ghetto pour la population juive qui y est cantonnée, car sauf dérogation spéciale il lui est interdit de se déplacer vers la Russie. Seuls les Juifs admis à l'université peuvent vivre en Russie, et pourtant, même pour ceux-là, issus de la bourgeoisie aisée, il existe un *numerus clausus*. La mémorialiste lituanienne Pauline Wengoroff donne l'exemple de son fils qui, pour faire des études à Saint-Pétersbourg dut, au grand dam de ses parents, se convertir au christianisme[2].

---

[1] Kobrin (Rebecca), *Jewish Bialystok and its Diaspora*, Bloomington, Indiana University Press, 2010, p. 19.

[2] Wengoroff (Pauline) *Memoirs of a Grandmother, Scenes from the Cultural History of the Jews of Russia in the Nineteenth Century*, Stanford CA, Stanford University Press, 2010, p. 226.

Bialystok ne sera rendu à la Pologne qu'à l'issue de la Première Guerre mondiale, et c'est donc de la Russie, que se réclameront, au début du XXe siècle, les Juifs qui y résident. Ils revendiqueront toujours une appartenance linguistique et sentimentale à la Russie, qu'ils transmettront à leurs enfants et petits-enfants.

Bialystok, le « nouveau Manchester », accueille chaque jour de récents immigrés, principalement de confession juive, à la recherche de meilleures conditions de vie ou chassés vers les agglomérations urbaines par les expropriations. Entre 1802 et 1897, année du recensement officiel par les autorités tsaristes, la communauté juive de Bialystok est passée de 2000 à 50 000 habitants, représentant, à la fin du siècle, 75% de la population de la ville, aussi surnommée « la Jérusalem du Nord ».

Un autre visiteur, Jean de Lhoumède, un Français sans renom, publia ses impressions de Bialystok en 1898 dans le magazine littéraire *La Revue hebdomadaire*. Violemment antisémite, il mentionne le nombre étonnant d'usines dirigées par des Juifs dans cette ville « mal pavée, mal bâtie et sale ». Il décrit une société très appauvrie, « toute disposée à mourir aujourd'hui, économiquement et socialement, au plus grand bénéfice des Juifs[3] ». L'article se termine sur un appel à la résistance nationaliste polonaise devant « l'invasion juive ». L'époque des *pogroms*, les actions de masse violentes contre les Juifs, avait déjà commencé à Bialystok.

C'est dans cette ville surpeuplée et en pleine expansion que s'est installé, dans les années 1880, l'ancien meunier Moshko (dit Moshe) Witorz, né en 1830, accompagné de sa femme Sheyné Temé, de son fils Aïzik, et de sa belle-fille Tsipa. Les petits-enfants de Moshe ne resteront pas à Bialystok et au début du XXe siècle, la famille reprendra le chemin de l'exode, cette fois hors des frontières de l'Empire russe.

Comme les autres familles juives nouvellement implantées à Bialystok, celle de Moshe n'arrive pas de terre étrangère mais d'une région relativement peu éloignée. Dans la longue traversée qui va pousser ses descendants vers l'ouest, Bialystok est un moment clé de leur itinéraire migratoire et le lieu d'ancrage de leur identité.

---

[3] Lhoumède, Jean de, « La Pologne », in *La Revue hebdomadaire* 1898, tome XII, Paris, Plon, pp. 469-482.

Le moulin brûlé

Ce déplacement général de la campagne vers les centres urbains ressemble à une immigration interne. On peut retracer le parcours de Moshe et de Sheyné Temé grâce à leur patronyme Witorz qui, dans les archives, s'épelle aussi Witorzh ou encore Vitorje. Ce nom a pour origine le village de Vitorzh, situé dans la région de Vitebsk, en Biélorussie, à quelque 500 km au nord-est de Bialystok.

Moshe y possédait un moulin. On ne sait pas grand-chose de ce patriarche, sinon qu'il était grand, une force de la nature disait-on, et qu'il s'était marié plusieurs fois, à la suite de veuvages successifs. Il avait été éborgné par le coup de sabot d'un cheval, ce qui semble être confirmé par les « signes particuliers » d'un passeport qui fut établi en son nom en 1904, où il est noté qu'il est « aveugle de l'œil gauche ». C'est une famille de milieu rural, dont les générations précédentes avaient été, comme de nombreux Juifs aux XVIIIe et XIXe siècles, régisseurs dans les domaines des Boyards, terme qui désigne tous les rangs de la classe noble de l'Empire russe. Moshe a pu ainsi réunir les fonds pour acheter son moulin, comme l'y autorisait le « règlement sur la situation des Juifs » promulgué par le tsar Alexandre Ier en 1804. Ces décrets encourageaient d'ailleurs les Juifs, du moins à ce moment dans l'histoire de la Russie, à établir des exploitations agricoles.

Ce règlement prescrivait aussi l'attribution de patronymes « officiels » pour tous les individus juifs, afin de procéder à leur « enregistrement ». Les toponymes étaient souvent utilisés dans la création d'un état civil et c'est ainsi que le nom Witorz fut accordé à la famille de Moshe, par référence à la petite bourgade où elle vivait.

Moshe a donc acquis son moulin avant la naissance, en 1860, de son fils Aïzik. Les privilèges dont avaient bénéficié ses père et grand-père lui avaient donné une relative aisance financière, et la politique d'assimilation des Juifs, sous le règne d'Alexandre II, eut probablement un effet stabilisant sur les affaires de la famille, du moins pendant la jeunesse de Aïzik. Or, en 1881, après l'assassinat d'Alexandre II, la situation se détériore rapidement. Les lois dites « de mai », législation antisémite et répressive, chassent les Juifs des zones rurales, leur interdisant de détenir des droits de propriété foncière. Moshe, alors âgé de 51 ans, commet un acte inattendu et dont se souviendra avec fierté son petit-fils Yossif et toutes les générations suivantes : il brûle son moulin plutôt que de le laisser entre les mains des autorités ou de ses voisins non-juifs.

Le moulin brûlé est un grand moment de l'histoire familiale, premier acte de refus, de révolte.

Ces années 1880 sont pourtant, pour la famille de Moshe, comme pour de nombreux Juifs de la région, une époque de grande transformation, de modernisation urbaine, d'expansion économique qui leur sera favorable. Mais parallèlement, les restrictions imposées aux Juifs se succèdent sans relâche, et les persécutions, qui aboutissent aux *pogroms* de 1881-1882, marquent tous les esprits et indignent la presse étrangère, particulièrement dans les pays anglo-saxons. Enfin, le climat de mauvaise entente entre Juifs et Chrétiens qui dure depuis longtemps, un permanent « dialogue de violence », sème l'inquiétude chez certains, la terreur chez d'autres. Si Moshe pensait mettre sa famille à l'abri en l'installant à Bialystok, il faisait un bien mauvais calcul.

Bialystok mayn heym

Aïzik, fils de Moshe et de Sheyné Temé, avait épousé Tsipa Kantor vers 1880. Peu après le mariage de leur fille, les Kantor avaient rejoint la masse d'émigrés juifs qui fuyait les persécutions et ils s'étaient installés en Argentine, l'une des deux destinations les plus importantes, avec les États-Unis, de cette diaspora juive de l'Europe de l'Est à la fin du XIXe siècle. Un tel déplacement familial coupa Tsipa de sa famille de façon permanente, et l'on n'a jamais pu trouver trace des Kantor de l'autre côté de l'Atlantique. Ils échappèrent en tout cas au destin qui attendait les Juifs restés à Bialystok : en 1941, après le meurtre d'environ 5000 personnes de la communauté juive et la destruction des synagogues, un ghetto fut construit dans la ville. Deux ans plus tard, à la liquidation du ghetto, 40 000 Juifs furent déportés vers les camps d'extermination. De cette époque date le poème d'Avrom Shevakh, *Bialystok mayn heym* que l'on peut traduire par « Bialystok ma patrie ». Ce fut une chanson populaire en 1943, parmi les émigrés Juifs d'Argentine. C'est une belle mélodie, lente et mélancolique, qui raconte la souffrance des habitants du ghetto.

Si Aïzik et Tsipa ne suivirent pas la famille Kantor dans leur exil sud-américain, c'est peut-être à cause de Moshe. Le borgne incendiaire était un homme vieillissant, qui n'avait probablement pas les ressources nécessaires, ni peut-être l'envie d'accomplir un voyage si long et si périlleux. Et donc personne, ni Moshe, ni sa femme Sheyné Temé, ni leur fils Aïzik ou leur belle-fille Tsipa ne prit le chemin des Amériques. Pour le jeune couple, d'ailleurs, pas de regret, car le Bialystok des années 1880, les années de leur jeunesse, représentait un avenir plein de promesses, une vie meilleure, malgré le climat de violence et le pressentiment de l'insécurité à venir. Pour eux, Bialystok possédait un double avantage, économique et culturel, qui leur permettrait de bien s'intégrer dans ce nouveau milieu urbain où les écoles juives, les organismes sociaux et les lieux de cultes ne manquaient pas, et où l'industrie et le commerce étaient des secteurs occupés en grande majorité par des entreprises et des travailleurs juifs. Leur objectif était de créer un petit commerce et de préparer l'avenir de leurs futurs enfants.

À Bialystok, Aïzik et Tsipa se sont installés avec les parents Witorz, Moshe et Sheyné Temé, dans le quartier juif de *Chanajki*, où l'activité artisanale est concentrée et où l'on parle presque exclusivement le yiddish. Ce quartier, avec ses maisons de bois basses et irrégulières, collées les unes contre les autres, parfois pourvues d'une cour fermée où travaillent les artisans, ses échoppes exiguës, ses rues aux petits pavés mal alignés et ses trottoirs si étroits que les passants doivent emprunter la chaussée, est à proximité de la rue Lipowa, ou « rue des Tilleuls », l'une des grandes artères de la ville. Cette avenue, avec ses belles maisons aux façades blanches dont les balcons sont ornés de balustrades en fer forgé et ses bâtisses en pierre, est un espace résidentiel où vit la bourgeoisie juive. Près du grand marché où les paysans des environs vendent chaque jour des produits frais sur des étals débordant de marchandises, se dresse la tour de l'horloge, bâtiment sobre, dont la façade est toute blanche, comme d'ailleurs celle de l'imposante synagogue du centre-ville. Tout autour, les rues aux nombreuses boutiques ornées de belles vitrines sont animées d'une circulation intense, dans tous les sens, avec ses piétons, ses calèches, ses charrettes et ses tramways encore tirés par des chevaux.

Tsipa et Aïzik ont ouvert un débit de boissons où ils vendent du *kwas*, boisson fermentée à base de seigle et d'orge. Petits commerçants d'origine modeste, ils ont, en quelques années, développé leur négoce en y adjoignant une fabrique de bouchons de liège et d'eau de Seltz. Cette eau gazéifiée, la *Belchwasser*, est d'ailleurs devenue une boisson très répandue chez les Juifs américains dans les années 1930. C'est pour leur eau de Seltz que les Witorz sont connus dans leur voisinage à Bialystok, et l'on a ainsi surnommé leur fils Yossif *Sode-Wasser*, sobriquet qui signifie en yiddish « eau gazeuse », mais qui est peut-être lié à la personnalité plutôt « effervescente » du garçon.

Aïzik est un homme doux et généreux, se souvient sa petite-fille Edith. Ils figurent tous deux sur une photographie prise dans un studio à Paris, en 1926. Edith a un peu plus d'un an, le regard espiègle, et Aïzik doit approcher des 70 ans, avec sa longue barbe blanche et son costume noir qui lui donne l'air d'un religieux. Il a le sourire calme d'un homme heureux. Un portrait, pris à Bialystok en tirage sépia le montre lorsqu'il est adolescent, tout aussi mince que le vieil homme de 1926, la barbe encore peu fournie, étriqué dans une sorte de blouse ou de veste qui semble mal taillée, le visage tourné sur le côté, comme fixant l'avenir d'un regard à la fois déterminé et anxieux, ou peut-être simplement curieux.

On le retrouve une fois encore à 51 ans, en 1911, dans un portrait avec Tsipa, sa femme. C'est une photo prise à Bialystok. Ils ont des airs de rentiers sur cette carte postale cartonnée de bonne qualité, elle tout engoncée et bien droite dans un grand manteau noir orné d'un gros ceinturon, un chapeau à plumes posé sur sa tête toute ronde, ses gros bras le long du corps, ce qui lui donne une certaine raideur militaire. À ses côtés, Aïzik est légèrement de biais, le pied gauche en avant, comme s'il allait à la rencontre de l'objectif, chapeau mou sur la tête, sa longue barbe encore noire couvrant le haut d'un élégant manteau ajusté, les mains dans les poches, le sourire tranquille et un peu moqueur. À partir de ces trois clichés d'atelier de photographie, je saisis le parcours du jeune homme aux débuts difficiles qui a cependant réussi, sûrement avec l'aide de Tsipa, à vaincre la précarité et à profiter de la mobilité sociale pour créer sa petite entreprise d'eau de Seltz et de bouchons qui mettra sa famille à l'abri du besoin.

Aïzik et Tsipa ont eu dix enfants, dont trois seulement ont survécu dans l'âge adulte. On ne sait presque rien des autres, ni du fils aîné, l'enfant chéri de Tsipa, sinon qu'il est mort à 20 ans de la fièvre typhoïde, ni de Myriam qui a perdu la vie à cinq ans en tombant d'une armoire, ni des cinq autres enfants, morts à la naissance ou en bas âge. La mortalité infantile reste élevée à l'époque, mais on peut imaginer que dans ce foyer, elle est excessive, indice de débuts difficiles dans un environnement assez insalubre. Un contemporain de Aïzik, l'historien

Awrom Szmuel Herszberg, décrit dans ses *Mémoires* le Bialystok des années 1880 qu'il compare à un *Shtetl*, un village, malgré le boom économique qui a enrichi quelques familles : ni eau courante, ni électricité, une survie assurée surtout par le petit commerce et l'artisanat, mais pour certains aussi le travail de misère dans les manufactures textiles qui se sont installées dans la région au début du siècle[4]. Pourtant, l'entreprise de bouchons se développe, et tout semble indiquer que Aïzik et Tsipa vivent confortablement de leurs revenus et se sont même hissés dans la classe bourgeoise. Au moment de la Première Guerre mondiale, leur adresse rue Lipowa, la rue des Tilleuls, trouvée sur une carte postale, confirme leur réussite sociale.

Les trois enfants vivants du couple, Ézéchiel, qu'on appellera Léon, né en 1884, Yossif, alias *Sode-Wasser*, né deux ans plus tard, et enfin Sonia, dite Sorkelé, née en 1894, connaissent ainsi une enfance protégée. Les parents mettent leurs deux garçons à la *yeshiva*, où les élèves sont orientés vers une formation religieuse. Ils imaginent déjà leurs fils entrant dans ce monde si respecté et si hautement cultivé des *Rebbe*. C'est le rêve de ces petits commerçants pieux.

Pour Sorkelé, on prévoit un établissement pour filles, un *heder* où elle pourra acquérir une solide éducation, peut-être l'une de ces écoles publiques pour Juifs créées par le gouvernement pour enseigner aux enfants - en russe car le polonais était strictement interdit dans les écoles - les rudiments des matières générales en complément de l'enseignement religieux. Le sobriquet affectueux de Sorkelé sera remplacé, à l'âge adulte, par le surnom de « Sonia-la-grande », pour la distinguer de la femme de son frère Léon, « Sonia-la-petite ». D'une taille supérieure à la moyenne, agréable sans être jolie, couvée par une mère dont elle est la seule fille qui ait survécu, et par son frère Léon qui lui voue un amour fou, Sonia est d'un caractère taciturne. Sur les photos, surtout en présence de ses belles-sœurs, elle affiche un regard de plus en plus triste, au fil des ans. Elle ne se mariera jamais et restera jusqu'à leur mort auprès de ses parents, Tsipa et Aïzik.

On ne sait pas dans quelles circonstances ni à quel moment Aïzik a conçu le projet de son entreprise de bouchons. C'est en tout cas vers la fin des années 1880 qu'il part à Varsovie pour apprendre, selon ce qu'en a dit Yossif, la fabrication des bouchons de liège. Pendant cette absence

---

[4] http://www.zchor.org/bialystok/toc.htm. Ce mémorialiste périt dans la liquidation du ghetto de Bialystok en août 1943.

qui va durer deux ans, un temps bien long pour un tel apprentissage, il laisse à Tsipa la charge non seulement du bistrot, mais des enfants, encore en bas âge. Cette femme, qui n'a pas l'air commode, dirige l'affaire avec une grande fermeté, épaulée par sa belle-mère Sheyné Temé. Elles n'hésitent pas, raconteront leurs enfants, à jeter dehors les ivrognes et les mauvais payeurs. Mais surtout, à elles seules, ces deux femmes réussissent à faire vivre la famille et probablement aussi Aïzik qui n'a, durant son séjour à Varsovie, aucun revenu. De retour de son mystérieux périple muni de son expertise en bouchons, Aïzik se transforme en homme d'affaires. Son fils Yossif, pour l'instant du moins, n'a aucune intention de poursuivre des études ennuyeuses au possible dans sa *yeshiva*, ni de prendre la suite de son père dans l'entreprise familiale.

Ni Dieu ni maître d'école

A l'école, le petit *Sode-Wasser* commence à faire parler de lui, mais pas pour ses performances scolaires. S'il ressemble à son père, il n'a rien hérité de sa placidité. Très tôt, il se révolte bruyamment contre les méthodes de ses maîtres, qu'il juge archaïques et insipides, insulte son professeur, et s'insurge en général contre l'institution scolaire. Il fait partie de ces jeunes « hérétiques » qui lisent en cachette des livres en russe dissimulés derrière le Talmud. Dans ses *Mémoires d'une révolutionnaire juive*, Puah Rakovsky, née en 1865, explique le système éducatif à Bialystok, en cette fin du XIXe siècle, période de la scolarité de Yossif[5]. Les jeunes, dit-elle, sont influencés par le mouvement culturel de la *Haskala*, dont les partisans souhaitent une plus grande intégration de la communauté juive dans la société civile, y compris l'adoption de la langue vernaculaire au détriment du yiddish. Yossif est un adolescent de son temps, et il se rebelle facilement. Il est vite acquis à toutes les idées nouvelles ou révolutionnaires qui enflamment la jeunesse juive de Bialystok dans les années 1900. Il

[5] Rakovsky (Puah), *Mémoires d'une révolutionnaire juive*, Paris, Phébus, 2006, pp. 15-40.

entraîne avec lui son frère aîné Léon qui, s'il partage ses convictions, n'a ni son goût du risque ni sa volonté d'engagement.

Il faut dire que Léon était d'un caractère aussi posé que celui de Yossif était emporté. Les deux frères ne se ressemblaient en rien. Léon était petit, un peu moins corpulent que son cadet, d'un abord doux et affable, vêtu avec élégance. Yossif, à côté, avait l'air débraillé. Il était aussi carré que grand, le visage angulaire, le nez immense, les sourcils et la moustache très fournis, les yeux noirs et le regard rieur. Ses petits-enfants voyaient en lui un « géant » qui parlait et riait toujours trop fort. Par contraste, Léon avait la parole plus modérée, le débit moins fougueux. Il possédait un formidable sens de l'humour et cultivait l'accent yiddish que son frère exhibait sans même s'en rendre compte.

Le jeune idéaliste qu'était Yossif, poussé vers l'athéisme par un sens aigu de la contestation et un refus des affirmations dogmatiques, très en conflit avec son milieu familial pieux et traditionaliste et avec l'autorité en général, trouva dans le mouvement anarchiste un moyen de s'arracher à son ghetto. Mais ses raisons furent aussi d'ordre moral, car Yossif croyait vraiment dans un monde meilleur, et sa révolte était celle d'un homme profondément blessé par toutes les injustices dont il était le témoin. Il avait entraîné dans son militantisme une jeune lycéenne, Goutia Soloveitchik. La famille de la jeune fille, appartenant à la bourgeoise juive de Bialystok, n'aurait sûrement pas accueilli avec bienveillance ce grand adolescent révolutionnaire, et il est fort possible que Goutia n'ait rien dit à ses parents de ses fréquentations.

Le père de Goutia, Boris (Berko sur les papiers officiels), était propriétaire d'une usine de recyclage de tissu, ce qui, dans cette ville de l'industrie textile, devait assurément lui procurer une aisance financière supérieure à celle de petits commerçants comme les Witorz. De la mère de Goutia, qu'on appelait Bella mais qui se prénommait Méhama, on ne sait absolument rien, sinon son nom de famille, Chatzki, qu'elle était très belle (d'où son surnom), et qu'elle est morte jeune. Goutia avait neuf frères et sœurs, dont Mathilde, fille que Boris avait eue d'un premier lit. Dans les deux familles, les Witorz et les Soloveitchik, dix enfants sont nés, mais dans la famille de Goutia, aucun n'est mort en bas âge. Tous les enfants sauf Mathilde, déjà adulte, vivaient dans la maison paternelle, située dans le secteur huppé de la ville, près du parc public où peut-être Goutia avait croisé Yossif, vers 1904, au moment de sa radicalisation politique. Elle avait 14 ans, et lui 18.

Goutia est une jeune fille au teint très mat, dont le visage ovale, le nez fin, de grands yeux bruns, une bouche bien dessinée font d'elle une jolie personne. Sa petite taille est compensée par une très longue chevelure brune et une silhouette fine. Il ne lui a pas été difficile de se faire remarquer par le jeune militant anarchiste. Éduquée dans le système des écoles publiques juives qui n'enseignent pas l'hébreu, elle fréquente le lycée de filles (le *gymnasium*), preuve que sa famille n'est pas trop traditionaliste, car les élèves ne sont pas dispensés d'étudier le jour de *Shabbat*. Goutia y reçoit un enseignement général en russe, et apprend aussi l'allemand, qu'elle maîtrise bien. Elle se destine à être institutrice, et est certainement plus éduquée que Yossif, l'autodidacte.

Elle bénéficie d'une certaine liberté de mouvement qui lui permet de rencontrer d'autres jeunes du quartier, dont Yossif, et d'écouter leurs discours anti-tsaristes. Sa meilleure amie Louba se destine à des études de médecine, et toutes deux rêvent d'un avenir heureux à Bialystok, en se promenant devant les belles vitrines du centre-ville. Goutia en particulier, est une jeune fille coquette qui aime les tenues élégantes et les chapeaux à la mode. La révolution n'est sûrement pas sa priorité, bien qu'elle partage les idées de ce grand Witorz, qui la courtise.

La question que je me pose est celle des motifs qui ont pu pousser Yossif vers les mouvements anarchistes extrémistes et à rejoindre, en 1904, le parti maximaliste plutôt que le parti socialiste, établi à Bialystok vers 1898, qui aurait pu répondre à ses aspirations politiques. Tout est affaire de contexte bien sûr. Je trouve une réponse lorsque je consulte le récit que sa fille Edith a rédigé, d'abord en 1983, puis en 1999, et qu'elle a intitulé *Les Vitorge*. Pour elle, c'est bien l'antisémitisme d'État que Yossif combattait de toutes ses forces. La peur permanente que les *pogroms* des années 1880 avaient inspirée à ses parents et l'injustice des lois contre les Juifs dans la Zone de résidence, étaient la raison de son attachement aux formes violentes - terroristes dirait-on aujourd'hui - du programme « maximum ». Il n'avait eu aucune attirance pour le mouvement sioniste, également très important parmi la jeunesse juive de Bialystok, mais qui n'avait pour lui aucun sens. Il se dira même plus tard « antisioniste ». Au cours d'un entretien qu'elle m'a accordé en 2009, Edith a expliqué ainsi la position de Yossif : « il ne pensait pas que le 'problème juif' pouvait être dissocié des problèmes de l'exploitation des ouvriers et des paysans pauvres ». L'idée d'une autonomie nationale juive, et d'une possible relocalisation en Palestine ne convenait pas à ses idées d'internationalisme.

Yossif n'a pas non plus rejoint le Bund (Union générale des travailleurs juifs), l'un des premiers mouvements socialistes, né en Lituanie à la fin du XIXe siècle, qui se voulait laïque et s'opposait au sionisme. Il est probable que pour lui, le Bund ne prônait pas suffisamment la rupture avec les traditions juives, car ce mouvement cherchait à mobiliser les travailleurs juifs sans pour autant remettre en cause leurs pratiques religieuses et leurs valeurs traditionnelles.

Pour ce garçon qui ne connaissait rien de la vie ouvrière et vivait une adolescence particulièrement récalcitrante, l'anarchisme fut un choix qu'explique bien Puah Rakovski dans ses *Mémoires*, à propos de son propre fils, à peu près du même âge que Yossif :

> Le fait que mon fils [. . .] se tournât vers le mouvement révolutionnaire le plus extrémiste - l'anarchisme - ne fut pas pour moi une surprise absolue, c'était là le résultat rationnel et logique de son approche radicale et délibérément sans compromis[6].

Mais même à Bialystok où se côtoyaient de nombreux mouvements révolutionnaires, le groupe des anarchistes restait très marginal. L'historien Daniel Grinberg rappelle que si une écrasante majorité d'anarchistes était d'origine juive, ce choix libertaire était vraiment trop radical pour avoir eu un véritable ancrage dans la communauté juive : « Seuls quelques individus eurent le courage d'opter pour un courant qui ne tenait aucun compte des particularismes juifs au nom de la révolution générale[7]. » Yossif fut de ceux-là.

C'est en 1903 - Yossif a alors 17 ans, âge des grandes aspirations politiques - que plusieurs ex-membres du Bund fondent le mouvement anarchiste à Bialystok. Inspiré par ses lectures de Bakounine et les discours qu'il a pu entendre dans les réunions clandestines des groupes extrémistes, Yossif rejoint la lutte armée contre l'ordre établi. Il est témoin, dès 1903, de la répression policière contre les ouvriers

---

[6] *Ibid.*, p. 134.

[7] Grinberg (Daniel), « Formes de la militance juive radicale en Pologne », in *Juifs et anarchistes, histoire d'une rencontre*, Amedeo Bertolo éd., Paris, Éditions de l'Éclat, 2008, p. 168.

mobilisés dans des mouvements de grève ou dans des manifestations de rue, et de la violence qui s'amplifie, alors que les *pogroms* se succèdent dans les villes de la Zone de résidence, passant de trois en 1903 à 46 en 1904, à plus de deux cents en 1905. Dans la famille, on s'inquiète, à tel point qu'il est question de quitter la ville. Ainsi, en 1904, Moshe obtient un passeport, document indispensable pour tout Juif qui souhaite voyager dans une ville de la Zone de résidence autre que celle où il est inscrit. Le passeport porte la mention suivante : « Délivré le 27 juillet 1904 à Mochko Meyer-Guerchkovitch Witorz, petit bourgeois de la commune de Kaménets-Litovsk, par le gouvernement de Grodno, pour les localités où les Juifs sont autorisés à résider ». Mais ce projet de fuite est abandonné, probablement au moment de l'arrestation de Yossif.

Ce dernier, encouragé par le succès des militants anarchistes qui organisent, au cœur de la communauté, des actions d'auto-défense et d'entraide est de plus en plus engagé dans la lutte contre le pouvoir, et dans ce qu'il appelle déjà la « résistance ».

Les *pogroms* n'étaient pas des déchaînements populaires spontanés de violence antisémite contre les communautés juives passives et prises au dépourvu. Au contraire, la résistance juive était en général bien mieux organisée qu'on ne l'a cru : d'après les rapports transcrits dans le *American Jewish Year Book* sur chacun de ces *pogroms*, c'est la résistance juive, parfois aidée par les militants du Bund et des syndicats, qui a permis de limiter les pillages et les meurtres parmi les populations juive et chrétienne, devant la passivité de la police et l'incitation à la violence de la part des soldats et des forces de l'ordre.

Il est clair que le mouvement d'auto-défense eut un impact remarquable sur la psychologie des militants-résistants, les valorisant dans leur sentiment de solidarité et de responsabilité envers tous les opprimés, à la fois dans la communauté juive et à l'extérieur. La conviction, chez les jeunes révolutionnaires de Bialystok dans les années 1900, que par leur action collective, ils se rendaient aussi maîtres de leur destin individuel, leur a permis de dépasser et de sublimer toute la colère, la frustration ou l'indignation qui les animait depuis leur enfance traversée par les récits d'humiliation et d'injustice que leur faisaient leurs parents.

C'est ainsi que je comprends les années de formation de Yossif, la construction de son caractère indocile et combatif, mais aussi sa fierté de Juif. Tout en étant farouchement athée, anarchiste, puis plus tard sympathisant communiste, tout en clamant son « apatridie », et aussi, contradictoirement, son attachement au sol français, il n'a jamais perdu le lien profond à ce quartier juif du Bialystok de son enfance. Et il l'a transmis à ses enfants, qui l'ont transmis à ma génération. Car autrement, comment l'aurais-je moi aussi ressenti comme un îlot égaré de ma géographie intérieure ?

Yossif, comme les autres militants anarchistes juifs de Bialystok, croyait en un monde meilleur, juste et égalitaire. Comme eux, il était d'une très grande jeunesse (la majorité avait moins de 20 ans), était issu d'une famille d'artisans, et avait suivi un cursus scolaire assez court, qu'il compensait par une soif de comprendre le monde et d'approfondir son éducation politique. Yossif fut littéralement happé par cet esprit révolutionnaire qui embrasait la jeunesse de cette époque, et que Puah Rakovsky, âgée d'une trentaine d'années en 1900, voyait à la fois comme une révolte personnelle contre le traditionalisme de la génération précédente et comme l'environnement culturel de cette époque particulière[8].

Dans ses *Mémoires*, elle raconte le cheminement politique de toute sa famille, y compris le sien propre, et celui de ses plus jeunes frères et sœurs, enfants d'une grande famille rabbinique de Bialystok. L'un de ses frères et l'une de ses sœurs s'engagent, comme elle, dans le sionisme, sa plus jeune sœur devient une activiste du Bund, deux autres sœurs cadettes rejoignent le parti social-démocrate russe, et enfin ses deux plus jeunes frères adhérèrent à l'anarchisme. Bien qu'elle présente avec beaucoup d'humour les conversions politiques de sa fratrie, insistant sur la présence des femmes dans l'activisme politique, Puah Rakovsky rappelle aussi que le fait d'appartenir à l'une des familles juives les plus influentes et les plus riches de Bialystok n'était garant d'aucune protection, et l'un de ses frères fut jeté en prison pour avoir participé à des distributions de tracts[9]. C'est aussi ce qui arriva, au grand dam des Witorz, à leur fils Yossif.

Militant à plein temps, Yossif quitta l'école vers l'âge de 16 ans, et il adhéra au groupe des *Molodye*, « les jeunes », qui n'hésitaient pas à recourir à l'action violente, comme en témoigne, en 1973, Klara Klebanova, née en 1888, qui se dit la « dernière des maximalistes ». Celle-ci explique la composition de ce groupe de jeunes anarchistes :

[8] Rakovsky (Puah), *op. cit.*, p. 125

[9] *Ibid.*, p. 126.

« À Bialystok, où était le premier et le plus important des groupes maximalistes, les membres étaient principalement des Juifs, avec quelques travailleurs russes et polonais et un petit nombre de paysans des environs[10]. » D'ailleurs, la langue utilisée par les membres du groupe maximaliste de Bialystok était le yiddish, et la militante se souvient avoir été traitée de *goy* (terme qui signifie « non-juif ») par ses camarades parce qu'elle ne parlait pas cette langue, ayant été élevée dans un milieu russophone en Ukraine. Étrange paradoxe pour un mouvement internationaliste qui n'acceptait pas le plurilinguisme... Du témoignage de Klara, il ressort surtout que ces jeunes soutenaient des campagnes de sabotage et d'actions radicales contre la police, les institutions et les commerces, comme ce qu'elle appelle les « expropriations », c'est-à-dire des attaques contre les banques et les entreprises. Les arrestations parvinrent rapidement à décimer ce petit groupe un peu trop casse-cou, et plusieurs personnes furent condamnées, certaines même à la peine de mort. Puah Rakovski raconte ainsi comment 11 membres du mouvement anarchiste naissant, tous originaires de Bialystok, furent fusillés à Varsovie « en application d'une ordonnance administrative[11] ». Yossif, quant à lui, connut un sort plus clément.

Après qu'il eut rejoint le groupe des maximalistes, il se mit en première ligne du combat, participant à la rédaction et à la distribution de journaux et de tracts et au transport d'armes qu'il cachait dans la maison paternelle, à l'insu des parents mais pas de Léon, qui devait gérer le « stock ». Goutia n'était pas en reste, et il lui arrivait de cacher des bombes dans sa sacoche d'écolière. C'est ce que Yossif et Goutia racontaient fièrement à leurs enfants. Tous ces agissements étaient bien sûr connus des autorités locales.

Dès 1903, les grèves ouvrières et les manifestations durcirent le mouvement révolutionnaire et commença alors, pour Yossif, une série d'arrestations pour infractions mineures qui firent de lui un « agitateur ». À chacun de ses brefs séjours dans la prison de Bialystok, Tsipa et Léon étaient autorisés à lui apporter des vivres, et leurs visites permirent à Yossif de garder le contact avec ses camarades. Il a souvent

---

[10] Avrich (Paul H.), « The Last Maximalist : An Interview with Klara Klebanova », in *Russian Review* 1973, 32, n° 4, p. 417. Ma traduction.

[11] Rakovski (Puah), *op. cit.*, p. 127.

parlé à ses enfants de ses grèves de la faim (très courtes) et de ses revendications (très bruyantes), lors de ses incarcérations, dans le but d'obtenir des livres ou de meilleures conditions de détention. C'est surtout la distribution de vodka à ses gardiens qui, disait-il, avait pu adoucir les quelques mois passés derrière les barreaux. Pourtant, ses ennuis avec la police du tsar ne faisaient que commencer.

Yossif fut témoin des violences d'avril 1905 à Bialystok, au cours desquelles les soldats cosaques terrorisèrent la population juive et détruisirent plusieurs maisons de son quartier. Ce n'était qu'un prélude au terrible *pogrom* de 1906 dont Yossif, heureusement pour lui, ne fut pas témoin. Après les exactions anti-juives d'avril, les affrontements entre les révolutionnaires et la police ne cessèrent de s'aggraver et l'instabilité politique se propagea dans toute la région. Pourtant, le Manifeste d'octobre, document promulgué par le tsar Nicolas II pour apaiser la poussée révolutionnaire, avait accordé des droits civiques à la population, ce dont la communauté juive de Bialystok s'était grandement réjouie. D'ailleurs, le 17 octobre 1905, tout le monde était descendu vers la place du marché afin de voir le texte du manifeste qui venait d'être affiché. Mais le lendemain, par une belle journée d'automne, la police ouvrit le feu sur la foule, tuant 22 personnes juives[12]. C'est lors de l'une de ces émeutes de l'automne 1905 que Yossif fut à nouveau arrêté. Cette fois, il ne put échapper à la déportation. Ce fut, racontera-t-il à sa fille, la période la plus dramatique de sa vie. Il avait tout juste 19 ans.

L'*oblast* d'Arkhangelsk

J'imagine volontiers ce que fut pour Tsipa la nouvelle condamnation de son *Sode-Wasser*, rendue bien plus insupportable par l'énorme distance qui devait les séparer. Elle pensait que de nombreuses années se passeraient avant qu'elle ne revît son fils bien aimé et surtout, elle craignait pour lui la brutalité des conditions de vie et du climat dans le Grand Nord. Du moins, il n'avait pas été condamné à la *katorga*, sorte de bagne où les prisonniers étaient contraints de travailler, mais à « l'exil administratif ». Cette sanction pénale était appliquée non par

[12] Kobrin (Rebecca), *op. cit.*, p. 57.

une cour de justice, mais par une décision des autorités administratives, ce qui permettait, sans procès, l'exécution rapide et sommaire des peines imposées aux contestataires et autres opposants politiques[13].

C'est pendant la révolution de 1905 que ces condamnations administratives seront les plus nombreuses. Ainsi, en 1906, année au cours de laquelle Yossif est déporté, plus de 1500 dissidents politiques sont condamnés par les tribunaux aux travaux forcés en Sibérie ou dans le nord de la Russie, alors que 6000 autres sont envoyés en exil administratif[14]. Pour ces derniers, la période d'exil, toujours accompagnée d'une peine de prison préliminaire, ne peut dépasser cinq ans et, malgré les conditions de vie très rudes, ils peuvent, selon les lieux de leur exil et les moyens dont ils disposent, vivre dans un relatif confort.

Yossif racontait à ses enfants qu'il avait été déporté dans l'*oblast* d'Arkhangelsk, dans le cercle polaire, à plus de 2000 km de Bialystok. La plus redoutable épreuve de toute la période de son exil avait été, disait-il, le long voyage vers Arkhangelsk qui s'effectuait en train, souvent dans des wagons de marchandises, et par étapes : Vologda, puis Chenkoursk, puis Arkhangelsk.

L'historienne Katy Turton rapporte que ces déplacements étaient particulièrement pénibles, surtout pour ceux qui n'avaient pas les moyens de payer leur propre transport et devaient supporter les locaux insalubres durant les escales, l'insuffisance de vivres et d'eau pendant le voyage, le manque d'hygiène et l'absence de soins médicaux[15]. Plus d'un condamné d'ailleurs, préféra rester indéfiniment dans son exil sibérien plutôt que d'affronter, à la fin de sa peine, les conditions si pénibles du voyage de retour[16]. En fait, la mortalité était plus importante pendant cette longue traversée que pendant le séjour au bagne.

Une partie du circuit jusqu'à la destination finale s'effectuait à pied. Les prisonniers étaient enchaînés les uns aux autres, et le froid était tel que Yossif, malgré des vêtements assez adéquats, eut le gros orteil droit gelé, blessure dont il souffrit toute sa vie avec, il est vrai, une certaine fierté.

---

[13] Daly (Jonathan), « Political Crime in Late Imperial Russia », in *The Journal of Modern History* 2002, 74, n° 1, pp. 78-80.

[14] *Ibid.*, p. 84.

[15] Turton (Katy), « Keeping it in the Family : Surviving Political Exile, 1870-1917 », in *Canadian Slovanic Papers* 2010, 52, n° 3/4, p. 396.

[16] *Ibid.*, p. 400.

La confusion règne sur l'emplacement exact de la colonie pénitentiaire où vécut Yossif entre 1906 et 1909, année de son évasion. S'il est certain qu'elle se situait au nord d'Arkhangelsk, les données géographiques restent floues : Yossif a mentionné Ust-Vashka, qui reste un lieu possible, mais qui se situe plus à l'est qu'au nord de l'*oblast* où il disait avoir vécu. Il parlait aussi d'un camp près d'une rivière, peut-être s'agit-il de la Vashka, à environ 450 km d'Arkhangelsk.

On sait également peu de choses sur son séjour dans cette région du Grand Nord, sinon que dans ce lieu de bannissement, les exilés « non-volontaires » vivaient dans une semi-liberté. Et c'est là, dans l'environnement hostile de la toundra aux hivers interminables, où les températures pouvaient atteindre 20 à 30 degrés en dessous de zéro, que Yossif vécut presque trois ans de sa vie. Il en garda cependant un souvenir proche de la nostalgie.

Contrairement aux « colons », exilés volontaires qui s'étaient installés dans l'*oblast* à la recherche d'opportunités économiques, les exilés administratifs n'avaient pas l'autorisation de travailler, et recevaient du gouvernement une petite allocation qui leur permettait à peine de se loger et de se nourrir. Une dangereuse pénurie les menaçait à tout instant. Le soutien des familles et, à moindre échelle, des réseaux de secours comme la Croix-Rouge, était essentiel car il assurait la survie physique et mentale des prisonniers. Les autorités tsaristes permettaient, et même facilitaient les échanges entre les détenus et leurs proches, qui pouvaient envoyer des colis, des vivres, et de l'argent. Yossif était resté très attaché à sa famille, malgré ses révoltes permanentes qui affligeaient tant ses parents, et ses séjours en prison n'avaient fait que renforcer la cohésion familiale. Il pouvait compter sur l'appui des siens.

Autant que la précarité et la pénibilité de la vie dans ce climat hostile, c'est l'inaction qui était insupportable en exil, et les prisonniers sombraient souvent dans une terrible dépression, accablés par la solitude, la douleur de la séparation, le sentiment d'un véritable échec personnel, la fin de leurs aspirations. Yossif, toujours fougueux et insoumis, ne se laissa pas attendrir.

Dès son arrivée dans la petite colonie d'exilés, il prend deux décisions. D'abord, il va profiter de son oisiveté imposée pour s'instruire. Ensuite, il va s'évader. Il ne sait pas comment, mais il va y travailler, pendant de longs mois. Les évasions ne sont pas rares, Yossif en a entendu parler, mais elles demandent des ressources et des complicités qu'il est déterminé à trouver. Car il est hors de question qu'il reste cinq ans dans l'*oblast*. Cinq ans c'est une éternité pour ce jeune homme bouillant d'énergie, surtout que là-bas, à Bialystok, il y a la petite Goutia, dont il relit les lettres, rédigées en russe, pendant les longs mois de sa déportation.

Yossif se met en tête d'étudier la chimie, et se fait envoyer des livres et manuels techniques par Léon. Celui-ci vient de recevoir son ordre de mobilisation juste à la fin de la guerre contre les Japonais, en septembre 1905. Il doit donc se rendre à Vladivostok, à l'autre bout de la Russie, un petit voyage de près de 8000 km. Il n'a aucune intention d'obtempérer. Il a peut-être payé un « remplaçant », comme il l'a lui-même déclaré, mais toujours est-il qu'en juin 1906, il est réformé, comme le confirment ses papiers militaires. À Bialystok, il va donc pouvoir s'investir dans l'affaire familiale et s'occuper activement de son frère. Léon non plus ne retournera pas à l'école.

Dans son désert de glace, Yossif se met donc à l'étude de la chimie et, pour occuper le reste de son temps, il joue aux échecs et s'investit dans la photographie. Il se sert d'un appareil à plaque dont l'objectif est monté sur un soufflet. Peut-être l'a-t-il acheté à l'un de ses compagnons d'exil, ou bien, plus probablement, il l'a demandé à ses parents. Il conservera toujours cette passion pour la photographie et il a gardé un vieil appareil logé dans une belle boîte de cuir noir qui peut se porter en bandoulière et qu'il transportait un peu partout, comme un reporter.

Il ne reste malheureusement qu'un seul cliché représentant Yossif parmi ceux qui furent réalisés pendant son exil dans l'*oblast* d'Arkhangelsk et qu'il rapporta dans son petit baluchon, lors de son évasion. La photographie est d'assez bonne qualité, la lumière suffisante pour qu'on distingue bien Yossif, assis dans une sorte de cabanon, derrière une grosse racine d'arbre blanche faisant office de table, une racine « phosphorescente » disait-il. Assis près de lui, son partenaire de jeu, un bel homme aux yeux clairs, tient l'un des pions de l'échiquier qui est posé sur la racine d'arbre. La photo est éloquente, les indices sont nombreux pour qui veut imaginer la vie de Yossif, vers 1907 ou 1908, dans le cercle polaire. Les deux camarades sont confortablement assis, les jambes croisées dans une pose décontractée, tous deux minces et presque élégants, habillés avec soin. On peut discerner quelques détails de leurs vêtements sombres, la veste ajustée, le cou protégé par un col montant. Ici, pas d'uniformes, mais leurs habits civils sont plutôt de bonne qualité, probablement envoyés par leurs familles. Yossif porte une belle paire de bottes de couleur plus claire que son pantalon, qui lui enserrent la jambe jusqu'au genou.

Les deux hommes se trouvent dans une pièce quasiment vide où l'on ne voit aucune ouverture. Il s'agit sans doute d'une habitation, une sorte de cabane en rondins, basse de plafond. Sur le sol sont clouées de simples lattes de bois, et les murs sont faits de larges planches mal taillées, posées à l'horizontale et soutenues dans les coins par des poutres. Derrière les joueurs d'échecs, une grande peau de bête accrochée à deux anneaux doit peut-être servir de couverture ou bien protéger de l'air glacial qui s'engouffre à travers l'huis ou le chambranle d'une fenêtre. Dans cette cabane vétuste et obscure, le regard fier des deux hommes est lumineux. Ils ne semblent souffrir ni de la faim ni du froid.

Yossif est un jeune homme curieux de tout. Il vit dans un monde qui lui est complètement inconnu, lui qui n'a jamais quitté son ghetto. Et loin de se retirer dans l'espace clos des prisonniers, il part à la découverte de son nouvel environnement. Là, il rencontre les Samoyèdes, tribus locales de chasseurs et de pécheurs, appauvris par le commerce avec les colons russes. Ces peuplades vivent cependant en bonne entente avec les communautés isolées des exilés administratifs, qui ne leur sont pas hostiles. Yossif sait qu'il aura besoin de ces voisins, s'il parvient à se rapprocher d'eux.

Au fil du temps, il va préparer sa fuite, et nouer des liens d'amitié ou du moins de bon voisinage avec les Samoyèdes qui lui enseignent les rudiments de la survie dans les plaines de la toundra et dans les forêts de la taïga. Il se félicitera plus tard d'avoir cherché à connaître leur langue et leurs coutumes dès son arrivée, d'avoir établi avec eux une relation de confiance. A-t-il lui aussi reçu l'aide d'organisations clandestines qui, du moins en Sibérie, fournissaient de faux passeports et des abris aux exilés fugitifs ? Sa fille pense que non, ou en tout cas il n'en a jamais parlé. De plus, l'*oblast* d'Arkhangelsk est bien trop éloigné de la Sibérie pour qu'il ait pu entrer en contact avec un réseau. Enfin, il n'a jamais possédé aucune pièce d'identité pendant son évasion, et ce jusqu'à son arrivée à Paris. Il était, comme de nombreux « sans-papiers » aujourd'hui, un voyageur clandestin.

L'été arctique est court, mais les jours sont très longs et assez chauds, propices aux grandes randonnées. C'est probablement en juin 1909 que Yossif se décide à partir. Il a réussi à convaincre l'un des jeunes Samoyèdes de l'accompagner, sûrement moyennant paiement, pendant la première étape de son voyage, celle qui exigera le plus d'endurance. Il devra traverser à pied la toundra, puis l'immense forêt, afin de rejoindre l'une des jonctions du chemin de fer, près d'Arkhangelsk. Il aurait pu se procurer une arme, mais décide de s'en passer. Cela n'aurait servi qu'à aggraver son cas s'il était arrêté.

Ils sont donc partis, le Samoyède et lui, munis de bons couteaux, avec pour seules provisions du sel, du sucre, des cordes et des allumettes. Les deux hommes ont marché pendant des jours, se nourrissant uniquement des racines et des champignons cueillis et triés par le Samoyède. Sans la connaissance des plantes comestibles et des techniques de survie qu'avait son compagnon, Yossif n'aurait probablement pas enduré un tel voyage. La nuit, les deux hommes dorment à la belle étoile et entretiennent des feux de bois pour se protéger contre le froid et les ours.

Cette histoire d'évasion à travers un paysage hostile et inconnu ressemble un peu trop à une robinsonnade pour n'avoir pas été embellie. Mais quoi qu'il en soit, le Samoyède a rempli sa mission, et Yossif est arrivé au niveau de la ligne de chemin de fer qui relie Arkhangelsk à Moscou, à plus de 1000 km au sud de l'*oblast*. Elle a été construite par étapes, afin de faciliter le transport de bois d'œuvre que fournit l'abondante forêt de la taïga[17]. Yossif pourra donc profiter de l'installation récente de cette nouvelle voie ferrée, et il prend congé de son guide.

Il est seul à présent. Il devra passer par Moscou, à mi-chemin entre Arkhangelsk et Bialystok, l'une des grandes plaques tournantes du système ferroviaire de l'Empire russe. Il rentre chez lui.

On sait assez peu de choses, là encore, sur le parcours de l'exilé administratif après son évasion. On a la certitude, son propre témoignage en atteste, qu'il a rejoint Bialystok. On sait aussi qu'il y est resté très peu de temps, car c'est là, dans sa ville natale, qu'il court le plus de risques d'être repéré par les autorités. L'important, il le sait, est de ne pas traîner, ne pas ralentir sa marche, ne pas se laisser distraire par les retrouvailles avec les siens, car il doit à tout prix rester dans la clandestinité. Mais quelle allégresse, quel bonheur indicible de revoir Tsipa et Aïzik, Léon qui l'a tant aidé, et la grande Sonia, la Sorkele, de

---

[17] Ames (Edward), « A Century of Russian Railroad Construction: 1837-1936 », *American Slavic and East European Review* 1947, 6, n° 3/4, p. 74.

les serrer dans ses bras. Il retrouve aussi son grand-père, Moshe le borgne, qui a près de 80 ans. On reste tard dans la nuit à se parler, à tout se raconter, on a tellement fait provision de paroles depuis trois ans, et il y a tellement à se dire que peut-être on ne dit pas l'essentiel, on se perd dans les détails, qui deviennent l'essentiel.

Rien n'est plus important que le détail, Yossif l'a appris en exil. L'argent qu'on parvient à lui remettre, le grand manteau de laine qu'il portera à son arrivée à la gare du Nord, à Paris, au début de l'automne anormalement chaud de 1909, les vivres pour le long voyage, tout cela est méticuleusement préparé dans le secret de la maison paternelle. Car c'est bien la France qui sera la prochaine étape de sa longue évasion. Yossif a repris contact avec quelques camarades qui sont encore à Bialystok. Par eux, il apprend que certains jeunes de l'ancien groupe ont déjà rejoint la communauté des maximalistes juifs installés à Boulogne-sur-Seine, petite ville bordant l'ouest de Paris qui, en 1926, deviendra Boulogne-Billancourt. C'est donc là, en France, que, pour le moment, Yossif va s'installer, ou plutôt s'arrêter. Car il a fait le projet de poursuivre sa route jusqu'à New York où la diaspora juive s'est implantée dès le milieu du XIXe siècle, et compte un très grand nombre de personnes originaires de Bialystok.

Il y a, bien sûr, la question de Goutia. L'a-t-il revue lors de son bref passage à Bialystok ? J'imagine que oui, qu'il a pris le risque d'aller à sa rencontre. Il n'aurait probablement pas su la convaincre s'il s'était contenté de lui écrire. Car il a un projet bien arrêté. Lorsqu'il la revoit, il lui dit qu'il part et il lui demande sans détour de le rejoindre à Paris. Yossif a eu d'autres « fiancées » à Bialystok, Léon nous l'a dit. Mais c'est Goutia qui est l'élue, et il ne peut imaginer sa nouvelle vie sans elle. Lui qui n'a rien à perdre, comprend-il que, pour une jeune fille de bonne famille, un tel projet est absolument insensé ?

Et pourtant, contre toute attente, la petite Goutia, qui n'a que 19 ans, accepte. Yossif n'en revient pas, il est fou de joie. Goutia, qui se prépare à une carrière d'institutrice, qui vit dans l'aisance et dans l'insouciance auprès de ceux qu'elle aime et qui la chérissent, est prête à tout abandonner. Elle ira en terre étrangère retrouver un jeune homme qu'elle connaît assez mal, qu'elle n'a pas vu depuis trois ans, qui ne possède rien en dehors de son casier judiciaire, qui n'a rien à lui offrir. Et Goutia l'accepte avec bonheur : elle a donné sa préférence à Yossif depuis les jours heureux des bombes dans le cartable d'écolière, elle le lui a dit dans ses lettres. Et puis il y a probablement l'attrait, pour cette petite jeune fille de Bialystok, d'une ville comme Paris. Mais il y a aussi autre chose. Goutia n'a pas oublié les massacres de juin 1906. Des décennies plus tard, elle racontera à sa fille la terreur de ce moment-là, qui pèse comme un poids mort au fond de sa mémoire. Cette terreur a été son legs involontaire à sa descendance. Larvée, étrangère, on la sent monter, sans raison, comme un frémissement avant une poussée de fièvre.

Il faut partir.

Peu de familles juives de Bialystok sont sorties indemnes de ces trois jours meurtriers de juin 1906, pendant lesquels 200 personnes furent assassinées et plus de 700 blessées, les maisons et magasins juifs pillés et détruits, des rues entières complètement saccagées. Dès le premier jour, il ne fait pas de doute que ce *pogrom*, d'une brutalité sans précédent, n'est pas le résultat d'une émeute populaire qui aurait mal tourné, mais est un acte délibéré dont toutes les autorités locales - administration, police, gendarmerie, armée - sont complices. C'est un tel scandale qu'une commission d'enquête de la Douma est immédiatement dépêchée à Bialystok. Le rapport de cette commission sur « les actes illégaux des fonctionnaires gouvernementaux » pendant le massacre de Bialystok a été publié et archivé dans le *American Jewish Year Book* de 1906-1907, et il est glaçant de précision. Il conclut à la complète responsabilité du gouvernement qui « persécute et humilie les Juifs, et répand dans la population l'idée que tout est permis contre les Juifs[18] ». Le rapport accuse directement la police et les autorités militaires d'avoir sciemment organisé la tuerie de citoyens innocents. Il rend le gouverneur de Grodno et les forces de l'ordre entièrement responsables du massacre alors qu'aucune animosité particulière n'existait entre les deux populations, juive et chrétienne.

C'est justement cette violence d'État, cette brutalité institutionnelle qui terrorise les esprits. Avec l'aide de la police, les soldats - des cosaques dira Goutia - tirent à bout portant sur la foule, et poursuivent les Juifs jusqu'au fond des maisons où ils ont cherché refuge, les traînent dans la rue pour les abattre, et vandalisent leurs propriétés. La gare devient le lieu d'une véritable boucherie, et des bandes de malfrats sous les ordres des gendarmes s'acharnent sur les voyageurs juifs[19]. Comment les reconnaissent-ils, sinon qu'ils les connaissent déjà ? Dans

---

[18] *American Jewish Year book*, vol. 8, 1906-1907, p. 89.

[19] *Ibid.*, p. 75.

le quartier de Boyari, secteur des tanneries, des familles entières sont massacrées.

Goutia a assisté, de près ou de loin, à ces tueries. A-t-elle vu la scène que décrit avec précision le rapport, montrant une femme dont la fille vient d'être abattue sous ses yeux, mourant sous les balles d'un soldat, en pleine rue[20] ? Peut-être a-t-elle simplement distingué les cris, écouté les récits, entendu les rumeurs. Mais ce qu'elle a vu, ce qu'elle n'a pas pu ne pas voir, ce sont les corps qui gisent dans les rues, ou bien qu'on aligne à la hâte le long des murs, les blessés ensanglantés, les maisons et les échoppes détruites ou brûlées, et elle se souvient des jours qui ont suivi le massacre, elle revoit le défilé d'amis, de voisins, de témoins, d'étrangers, qui posent sur elle le même regard ravagé par l'effroi.

Voilà pourquoi Goutia n'a aucune raison de dire non à Yossif. Elle ne veut pas se séparer de sa famille si aimante et qu'elle sait absolument incapable de la protéger, mais comment ne pas se sentir apaisée devant ce grand jeune homme si confiant, qui part comme un *conquistador* alors qu'il n'est qu'un migrant ? Elle se dit que Yossif lui offre une chance incroyable, pour laquelle elle ne peut que l'aimer. Goutia a envie de cette liberté de l'exil telle que Yossif la lui décrit, lui qui est devenu le champion des sans-attaches. Non, pas la liberté, pense la jeune fille au regard d'ambre, pas la liberté, mais la délivrance.

Les fichiers de l'Okhrana

Yossif est parti seul de Bialystok vers la fin du mois de septembre 1909. Il vient d'avoir 23 ans. Il a tout l'argent que sa famille a pu réunir en quelques jours, une adresse à Boulogne-sur-Seine, deux ou trois habits et son manteau de laine. Rien d'autre. Comment il a traversé la Pologne, puis l'Allemagne, pour entrer en France, il ne l'a jamais confié à personne. On ne saura jamais quelles frontières il a franchies, mais il est probablement passé par la Belgique, pays qui deviendra, 60 ans plus tard, sa dernière demeure. En effet, une circulaire de 1878 autorisait tous les étrangers à entrer librement en France par la frontière belge. On peut imaginer que pour l'évadé d'Arkhangelsk qui avait déjà passé

[20] *Ibid.*, p. 80.

des semaines à traverser toute la Russie dans la clandestinité, le reste du voyage ne fut pas une si rude épreuve. Le climat plus clément, l'anonymat moins dangereux, la certitude qu'il serait bien accueilli et l'espoir de revoir bientôt Goutia ne pouvaient que rasséréner Yossif.

Le choix de la France comme destination de son nouvel exil a surtout été dicté par ses contacts dans la banlieue ouest de Paris. La terre d'asile des persécutés politiques, le pays des droits de l'homme se résume pour l'instant à ce point de chute. Il a pu s'enthousiasmer en pensant que la constitution française de 1793 « donne asile aux étrangers bannis de leur patrie pour la cause de la liberté », ou se rappeler le dicton yiddish « *Lebn vi Got in Frankraykh* » (vivre comme Dieu en France), mais je doute que ces considérations aient été importantes. Pour Yossif, qui ne parle pas un mot de français, il s'agit principalement de rejoindre une communauté organisée autour des mêmes idéaux que les siens, et en qui il reconnaîtra, en yiddish ou en russe, les éléments essentiels de son identité culturelle.

Et un matin, un jour de grand soleil pour lui, il arrive à Paris sans papiers, inconnu, perdu dans la multitude des voyageurs. Son long parcours, les milliers de kilomètres de rails qu'il a vu défiler depuis plus de quatre mois, les conditions déplorables de la vie de nomade, parfois améliorées par l'entraide fugitive entre clandestins, la solitude et l'ennui, tout cela va prendre fin. Personne ne l'arrête, personne ne le voit, il se fait invisible, il n'existe plus. Son train entre en gare de Paris Nord. Ouverte en 1846, cette gare est l'une des plus grandes du pays : elle reçoit les voyageurs de toute l'Europe du Nord et sa vocation d'escale internationale permet à Yossif de se fondre dans la masse des voyageurs, d'être étranger dans la foule des étrangers que les trains déversent chaque jour sur les quais, désorientés, ne pouvant plus parler, ne comprenant rien, se déplaçant par vagues, vaguement, comme des îles flottantes. Yossif reste planté là, plus émerveillé que dépaysé, surplombant la cohue. Il s'oriente.

Pour se rendre à Boulogne, le trajet est loin d'être facile lorsqu'on ne connaît pas les lieux. Mais il a des repères, une façon de n'être jamais déboussolé. Il a toujours eu dans n'importe quel environnement un sens inné de l'orientation. Yossif aura plus d'une fois l'occasion de tester ce sens instinctif qu'il a des données géographiques, sa façon de toujours diriger son parcours dans la bonne direction, guidé par une volonté tenace et inflexible de ne jamais rebrousser chemin.

Le jour de son arrivée à Paris, il prend le métro, car la ligne 4 existe déjà, qui passe par la gare du Nord et dessert la gare Montparnasse, son terminus. Puis, un petit train l'amène à Boulogne-sur-Seine. C'est là qu'il est pris en charge par la communauté des exilés de Bialystok, ces mêmes anarchistes juifs qui, depuis Paris, avaient organisé, six ans plus tôt, la constitution du premier groupe anarchiste de cette ville[21]. Toujours aussi révolté contre les traditions, refusant toute autorité et ayant compris que ce défi permanent l'a déjà aidé à se sortir d'une double réclusion, celle de l'enfermement dans le ghetto et celle de l'isolement dans l'immensité du cercle polaire, Yossif, avec l'aide de ses amis, va reconstruire sa vie.

Dès son arrivée, il trouve un emploi dans les usines Renault qui ont ouvert leurs portes en 1899 au 10, rue du Cours, à Boulogne. Il est embauché comme manœuvre et travaille douze heures par jour à transporter des barres de fer dans une aire de stockage, en plein air. Les conditions de travail y sont intolérables, les salaires dérisoires. Mais l'important pour lui à présent est de sortir de la clandestinité. Parmi les Juifs de Boulogne, principalement des ouvriers pauvres, on se débrouille, on organise la vie communautaire, et cette solidarité lui sera d'un immense secours. Il doit aussi apprendre le français et chercher à se faire une place dans ce nouveau pays. Cependant, malgré les réseaux d'entraide, il ne parviendra pas, pour le moment, à faire régulariser son statut en France.

Yossif s'est toujours vanté d'être apatride, ce qui n'est pas tout à fait exact, car il n'est pas dépourvu de nationalité, il est simplement en situation irrégulière, n'ayant pas de passeport russe. C'est surtout un « sans-papiers » et l'apatridie qu'il revendique est d'ordre politique, elle convient à ses aspirations internationalistes. En fait, Yossif est un « dénationalisé », et il n'a pas de recours juridique dans la France de 1909. La convention de Genève n'établira les droits des réfugiés qu'en 1951, et l'asile promis par la constitution de 1793 reste un principe sans application dans les lois.

Yossif fait partie de la première grande vague d'immigration juive provenant de l'Empire russe au début du XXe siècle. Entre 1881 et 1914, les populations juives, de plus en plus exclues par les mesures antisémites de l'état tsariste, ont choisi en grand nombre l'émigration

[21] Grinberg (Daniel), *op. cit.*, p. 165.

vers la France[22]. Pour une grande partie de ces immigrés juifs « de l'Est », terme utilisé à l'époque pour désigner les Polonais, les Russes, les Roumains, les Hongrois et les Tchécoslovaques, Paris n'est qu'une escale, et le plus grand nombre d'entre eux ira s'installer aux États-Unis où les opportunités économiques sont bien meilleures. Paris est aussi, à cette époque, un espace d'immigration important pour les étudiants des deux sexes et pour les artistes et intellectuels juifs arrivant de l'Empire russe. Yossif, ouvrier chez Renault puis artisan, ne côtoie pas cette élite, mais il aime toute cette effervescence culturelle, et il y voit un phénomène d'émancipation dont il se tient informé dans les journaux en yiddish, et à travers les bulletins du Bund qui fédère à Paris le mouvement ouvrier juif.

À présent, il va travailler à son insertion dans la société française. Or, il n'y a, à l'époque, aucune véritable gestion de l'immigration par l'État français. Il existe cependant une loi dite « relative au séjour des étrangers en France et à la protection du travail national », du 8 août 1893, stipulant que les immigrés sont dans l'obligation de s'inscrire, dans les huit jours de leur arrivée sur le sol français, au Registre d'immatriculation des étrangers de leur commune de résidence. Mais le demandeur doit justifier de son identité, ce que Yossif n'est pas en mesure de faire.

Ni la mairie de Boulogne, ni la préfecture des Hauts-de-Seine n'ont conservé les archives de ce registre municipal, et il est donc impossible de savoir si Yossif s'est vu décerner une attestation de résidence. On ne sait pas non plus à quelle occasion un employé de l'État français l'a inscrit sous le patronyme « Vitorge », nom qui sera d'usage dans tous les documents officiels. Léon et Sonia-la-grande, arrivés en France avec des passeports russes avant la Première Guerre mondiale, seront, comme leur frère, immatriculés sous le nom « Vitorge ». En revanche lorsque les parents de Yossif, Aïzik et Tsipa, viendront le rejoindre en France, après la Grande Guerre, leurs papiers conserveront l'orthographe « Witorz » de leur nom. Et ainsi, par la refonte du patronyme, s'est effectuée la rupture générationnelle mais aussi identitaire, avec le pays d'origine.

Après quelques mois dans les usines Renault, Yossif est licencié. Incapable de se plier à la discipline des tâches mécanisées et aux

---

[22] Gousseff (Catherine), « Les Juifs russes en France : profil et évolution d'une collectivité », in *Archives juives* 2001, 34, n° 2, p. 6.

brimades des contremaîtres, il a entraîné tout son atelier dans un arrêt de travail à cause de l'interdiction qu'il trouvait abusive d'utiliser les toilettes en dehors des pauses. Il est repéré comme élément perturbateur et les usines refusent de l'embaucher.

Ce que Yossif ne sait pas et n'a jamais su, c'est que depuis ses actions au sein du groupe maximaliste de Bialystok, il est fiché par les services de renseignements de la police du tsar, connus sous le nom de Okhrana. Fondé en 1881, après l'assassinat du tsar Alexandre II, l'Okhrana avait pour mission de mener une campagne globale contre tous les opposants au régime, les « terroristes », dans tous les territoires de l'Empire. En 1883, alors que de nombreux révolutionnaires se sont réfugiés dans les capitales européennes et y ont transféré leur activité, la police secrète russe ouvre ses bureaux de Paris et organise ses opérations en France, avec l'accord de la Sûreté générale. C'est là que l'*Agentura*, comme on appelait ce service de renseignements situé au consulat russe de la rue de Grenelle, a pris note des activités de Yossif. Selon un article publié sur le site *Center for the Study of Intelligence* de la CIA, l'*Agentura* employait sur place de nombreux « agents de pénétration », pour des missions de repérage, de surveillance, de fichage et d'infiltration des groupes révolutionnaires russes. Ces agents secrets étaient des indicateurs ou des enquêteurs recrutés localement.

Les fichiers de l'Okhrana, secrètement subtilisés par le dernier ambassadeur de l'Empire russe à Paris en mars 1917, furent expédiés à la Hoover Institution, située à l'université Stanford, en Californie, où ils sont toujours hébergés. Dans les années 1990, la CIA les a déclassifiés, mettant en évidence l'imposant travail de ces agents de renseignements à la solde de Moscou entre 1883 et 1917.

C'est dans l'inventaire de cette énorme collection contenant des milliers de documents que l'on trouve les « dépêches » provenant des agents secrets. Cet inventaire est un simple registre de plus de 700 pages, intitulé *Outgoing and incoming dispatches* qui comporte la date ou simplement l'année, et la description de toutes les dépêches enregistrées par l'Okhrana[23]. On y trouve des circulaires sur les déplacements d'individus faisant l'objet d'une surveillance, sur les mouvements d'argent et sur la vie privée des dissidents et des anarchistes. Pour l'année 1911, sans date plus précise, il existe une dépêche qui annonce le départ de Iosif Vitorzh, appartenant au groupe

---

[23] 26001_XIIIb_Outgoing_Dispatches%20(2).pdf

maximaliste, se rendant en Russie « pour raisons personnelles ». L'information est inexacte, l'auteur de la dépêche a sans doute mal compris un courrier intercepté destiné aux parents Aïzik et Tsipa. Mais elle apporte la preuve que Yossif était connu des services de l'Okhrana.

Les rubis scientifiques

Indifférent au risque et ignorant tout de la surveillance dont il est l'objet, Yossif se trouve sans emploi. C'est alors qu'il décide de se servir des compétences en chimie qu'il pense avoir acquises pendant sa captivité.

À Boulogne, il a trouvé une petite fabrique de corindon synthétique qui produit des rubis artificiels. Il s'agit d'un processus de synthèse mis au point par le chimiste Auguste Verneuil en 1902, et ce rubis synthétique, alumine fondue à haute température et colorée par des oxydes métalliques, a été rapidement commercialisé. Yossif se met donc au travail, probablement à son compte, et en peu de temps il maîtrise la technique des cristaux synthétiques. C'est une bonne initiative car ces rubis, aussi appelés rubis « scientifiques », sont très demandés. Pour l'année 1910, on peut trouver, dans le Bottin du commerce du département de la Seine, une pléthore de fabricants de ces pierres reconstituées[24]. On y trouve même des grossistes vendant de la « poudre de rubis », c'est-à-dire la poudre d'oxyde d'aluminium qui sert à la synthèse de la pierre.

En quelques mois, Yossif a posé ses jalons dans une industrie en pleine expansion, et a pu s'installer plus confortablement dans la communauté des Juifs russes de Boulogne-sur-Seine. Il n'a toujours pas un sou en poche mais il a une adresse. Il loue une chambre dans un petit immeuble, au 21, rue d'Aguesseau, l'une des rues les plus étroites de la petite ville. De bruyants ateliers de blanchisserie y sont installés depuis longtemps, car cette activité était, bien avant les usines Renault, la principale ressource économique de la ville.

C'est le moment, et Yossif écrit à Goutia :

- Viens vite.

---

[24] *Bottin du commerce de la Seine : 1838-1955*, Archives de Paris, cotes : 2 Mi3.

À Bialystok, rien ne va plus. Boris, le père de Goutia, malgré son esprit ouvert et sa tolérance bien connus, s'oppose formellement à ce que sa fille parte rejoindre son « fiancé » à Paris. Quel fiancé, d'ailleurs ? Et qui lui a donné la permission de se fiancer ? Le père ne décolère pas, surtout qu'il s'aperçoit bien que Goutia a préparé son départ depuis des mois. Il lui interdit de quitter la maison, et met un point final à la discussion. Goutia s'obstine. Elle attend le moment propice, et pour l'instant elle met son projet en veille.

Bientôt, l'occasion se présente : sa sœur Mathilde, qui s'est installée à Gablonz, en Tchécoslovaquie, vient d'accoucher d'un garçon, Lazare. Boris connaît l'affection que se portent les deux sœurs et imagine que la naissance du petit garçon apaisera les velléités de fugue de Goutia. Il autorise donc la jeune fille à rendre visite à Mathilde, pensant que sa fille aînée pourra veiller sur la cadette. Goutia ne dit rien, mais son plan est en train de se réaliser. Elle quitte sa nombreuse famille le cœur gros, l'esprit préoccupé par ce qu'elle sait être une trahison. Le front contre la fenêtre du train, elle les dévore des yeux à travers ses larmes, tous regroupés dans un geste d'adieu, une gerbe de mains qui se tendent vers elle. Elle se console en pensant à Mathilde qu'elle adore, et à son bébé Lazare. À Gablonz, Mathilde et son mari Boris Jewnin ont créé une fabrique de bijoux fantaisie et de boutons, et vivent confortablement. Goutia sera la bienvenue.

Elle restera proche de son neveu Lazare, et le reverra à Paris, dans les années 1930. Ils seront tous deux les seuls survivants de la famille Soloveitchik qui, juste après la Première Guerre mondiale, s'est installée à Lodz, en Pologne. Le père de Goutia y a créé un commerce de pierres artificielles, aidé depuis Gablonz par sa fille Mathilde et son gendre Boris. L'affaire va prospérer pendant plus de vingt ans, et va inclure la famille Vitorge d'Anvers qui vendra, dans son magasin de gros, les colliers en perles d'ambre et d'opaline, en strass ou en verre taillé, fabriqués dans l'atelier de Lodz ou dans celui de Gablonz. L'entreprise cessera son activité de façon brutale : la quarantaine de personnes qui composent la famille très unie de Boris Soloveitchik, ses cinq filles, ses deux fils et leurs propres familles, seront déportés à Auschwitz entre 1942 et la liquidation du ghetto de Lodz, en 1944. Il n'y aura aucun survivant.

En ce mois d'août 1910, Goutia est heureuse de retrouver sa sœur Mathilde à Gablonz, mais rien ne la détourne de son but. Elle se confie à elle et lui apprend qu'elle ne retournera pas à Bialystok, Gablonz n'étant qu'une étape de son itinéraire à destination de Paris. Et elle a besoin d'aide. C'est Mathilde qui, bravant la colère paternelle, organisera le voyage de Goutia. Sur le quai de la gare, en attendant le train le jour du départ, les deux sœurs s'embrassent tendrement. Elles ne savent ni l'une ni l'autre qu'elles ne se reverront jamais.

Goutia a franchi seule les 1800 km qui séparent Bialystok de Paris. Elle a dû, elle aussi, passer les frontières, regarder les kilomètres défiler avec la même impatience que Yossif, curieuse et pleine d'appréhension, l'estomac noué par l'inquiétude, le cœur noyé dans des vagues de chagrin. Elle s'efforce de ne pas penser à ceux qu'elle a abandonnés, se rassure que bientôt elle pourra les retrouver. Dans quelques jours, elle aura 20 ans.

Elle a raconté à sa fille que lorsque Yossif est venu la chercher à la gare du Nord, il portait son grand manteau de laine, malgré la chaleur de l'été parisien, pour cacher son pantalon « déchiré au derrière ». Tout le monde rit encore de cette scène burlesque, du manteau dissimulant la précarité. Et on imagine ce couple si jeune, lui immense et elle toute petite, qui se retrouve après toutes les séparations, après une vie qui n'a été faite que de séparations. Le fou-rire les a soudés l'un à l'autre, ce jour-là.

Dès son arrivée en France Goutia, qui parlait déjà trois langues, le russe le yiddish et l'allemand, s'est inscrite à la Sorbonne pour apprendre le français. Elle n'a gardé qu'un très léger accent, contrastant avec celui de Yossif, amplifié par sa voix tonitruante. Pourtant, Goutia souffrait d'une maladie génétique qui provoque la surdité et qui rend difficile l'apprentissage des sons. Elle racontait des anecdotes amusantes de cette époque, car elle devait chercher les mots dans le dictionnaire avant d'aller faire ses courses, ce qui immanquablement donnait lieu à des quiproquos. On en riait comme on rit des maladresses des enfants.

Goutia n'est pas restée oisive, et elle a rejoint Yossif dans l'atelier de corindon synthétique où elle a acquis certaines connaissances techniques de base. Le 15 décembre 1910, à la mairie de Boulogne-sur-Seine, elle épouse Yossif. Pour apaiser leurs parents, Yossif et Goutia ont voulu une *ketouba*, le contrat de mariage traditionnel des Juifs, mais aucune trace n'en a été conservée. Sur le livret de famille, premier document officiel, on peut lire le nom de Jossel Vitorge, profession « fabricant de rubis artificiels ». Goutia se transforme, pour l'occasion, en Gustava, profession étudiante. Mais peu lui importe, elle ne fera pas corriger ce nouveau prénom.

Goutia est heureuse avec son grand mari au pantalon troué. D'ailleurs elle saura vite lui constituer une garde-robe plus présentable, car elle a un talent certain de couturière. Après la naissance de ses deux enfants, elle ira souvent acheter des tissus au marché Saint-Pierre, au pied de la butte Montmartre, pour confectionner leurs vêtements. Elle est de plus très élégante, et Yossif, en admiration devant elle, la prendra souvent en photo avec son gros appareil Kodak, habillée à la dernière mode, dans une robe de mousseline blanche qui découvre la cheville, un petit chapeau cloche planté sur ses cheveux coupés court, au carré. Goutia adorait les chapeaux, et elle portait toujours des bérets ou des bibis du dernier chic, qui la distinguaient des autres femmes de sa génération dans le clan Vitorge, encore réuni, au début des années soixante, rue des Martyrs, dans le IXe arrondissement de Paris.

Yossif vit correctement des revenus de l'atelier de corindon artificiel, mais son statut de fabricant et d'entrepreneur n'a pas eu d'impact sur ses idées politiques, bien au contraire. Toujours militant, il s'intéresse de plus en plus au communisme, délaissant petit à petit les idées extrémistes de ses compatriotes anarchistes. Il reste aussi profondément antimilitariste, encouragé par les prises de position de l'écrivain Romain Rolland. En 1914, lorsque pour la première fois une mobilisation générale sera mise en place, Yossif refusera de s'engager. D'ailleurs, sa situation d'étranger le lui permettra.

Léon est venu rejoindre son frère et sa belle-sœur au début de l'année 1911, qui se termine aussi mal qu'elle a bien commencé. Yossif tombe malade, sa santé est affaiblie par les années de déportation, et Goutia subit une fausse-couche. Leur situation financière se détériore, les profits sont mangés par les frais d'exploitation de leur petite entreprise et, sans aucune connaissance des affaires, parlant un français très approximatif, Yossif a de quoi s'inquiéter. C'est alors qu'une incroyable opportunité se présente dans la personne d'Edmond Bartissol, député radical des Pyrénées orientales et industriel de renom.

Bartissol est l'exemple d'un entrepreneur à l'américaine, dont la fortune varie au gré de ses investissements. Il est entré dans la politique avec des vues sur les marchés à conquérir autant que par conviction idéologique. Constructeur du canal de Suez et entrepreneur de grands travaux publics au Portugal, Bartissol mène aussi une activité dans son Roussillon natal où, selon son biographe Jean-Louis Escudier, il devient le seul fournisseur en électricité de la ville de Perpignan. Il est également propriétaire de vignobles dans la région où, en 1905, il développera le vin d'apéritif qui porte encore son nom[25]. Comment Yossif a rencontré ce capitaliste d'exception, autodidacte comme lui, on ne le sait pas. C'est probablement par l'intermédiaire des réseaux du parti radical qu'il lui a été présenté, mais il est aussi possible que Bartissol, membre du mouvement espérantiste, ait eu des liens d'amitié à Boulogne, dans la communauté juive de Bialystok, ville où fut inventé l'Esperanto à la fin du XIXe siècle, et que par ce biais il ait fait la connaissance de Yossif. Cependant, on ne peut écarter un autre scénario, qui expliquerait encore mieux l'aide que le député va apporter au jeune couple : Bartissol est franc-maçon[26]. Or, Edith a toujours pensé que son père était lui aussi membre d'une loge maçonnique, ce qu'il n'a jamais révélé.

Bartissol a 70 ans quand il décide de créer sa toute dernière entreprise. Ce sera aussi la moins réussie. L'homme d'affaires, conscient de la demande du marché pour les pierres précieuses à moindre coût, a l'idée d'ouvrir une usine de rubis artificiels à Perpignan. C'est une décision assez mal venue, explique son biographe[27], car il s'agit d'une activité à laquelle il ne connaît pas grand-chose et de plus, le choix de Perpignan n'est pas très judicieux, cette ville étant connue pour ses grenats du Roussillon, une industrie bien établie et profitable.

Bartissol a besoin de main-d'œuvre qualifiée pour faire marcher son entreprise, et il propose un double poste au couple Vitorge, chef technicien pour Yossif, et chargée du laboratoire de contrôle pour Goutia. C'est, pour ces derniers, une chance unique, comme il s'en présente peu dans la vie. Encore faut-il la saisir. Mais Goutia et Yossif savent prendre des risques, et ils quittent sans regret la vie tranquille de Boulogne pour partir s'installer à Perpignan, où ils resteront jusqu'à la fermeture de l'usine, moins de deux ans après sa création.

---

[25] Escudier (Jean-Louis), « Itinéraire d'un entrepreneur de travaux publics éclectique : Edmond Bartissol (1841-1916) », in *Histoire, Économie et Société* 1995, 14, n° 2, pp. 229-251.

[26] *Ibid.*, p. 243.

[27] Escudier (Jean-Louis), *Edmond Bartissol : du Canal de Suez à la bouteille d'apéritif*, Paris, CNRS Éditions, 2000, p. 242.

Même si cette entreprise est vouée à l'échec, c'est pour Yossif une expérience fondamentale, qui a consolidé son intégration, et a mis en valeur son expertise récemment acquise. On le voit sur une photographie dans le laboratoire de l'atelier de Perpignan, assis devant des instruments de calibrage, revêtu d'une grande blouse blanche, prenant la pose d'un homme occupé. Les murs sont étrangement tapissés d'un décor floral, que l'on retrouve aussi sur la photo de Goutia debout devant un établi, la main sur un robinet, vêtue d'une robe de travail qui la recouvre jusqu'aux pieds. Sa petite stature et la jeunesse de ses traits contrastent avec l'air autoritaire qu'elle veut se donner.

Comment vivaient-ils ? Que faisaient-ils au fond de cette province dont ils ne savaient rien ? De ces deux années passées à Perpignan, Joseph et Goutia ont gardé des souvenirs de bonheur, et il est vrai que la vie a dû leur être bien plus facile qu'à Boulogne. Ils racontaient volontiers que le dimanche, pendant la belle saison, ils se rendaient à Canet-plage, petite station balnéaire en plein essor à une dizaine de kilomètres de Perpignan. La mise en service, en 1900, d'un tramway qui reliait la station à la ville leur permettait d'aller souvent à la plage, et c'est là qu'ils apprirent à nager, se mêlant à la foule des baigneurs et profitant eux aussi de l'engouement nouveau pour les bains de mer. Pourtant on imagine mal ces deux étrangers vivant seuls dans une ville du Sud-Ouest sans le soutien de leur communauté d'accueil. Mais c'est une expérience qui a permis à ce jeune couple de mieux s'insérer dans son nouvel espace de vie, pour un court temps à l'abri des nécessités. Yossif en fut toujours profondément reconnaissant à Edmond Bartissol.

Les deux années dans le sud de la France auront aussi leur importance lorsque les Vitorge choisiront une nouvelle fois l'exil, en mai 1940. Contrairement à leurs amis parisiens, Yossif et Goutia ont déjà vécu dans la région du Midi, et la « zone libre » n'est pas pour eux pleine d'inconnu. Ils partiront, le moment venu, vers des espaces déjà franchis.

Le Club des diamantaires

Léon, pendant l'absence de son frère, se débrouille à Paris. Il vivote lui aussi du commerce de pierres synthétiques, et il a commencé à fréquenter les diamantaires et courtiers en pierres précieuses du quartier du faubourg Montmartre, dans le IXe arrondissement. Il a par ailleurs fait la connaissance d'une jeune fille, Sophie Zousman (que l'on surnommera Sonia-la-petite), dont la famille, originaire de Berditchev en Ukraine, a immigré à Saint-Mandé, dans la région parisienne. Grâce aux frères de Sonia Zousman qui travaillent dans le négoce des gemmes, Léon est introduit dans le réseau des diamantaires et des joailliers juifs de la capitale.

L'année 1913 est celle des retrouvailles pour la famille Vitorge. De retour à Paris, Yossif et Goutia vont habiter dans le trois-pièces sur cour que Léon loue au troisième étage du 9 rue Milton, dans le quartier Saint-Georges, à Paris. Lors de leur départ pour Perpignan, ils étaient encore rue d'Aguesseau, à Boulogne, et c'est cette adresse qu'ils ont donnée lors du recensement général de mars 1911[28].

Les deux frères Vitorge à nouveau réunis décident alors de faire venir leur sœur cadette Sorkele, dite Sonia-la-grande. Elle arrive de Bialystok à la fin de l'année 1913 et s'installe chez Léon, alors que Joseph et Goutia emménagent dans un appartement sur rue un peu plus spacieux, au second étage du même immeuble. Sorkele s'adapte rapidement à la vie parisienne. Elle s'inscrit à la Sorbonne comme l'a fait Goutia avant elle, et elle y obtient une licence de français « pour étrangers ». Elle trouvera même assez vite du travail dans une œuvre de bienfaisance juive du XVIIIe arrondissement. En 1913, Léon épouse Sonia Zousman, et la famille se consolide, prête à s'agrandir. À présent, il ne manque plus que les parents, Aïzik et Tsipa, restés seuls à Bialystok, pour que la famille se trouve enfin au complet, et leur arrivée à Paris est prévue pour l'automne 1914. L'entrée en guerre, en août de la même année, retardera ce voyage de plusieurs années.

Le n° 9 de la rue Milton - que dans le quartier on prononce encore à la française, « mille thons » - est un bel immeuble haussmannien, dans une rue calme du IXe arrondissement. Les jeunes gens apprécient beaucoup leur nouveau cadre de vie, loin des ateliers assourdissants de Boulogne. C'est un arrondissement qui n'a plus le faste des années florissantes du siècle précédent, quand le quartier de la Nouvelle Athènes abritait les ateliers d'artistes et où vivaient aussi les gens de lettres. La Chaussée d'Antin est devenue le secteur des affaires. Dans le quartier Saint-Georges, animé par les commerces de la rue des

---

[28] Archives départementales des Hauts-de-Seine, cote D2M8/101.

Martyrs et le marché de la rue Hippolyte Lebas, vivent à présent des artisans et des commerçants, quelques rentiers aussi. L'arrondissement, plus populaire dans le secteur du faubourg Montmartre que dans celui de Saint-Georges, a gardé de son ancien prestige ses bâtisses bien entretenues et ses belles cours intérieures, paisibles et aérées.

La population juive d'Europe de l'Est d'immigration récente, comme les Vitorge, y est à la fois bien intégrée et très resserrée sur elle-même, avec l'esprit d'entraide et d'unité qui la caractérise, sa volonté de conserver son identité culturelle sans ostentation aucune et, pour une petite minorité, ses pratiques religieuses. Le IXe arrondissement n'a jamais été un quartier de forte immigration juive, ni en ce début du siècle où la diaspora juive est encore peu importante, ni lors des grandes vagues migratoires qui auront lieu dans l'entre-deux-guerres. Les nouveaux arrivants se regroupent en « agglomérations » d'abord dans le quartier de Saint-Paul, le *Pletzl*, qui a accueilli les premiers migrants juifs à la fin du XIXe siècle, puis dans les quartiers populaires des XIe, XIXe et XXe arrondissements où vit une population plus pauvre. Joseph n'est pas issu d'une immigration d'élite, mais il se méfie du communautarisme, et préfère son quartier où il vit parmi les Français : les Vitorge, sauf pour ce qui concerne leur voisin musulman, sont les seuls immigrés et les seuls Juifs de leur immeuble. Ils ont vite adopté le mode de vie français, y compris dans leurs habitudes alimentaires qui comprennent à présent jambon et vin. Yossif se fait désormais appeler Joseph.

C'est pourtant dans la communauté juive que les Vitorge vont trouver leur source de revenus, et le choix de s'installer dans le IXe arrondissement n'est pas anodin. Il est en fait entièrement dicté par la proximité de la petite colonie de diamantaires installée dans les rues Cadet, Lafayette, Richer, et autour du square Montholon. C'est dans ce cadre que les frères Vitorge vont créer leur négoce de pierres précieuses de couleur, comme les saphirs, les rubis ou les émeraudes. Joseph pourra utiliser ses connaissances techniques, acquises dans l'entreprise Bartissol, et Léon a déjà ses entrées dans le monde soudé et hermétiquement fermé des diamantaires et des joailliers.

Depuis ses premières années dans le quartier, jusqu'à la fin de sa vie, Léon se rendra chaque jour au Club des diamantaires de la rue Cadet, où se négocie le marché du diamant et des pierres précieuses. Les deux frères rejoindront le petit cercle des Juifs immigrés qui travaillent en famille dans des ateliers-appartements de la rue Lafayette, installés aux numéros pairs à cause de l'exposition nord, qui convient mieux à l'examen des diamants. Mais ils seront aussi en contact avec l'extérieur, leur spécialité étant le négoce des gemmes. Au cours des années, ils vont créer des liens importants avec les fournisseurs de produits bruts et les techniciens tailleurs de pierres, qui ne sont ni juifs ni parisiens.

Joseph et Léon s'approvisionnent en pierres brutes à Ceylan, je ne sais par quel truchement. En tout cas, ils ont gardé pendant longtemps des relations avec les marchands du Sri Lanka, puisque Léon en parlait encore dans les années 1970. Edith se souvient des caisses de thé que la famille recevait tous les ans de ces lointains associés. Les frères Vitorge se sont spécialisés dans l'expertise des pierres brutes, et pour le taillage, ils font appel à des lapidaires installés à Saint-Claude, dans le Haut-Jura, où se trouvent de nombreuses tailleries de diamants et de pierres de couleur. Joseph est en contact permanent avec ces artisans et entretient des relations amicales avec l'un des lapidaires, Monsieur Delavenna, qu'il rencontre souvent à Paris où le Jurassien possède un appartement. C'est lui qui, des décennies plus tard, accueillera et aidera les Vitorge, réfugiés à Saint-Claude.

Choisir son pays

L'entrée en guerre de la France, en 1914, fut l'occasion d'une profonde remise en question du choix du pays d'accueil. Joseph et Léon savaient que la France était, pour beaucoup de leurs compatriotes, un espace d'immigration provisoire, dans l'attente d'un transit vers le continent américain. En 1914, les deux frères sont loin d'être installés, ni dans leur métier ni dans leur pays d'adoption. Ils viennent d'arriver dans le quartier de la rue Milton, parlent encore mal le français, et le processus d'acculturation est loin d'être terminé. Ce qui pourrait expliquer la résolution prise à la hâte d'émigrer vers l'Angleterre lorsque la guerre éclate et que l'instinct de fuite les reprend. Les risques très réels de bombardements, le sentiment d'insécurité, le nationalisme ambiant, exacerbé en 1914, et si profondément contraire aux idées pacifistes de Joseph, furent incontestablement des arguments convaincants, surtout après l'assassinat de Jean Jaurès, dans la décision des Vitorge de quitter la France. De plus, l'Angleterre était considérée comme un asile plus sûr et un espace d'accueil plus ouvert à la communauté juive de l'Est. Les chiffres vont dans ce sens : entre 1870 et 1914, 120 000 juifs européens sont accueillis en Angleterre, soit quatre fois plus qu'en France[29].

La famille Vitorge n'a pas l'intention de s'installer définitivement en Angleterre. En fait, depuis longtemps, Léon et Joseph ont fait le projet de se rendre plutôt à New York, en passant par Londres. Ils arrivent donc tous les cinq au Havre, les deux couples Vitorge et Sonia-la-grande, valises en main, en septembre 1914. Sonia-la-petite est alors enceinte. Mais Joseph, l'éternel apatride, n'a toujours pas de papiers en règle, du moins pas pour une sortie du territoire. Il se voit donc refoulé au moment d'embarquer. S'il ne peut pas partir, personne ne part. Et tout le monde s'en retourne à Paris, on récupère les appartements, et la vie parisienne reprend, avec toutes les difficultés et les restrictions imposées par la guerre. Le rêve américain ne se réalisera pas.

Le 23 mars 1915, Sonia-la-petite accouche d'une fille, Charlotte, à l'hôpital Rothschild à Paris. C'est à ce moment que les frères Vitorge, toujours très inquiets, décident de louer une villa à Bois-le-Roi, près de Fontainebleau, pour mettre leur famille à l'abri des bombardements. Ils continueront tant bien que mal leur travail à Paris, et le dimanche, ils feront le voyage en train pour rejoindre leurs femmes qu'ils croient plus en sécurité dans la petite commune du Gâtinais. D'autres familles du IXe arrondissement viendront se joindre à eux, comme les frères Kowarsky de la rue Maubeuge, ou les Néméjansky de la rue Choron.

Joseph suit avec beaucoup d'espoir et d'intérêt la révolution de 1917 en Russie, mais pour lui-même et sa famille, il n'espère plus rien de ce pays. D'ailleurs, le Bialystok de son adolescence a changé. La ville est à présent polonaise et, pour lui, la Pologne est le berceau de l'antisémitisme. Il n'en a jamais parlé la langue, interdite dans son enfance par les autorités tsaristes, et ne parle pas non plus le yiddish *polak*, qu'il considère inférieur au yiddish *litvak*, la langue « littéraire » des Juifs russifiés. Cette attitude était d'ailleurs véhiculée dans la littérature juive française de l'entre-deux-guerres qui abondait en stéréotypes sur la supériorité culturelle et artistique des Juifs russes. Ce sont probablement les différences dialectales entre le yiddish *polak* et *litvak* qui ont entretenu ces clichés. Pour le reste de la population, y compris pour les Juifs français, le yiddish, langue populaire des ghettos,

---

[29] Moindrot (Claude), « Les vagues d'immigration en Grande-Bretagne », in *Population* 1965, n° 20, p. 639.

était de toute façon fortement dévalorisé avant la Seconde Guerre mondiale, comme la marque d'une communauté incapable de s'assimiler.

S'ils n'ont aucune raison de regretter leur ville natale, les frères Vitorge sont impatients d'avoir des nouvelles de leurs parents, qui vivent toujours à Bialystok. Pendant toute la durée de la guerre, les communications ont été coupées et leur inquiétude est vive, car la ville a subi des bombardements importants. Or, Aïzik et Tsipa, à présent âgés d'une cinquantaine d'années, ont bien survécu à tous les bouleversements. Ils souhaitent rejoindre leurs enfants à Paris, et c'est donc la dernière étape de la diaspora familiale : quelques mois après l'armistice, au début de l'année 1919, les parents arrivent à Paris. Pendant deux ans, ils vivront chez Joseph et Goutia, mais s'adapteront mal à la vie parisienne. Pieux et ne parlant que le yiddish et le russe, ils ne veulent pas rester à Paris et prennent la décision de s'installer à Anvers, dans la communauté juive ashkénaze, où ils pourront retrouver la synagogue et les magasins *kosher* auxquels ils sont habitués. Dans la cité belge des diamantaires, commence pour eux, à l'approche de la soixantaine, une seconde vie.

Aïzik met à profit son sens des affaires, comme à l'époque du débit de boissons à Bialystok et, avec Tsipa et Sonia-la-grande, qui a voulu suivre ses parents à Anvers, il crée un négoce en gros de bijoux fantaisie, aidé par ses fils. Certains bijoux sont très beaux, surtout les colliers de cristal à plusieurs rangs, faits de perles transparentes et ambrées qui brillent comme de gros diamants à la lumière. L'affaire a rapidement prospéré, et Aïzik et sa famille achètent une maison au 110 rue du Pélican, en bordure du quartier juif qu'on appelle du nom de la rue, le quartier de Pelikaanstraat. Plus tard, ils vendront cette propriété et en acquerront une plus spacieuse au 96 de la même rue, tout à côté du Club des diamantaires, proche du zoo et face à la gare centrale qui longe la rue sur plusieurs centaines de mètres. Les deux immeubles ont été rasés et il n'existe plus à leur emplacement qu'un espace vide et un nouveau chantier.

C'est de cette maison, au 96 rue du Pélican, que Charlotte, Edith et son frère Léopold ont hérité en 1973. La rue était assez laide, et elle l'est toujours, avec ses vieux immeubles, mais on n'y trouvait pas toutes les bijouteries qui sont quasiment les seuls commerces de cette rue à l'heure actuelle. Dans la vieille maison, la boutique occupait la devanture de l'immeuble. Au-dessus de la vitrine on pouvait lire

« Bijouterie-fantaisie, gros et demi-gros » et plus bas « S. Vitorge », le nom de Sorkele, Sonia-la-grande, propriétaire en titre du commerce.

Le magasin que j'ai connu, au 96 de la rue du Pélican, était un fouillis inconcevable. Des centaines de chaînes et de bracelets en argent, des mètres de strass et de marcassite, sortaient de tous les tiroirs. Cet amoncellement de verroterie et de métal argenté envahissait le magasin sombre, désordonné et poussiéreux. Mais la clientèle semblait indifférente au confort de l'établissement, et la boutique ne désemplissait pas.

Il n'y avait pas, à l'époque, beaucoup de Juifs orthodoxes portant chapeaux et redingotes, comme c'est le cas à l'heure actuelle. Il n'existait pas non plus de « frontière » entre le voisinage de Pelikaanstraat et le reste de la ville, et les communautés n'étaient en rien repliées sur elles-mêmes. Les mauvais rapports avec le quartier marocain qui jouxte celui de Pelikaanstraat, le sectarisme communautaire, l'antisionisme borné de certaines élites, les actes d'incivilité en tout genre, ont resserré le quartier juif derrière des barrières de protection, réelles et imaginaires.

Aïzik et Tsipa ont connu un espace bien moins fermé qu'à présent lors de leur installation à Anvers. Ils y ont mené, pendant deux décennies, une vie bourgeoise en compagnie de leur fille Sonia, fréquentant la synagogue et s'occupant de leur commerce, solidifiant les liens de sociabilité et de bons services avec leurs voisins et leurs clients. Ils sont aussi restés proches de la famille par alliance de Léon, les frères et sœur de Sonia-la-petite, installés à Anvers. Il a alors semblé naturel à la famille d'acquérir la nationalité belge. Ils étaient chez eux.

En 1920, Goutia et Joseph sont, quant à eux, bien installés dans leur trois-pièces parisien, et commence alors une vie plus facile, libérée des soucis familiaux et financiers si préoccupants depuis leur arrivée en France, dix ans auparavant. Pour l'instant, Joseph savoure cette prospérité qu'il ne doit qu'à son talent et au soutien indéfectible de sa famille, depuis les années de prison et d'exil. L'ancien ouvrier des usines Renault est devenu artisan-entrepreneur et comme son frère, il accède rapidement à un pouvoir d'achat qui le place dans la classe moyenne : Joseph, le petit fabricant de rubis artificiels est à présent « lapidaire », plus précisément négociant en pierres précieuses, profession qu'il fera inscrire sur l'acte de naissance de sa fille Edith, le 2 novembre 1924.

Pourtant, Goutia est définitivement exclue du monde du travail, car l'ancienne étudiante, chef de laboratoire des entreprises Bartissol, n'est pas admise dans le milieu strictement masculin des diamantaires. Est-ce pour elle une privation, une dépossession, se sent-elle marginalisée dans son nouveau rôle de jeune femme oisive ? Elle voit peut-être avec soulagement s'ouvrir une ère de liberté, qui lui permettra de se cultiver, de découvrir la littérature française qu'elle aime déjà, surtout les romans sentimentaux d'Eugène Sue, de parfaire ses connaissances de la langue et de développer ses talents de couturière.

Elle va en tout cas réaliser le rêve qu'elle a fait, dans la rue des Tilleuls de Bialystok, de s'arracher enfin à la pesante culture du *shtetl*.

CHAPITRE 2

JUS SOLI : LE DROIT DU SOL

Pendant dix ans, rue Milton, Charlotte, fille de Sonia-la-petite et de Léon, était la seule enfant de la famille. Tout changea en 1924, lorsque Goutia accoucha d'une fille, Edith, dans l'appartement de la rue Milton, et deux ans plus tard d'un garçon, Léopold, né comme sa cousine Charlotte à l'hôpital Rothschild. Ils ne reçurent pas de noms juifs, sûrement dans un souci d'assimilation et, dans le même esprit, leurs parents ne leur parlèrent jamais que français. La seule dérogation à la francisation des enfants fut la circoncision (le *bris*) de Léopold, dit Popol : Joseph, toujours très méfiant des traditions religieuses, mais ne pouvant s'y déroger complètement par respect pour son père Aïzik, insista pour qu'un chirurgien et non un *mohel* s'en chargeât. Edith, qu'on appelait Didi, et son frère Popol furent élevés sans aucune éducation religieuse dans une famille qui avait rompu depuis longtemps avec les rites du judaïsme. Dans son récit *Les Vitorge*, Edith écrit : « C'est en allant chez nos grands-parents, à Anvers, que nous avons compris qu'être juif n'était pas la même chose qu'être athée ». Les Vitorge sont des militants dans tous les domaines, qu'il s'agisse de la religion, « opium du peuple » répétait Joseph, ou de la politique, et c'est dans cette nouvelle tradition de laïcité que leurs enfants, première génération née en France, élèveront leurs propres enfants.

Une enfance à la mer

Au n° 9 de la rue Milton, pendant les années d'enfance de Didi et de Popol, tous les locataires se connaissaient et se fréquentaient. Il y avait, sur le même palier que Joseph et Goutia, le « père Zian », un ingénieur musulman dont Joseph recherchait la conversation, marié, disaient les mauvaises langues de l'immeuble, à son ancienne bonne. Il offrait aux enfants de beaux livres illustrés à la couverture rouge et aux tranches dorées, comme *L'invasion jaune* du capitaine Danrit, romans d'aventures coloniales qui impressionnaient les petits lecteurs. Didi et Popol montaient parfois au troisième étage, où vivait une vieille dame, Mme Hervieu, dont l'appartement était parfumé de naphtaline. Au premier, Mme Rollin, la « maîtresse » du propriétaire, trouvait insupportable le chahut des enfants, et en faisait souvent la remarque à Joseph, qui n'en avait cure. Au fond de la cour, dans le bâtiment où Léon et Sonia avaient leur appartement, un couple de Français très « terroir », les Leclerc, vivait aussi au troisième étage. Et enfin il y avait les Lenu, dont Joseph ne pouvait pas supporter les convictions politiques de droite. Le samedi soir, tous ces gens se réunissaient les uns chez les autres pour jouer au poker, jeu dont raffolait Goutia, car elle empochait souvent les mises. Quand les soirées avaient lieu chez elle ou chez Sonia, les deux belles-sœurs préparaient des strudels et des gâteaux au fromage, qu'appréciaient les voisins, peu habitués à ces pâtisseries « exotiques ».

Les Zian et les Leclerc avaient chacun une automobile, une Renault, ce qui causait un grand émoi rue Milton. Souvent, le dimanche, ils emmenaient leurs voisins en pique-nique dans les environs de Paris, parfois même bien plus loin, puisqu'un jour les Leclerc transportèrent toute la famille Vitorge jusqu'à Vendôme, un voyage de plus d'une centaine de kilomètres. Joseph, fasciné par cette nouvelle machine décida, avec Léon, d'en acheter une. Dans les années 1930, les deux frères eurent d'ailleurs d'autres projets de propriétaires ; ils envisageaient en particulier d'acquérir un immeuble de la rue Milton. C'était une grosse somme à réunir, mais ils disposaient d'une petite fortune en diamants et en gemmes, et l'investissement immobilier les tentait, peut-être pour mieux prendre racine. Comme pour la voiture, cet achat ne s'est pas fait. C'était une chance pour eux qu'ils n'aient pas réalisé ce projet, car une fois leurs pierres précieuses englouties dans la pierre de taille, ils n'auraient pas pu affronter les épreuves qui les attendaient, faute de moyens financiers.

Malgré les sympathies qui se sont nouées pendant plus de quinze ans avec tous les voisins, ce ne sera pas à eux que Joseph demandera de l'aide, au moment de quitter précipitamment la rue Milton en mai 1940, mais à une autre famille non-juive, les Carrez, parents d'un camarade de classe de Popol. Avec les voisins, Joseph et Goutia avaient donc plutôt des liens de proximité, et ne leur ont pas accordé la confiance que la fréquentation quotidienne aurait pu autoriser. Ils eurent raison, car après la guerre, personne n'habitait plus là sauf Mme Rollin, la voisine qui n'aimait pas les enfants et qui pourtant leur a manifesté sa sympathie au moment de leur retour rue Milton.

Les amis proches et les collègues du Club des diamantaires où Joseph allait jouer au bridge appartenaient à la toute petite communauté juive immigrée qui résidait dans l'arrondissement. Tous étaient arrivés en France une dizaine d'années après Joseph et Goutia, dans les années 1920. Goutia y avait retrouvé son amie d'enfance, Louba Lew, et s'était liée d'amitié avec deux autres couples de Bialystok, les Szmerlis et les Zak, qui vivaient dans le quartier, rue Condorcet et rue Navarin.

Les amis venant d'autres régions de « Russie », comprenaient les Bezalel et leurs deux enfants, Rachel et Alexandre, et les Horenstein, que Goutia avait rencontrés au square Montholon, et dont l'une des filles, Olga, était devenue l'amie intime d'Edith. Il y avait aussi les Judin, des diamantaires comme Joseph et Léon, et leurs deux filles Myriam et Nelly. Presque tous ces gens étaient des artisans, tailleurs, maroquiniers, fourreurs et joailliers. Dans leurs villes d'origine, ils travaillaient déjà à ces métiers manuels, et ils purent donc faire usage de leurs compétences techniques à leur arrivée en France. Pour d'autres, comme Joseph et Léon, il s'agissait d'apprendre sur le tas, de s'inventer une activité professionnelle qui les mettrait à l'abri du besoin.

Pendant dix ans, entre 1926 et 1936, les Vitorge et tous leurs amis connurent une période particulièrement heureuse et prospère. Les enfants naissaient, étaient scolarisés dans les lycées du quartier, se liaient aussi d'amitié, comme leurs parents avant eux, formant une petite colonie très soudée. Les grandes vacances les rapprochaient davantage, car c'était toujours à plusieurs familles que ces immigrés avaient pris l'habitude bien française de la villégiature estivale sur les plages du nord de la France.

Après les stations balnéaires de Boulogne-sur-Mer et de Dieppe, créées au début du XIXe siècle pour l'élite parisienne qui découvrait alors les vertus thérapeutiques du bain de mer, se sont développées de nouvelles villes d'eau, attirant, au siècle suivant, les vacanciers des classes moyennes, alors que les pratiques touristiques se démocratisaient. Dans les années 1920, le littoral de la côte d'Opale devint un lieu de séjour recherché, et le bord de mer fut aménagé dans une architecture particulière de petits cabanons alignés sur la rade que longeait une promenade de planches.

C'est vers ce littoral que partaient les Vitorge pendant les vacances d'été, séjournant à Berck-sur-Mer ou à Fort-Mahon en compagnie des Lew, des Szmerlis, des Horenstein, des Zak, et des Bezalel. Joseph et Goutia étaient en quelque sorte les vétérans des stations balnéaires, mais dans cette région du Nord, rien ne leur rappelait le bleu tranquille de l'eau à Canet-en-Roussillon. Ici, chaque famille louait une maison et tout le monde se retrouvait, pendant la journée sur la plage immense, et le soir au casino.

Ces séjours au bord de la mer n'étaient pas encore à la portée des classes populaires, ce qui donne une idée de la prospérité toutefois assez relative des Vitorge et de leurs amis. La proximité de Paris et la facilité de déplacement, car les villes d'eau étaient très bien desservies par les lignes de chemin de fer, rendaient ces vacances à la plage peu coûteuses pour ces familles nombreuses. Les hommes y retrouvaient leurs proches le dimanche et repartaient travailler à Paris pendant la semaine.

Les Vitorge allaient aussi en vacances en Belgique, où ils rendaient visite aux grands-parents, et c'était alors avec la famille Zousman, les frères et sœurs de Sonia-la-petite et leurs enfants, qu'ils partaient à Knokke-le-Zoute, l'une des stations balnéaires les plus fréquentées et les plus huppées de la côte belge. Goutia et Joseph adoraient ces villégiatures et découvraient avec bonheur les lieux de plaisance de la mer du Nord, espace de convivialité et de loisirs. On restait peu à Paris pendant les congés scolaires, et à la période de Pâques on séjournait dans la petite ville de Bois-Le-Roi, où Joseph et Léon avaient emmené leurs femmes et leurs parents, pendant la Première Guerre mondiale.

Lorsqu'arrivaient les vacances, Joseph s'adonnait avec bonheur à la photographie, ce qui dérangeait prodigieusement les enfants et amusait les adultes qui aimaient prendre des poses. À Berck, en 1928, tout le monde se plaçait devant l'appareil, en groupes de six ou sept, et les enfants, interrompus dans leurs jeux, répondaient au photographe par des grimaces agacées. Ils se ressemblaient tous, filles et garçons, avec leur coupe de cheveux « au carré » et leurs maillots de bain en laine tricotée.

Les enfants se suivaient de près : Bernard Zak et Rachel Bézalel, nés en1920, étaient les aînés, puis venaient Sonia Zak et Alexandre Bezalel, nés en 1921 et 1922. Anna Szmerlis, dite Nana, Olga Horenstein, Myriam Judin et Edith Vitorge sont toutes nées en 1924, suivies de Jacques Katz en 1925, de Léopold Vitorge et de Jacques Lew en 1926, et enfin de Gisèle, la sœur de Nana Szmerlis, en 1928. Les mères étaient à proximité de tout ce petit monde bruyant, chapeautées, assises entre deux cabanons de plage, des sacs lourds à leur côté, chargés du goûter des enfants. Dans les quelques pages de souvenirs qu'elle rédigea en 2004, Gisèle Szmerlis raconte ces étés joyeux sur la plage, et elle revoit Goutia en train de courir dans le sable derrière ses deux enfants, brandissant la banane obligatoire du « quatre heures ». Goutia et Joseph avaient gardé de leur séjour à Perpignan le goût des sports nautiques, et ils adoraient se baigner en compagnie de leurs enfants à qui ils enseignaient les mouvements de la brasse, que l'on pratiquait ensemble en criant pour accompagner les gestes des bras et des jambes.

À Paris le dimanche, quand il faisait beau, au début des années 1930, les Vitorge retrouvaient leurs amis pour un pique-nique dans le bois de Saint-Cloud. Il fallait prendre le métro sur les Grands Boulevards, à la station Richelieu-Drouot, jusqu'à la station Pont de Sèvres, à la fin de la ligne. On montait ensuite à pied dans le bois de Saint-Cloud ou de Garches et l'on passait la journée dans cette campagne de Paris. Les enfants couraient et grimpaient aux arbres, les parents se reposaient et bavardaient, ou jouaient aux cartes. Les Judin, les Zak, les Szmerlis et les Bezalel étaient de la partie. Parfois les Waksman, amis des Bezalel, les rejoignaient. Ils avaient trois enfants, Léon, né en 1922, Clara, qui avait l'âge d'Edith, et Henri, qui était le plus jeune. Les mères préparaient le déjeuner, les pères portaient les paniers de victuailles et les couvertures, et tout le monde se retrouvait dans la clairière de l'Oasis, nom qui était donné à une cabane en bois où se vendaient des boissons fraîches. On accrochait des hamacs aux arbres pour y entreposer les provisions à l'abri des fourmis. Le soir, par beau temps, on restait dîner, et on se partageait les restes.

Au retour, le dimanche soir, il y avait foule à la station Pont de Sèvres, le métro était bondé, et Joseph se précipitait toujours dans le train en quête d'une place assise qu'il occupait pour la céder à Goutia.

Un soir, a raconté Edith, une femme en colère, qui voulait la même place que lui, l'apostropha bruyamment et le traita de « métèque ». Joseph lui répliqua qu'il était plus français qu'elle parce que « la France moi, Madame, je l'ai choisie ! » Les enfants Vitorge eurent beau admirer cette riposte paternelle, dont ils sentaient toute la légitimité, leur désarroi fut entier, car ils avaient compris le sens de l'épithète haineuse.

La maison natale

Il n'y avait pas, dans les années 1920, d'établissements scolaires « mixtes ». Les deux écoles communales, l'une de filles et l'autre de garçons se trouvaient rue Milton. Mais il fut décidé que les enfants seraient inscrits dans des établissements payants. Didi fut donc envoyée au lycée Lamartine, école de filles qui accueillait les élèves de la classe enfantine au baccalauréat, et Popol fut inscrit au lycée Rollin. Didi resta au lycée Lamartine pendant douze ans, jusqu'à la fin de la classe de seconde. Elle y retrouvait les enfants avec qui elle allait en vacances, dont Olga Horenstein, sa meilleure amie, surnommée *Reyte-moydl*, la rouquine. Pour se rendre au lycée, elle passait rue de Maubeuge, où l'attendaient ses camarades et elles partaient ensemble. Elle se souvient de chaque professeur qui l'encourageait dans son apprentissage, et de la surveillante générale, Mademoiselle Klein, qui faisait respecter le règlement intérieur interdisant maquillage et socquettes. Il fallait mettre des chaussettes, et porter un tablier écru et un chapeau. Cette discipline vestimentaire amusait les filles, mais leur donnait aussi conscience d'appartenir à un groupe assez privilégié, identifiable par la tenue.

C'est à la sortie du lycée qu'un jour, Edith fut injuriée par une camarade de classe qui la traita de « sale Juive ». Soudain, confrontée à l'insulte, elle ressentit un malaise ancien, elle revit la scène du métro où son père avait été traité de métèque. « Comment savait-elle que j'étais juive ? » écrit Edith, qui était encore plus peinée par le silence des autres petites filles. Personne n'avait réagi et, du haut de ses dix ans, Edith s'est posé pour la première fois la question de l'indifférence des autres, de ceux qui deviendront, pendant l'Occupation, les *bystanders*, les badauds, les témoins passifs dont parle l'historien de la

Shoah Raul Hilberg[1]. Mais ces expériences de l'antisémitisme, au cours de l'enfance, sont restées exceptionnelles. Edith voyait surtout la France avec le regard de ses parents, comme une terre d'asile, un pays dont la laïcité lui garantissait protection et droits. Elle s'en réjouissait pour les réfugiés juifs que Joseph, dès le début des années 1930, accueillait rue Milton.

Ces réfugiés arrivaient en famille d'Europe de l'Est et, pour la plupart, ils transitaient par la France, cherchant l'accueil plus sécurisant du continent américain. Les circonstances qui avaient amené Joseph à aider ces familles ne sont pas claires. Certains de ces hommes et de ces femmes de passage étaient communistes, et il est possible que ce soit par l'intermédiaire d'un réseau que Joseph était en contact avec eux. Parmi eux, une famille juive communiste originaire de Hongrie, les Schiller, s'était liée d'amitié avec les Vitorge. En 1940, après quelques années en France, Charles et Lina Schiller se réfugièrent au Mexique, où ils réussirent à fonder une importante affaire de bijouterie. De façon tout à fait inattendue, Edith et moi avons retrouvé Lina Schiller en 1982, à Cuernavaca, à une heure de route de Mexico, où elle et son mari avaient fait fortune. Il ne restait plus rien de la jeune militante, elle était devenue l'une des nombreuses retraitées de la bourgeoisie mexicaine installée dans cette petite ville de villégiature, entourée de montagnes et de belles demeures espagnoles.

Il y avait aussi, parmi les réfugiés de passage, des Allemands qui avaient raconté à Joseph les discriminations systématiques dont les Juifs étaient victimes dans leur pays d'origine, les refus d'embauche, les attaques des commerces juifs le 1er avril 1933, puis la loi du 7 avril de la même année sur la restauration de la fonction publique qui permettait de destituer les fonctionnaires juifs, et enfin, en septembre 1935, toute la législation antisémite, les lois raciales de Nuremberg.

La famille Fischer, au nombre de six personnes, est arrivée en France à ce moment-là. Issus de la bourgeoisie aisée, ces Juifs allemands avaient l'intention de se rendre aux États-Unis, mais durent prolonger leur séjour en France devant les difficultés d'obtention des *affidavits*. En fait, les États-Unis avaient volontairement limité l'immigration des populations juives d'Europe à 10% du quota autorisé, soutenus dans ce sens par l'opinion publique américaine, rendant l'obtention de visas

[1] Hilberg (Raul), *Perpetrators, Victims, Bystanders: the Jewish Catastrophe*, New York, Harper Perennial, 1993.

quasiment impossible, et fermant ainsi leurs frontières aux réfugiés. Les Fisher, en passant par l'Espagne et le Portugal, furent parmi la minorité d'immigrés qui réussirent finalement à gagner l'Amérique, en 1940.

Si Joseph écoutait d'une oreille attentive le récit de leur vie en Allemagne et de leur fuite, il ne se sentait pas encore concerné. Après tout il était français, il était chez lui. Le sentiment d'être uni par des liens formels et inaliénables à son pays d'adoption lui donnait une assurance tranquille de propriétaire qui régnait sur son espace de vie en toute sécurité.

Dans les années 1930, l'appartement de la rue Milton était donc un abri pour les étrangers en escale, et un espace de bonheur pour ses occupants. Longtemps la famille a gardé cet appartement de l'enfance heureuse et a fini par l'acheter, après la guerre. Pourtant, quand Edith l'a enfin vendu, en 2009, elle n'a pas eu un seul moment de nostalgie. Elle disait toujours qu'après les itinérances de la guerre, elle avait appris à ne pas s'attacher aux maisons. Rien n'existe dans la pierre, tout est dans la tête. Pour elle, c'est le souvenir de la maison natale de la rue Milton qui incarne les valeurs du « dedans » et de l'intime. Pendant les années de l'Occupation, quand la famille organisa son errance autour de maisons vides, d'appartements désaffectés, de lieux de passage, c'est cette maison natale de la rue Milton qu'Edith transporta avec elle, c'est cet intérieur-là qui vint meubler toutes les habitations. Elle les a comptés, ces adresses sans attache, ces lieux désemplis où l'on posait les bagages sans les ranger. Elle ne parle jamais des quatorze logements successifs de leur fuite, elle raconte les quatorze *déménagements*.

L'appartement, rue Milton, s'ouvre sur un grand salon dont les deux fenêtres donnent sur la rue. Un long couloir permet d'accéder à la cuisine, au débarras et aux deux chambres communicantes. Dans ce passage, Goutia a installé sa machine à coudre Singer, sur laquelle il y a toujours un ouvrage en route. La cuisine est petite, mal éclairée par une fenêtre de la taille d'une lucarne, ouverte sur une cour intérieure. On y a accroché le garde-manger. Une grande cuisinière noire, contre le mur, est alimentée par des boulets de charbon achetés chez le bougnat, qui vend aussi de l'anthracite pour la salamandre verte du salon. Aucune salle de bain n'a été prévue, et Joseph a donc installé une baignoire dans la cuisine. Une lessiveuse, placée sur la cuisinière, permet de chauffer l'eau du bain, que l'on verse dans la baignoire à l'aide d'un tuyau. Pendant la journée, cette baignoire est recouverte d'une planche de bois qui sert de table ou de plan de travail. Dans sa minuscule cuisine ainsi équipée, Joseph a créé un espace multifonctionnel encombré et tout à fait adapté, où Goutia cuisine des plats français et juifs, et des tas de gâteaux.

Pour faire ses courses, inutile de sortir du voisinage, il suffit de se rendre rue des Martyrs, l'artère vitale du quartier, à cinq minutes de la maison. Là, se trouvent plusieurs charcuteries, boucheries, primeurs, deux triperies, une graineterie où, se souvient Gisèle Szmerlis, sont vendus des épices en vrac, des pâtes et légumes secs. On peut aussi y voir des poissonneries, des crèmeries, de nombreuses boulangeries, des pharmacies et des quincailleries. Gisèle parle des marchands des quatre saisons, vendeurs ambulants de fruits et légumes dont les voitures à deux roues étaient installées le long de la chaussée, rue Hyppolite Lebas, et qui existaient encore dans les années 1960. La rue des Martyrs reste de nos jours la rue commerçante la plus animée du quartier. Dans les années 1920 et 1930, les Vitorge y faisaient leur marché, complètement indifférents aux prescriptions de la *Cacherout.* Parfois Goutia se faisait servir à la boucherie juive de la rue Condorcet fréquentée par Mme Szmerlis, la mère de Gisèle. Les Vitorge se fournissaient aussi chez leurs amis les Katz, épiciers grossistes aux Halles, et rue des Rosiers, dans le quartier juif du Marais, où ils achetaient des carpes vivantes. Comme tout le monde, Goutia conservait les poissons dans l'eau de la baignoire.

Comment on devient français

Bien sûr, la carpe farcie venait rejoindre les autres plats de la cuisine ashkénaze, le *gehackte leber*, pâté de foie de volaille haché, et le bouillon de poule aux *kneidlech*, les boulettes faites avec de la farine de *matza*, ainsi que le *pickelfleisch*. Mais ces plats n'étaient pas associés aux fêtes religieuses. Les enfants furent donc privés de l'apprentissage des rites, auxquels se substituait celui de la libre pensée. À la maison, disait Edith, on croyait surtout aux « lendemains qui chantent promis par la révolution russe ».

Dès le début des années 1930, Joseph avait repris ses activités politiques, et ne se gênait pas pour clamer haut et fort ses convictions d'homme de gauche. Il est certain que pour lui, l'action politique était devenue importante après l'acte qui l'avait attaché de façon définitive à la France, l'accès à la nationalité française. Selon la loi de 1889 du simple *Jus soli*, Edith et Léopold, nés en France de parents étrangers, pouvaient être français à leur majorité, mais pour Joseph, il n'était pas question d'attendre, d'autant plus que la procédure de naturalisation avait été facilitée après la fin du premier conflit mondial. La « déclaration conférant la nationalité française » fut souscrite pour toute la famille devant le juge de paix de Paris X^e^, le 12 octobre 1926. Le ministère de la Justice enregistra la déclaration, et les Vitorge furent naturalisés par décret, le 2 avril 1927, soit quelques semaines avant la loi du 10 août 1927, qui élargissait les critères d'accès à la nationalité française, dans le but d'encourager les demandes de naturalisation.

Joseph a pu profiter d'un revirement total dans la politique d'immigration de la France, après le durcissement de 1914 qui s'était traduit, dès l'entrée en guerre, par des « mesures de contrôle » visant les étrangers. En effet, les naturalisations, au nombre de 2000 en 1914, furent réduites à 300 en 1918. Or, pendant les années qui suivirent, le grave problème de la dépopulation se fit douloureusement sentir, et « l'impératif démographique » permit au gouvernement du Cartel des gauches de 1924 de libéraliser l'accès à la nationalité. En 1926, on comptait plus de 11 000 naturalisations[2].

Joseph et sa famille faisaient partie de cette masse d'étrangers, plus de 300 000 qui, entre 1926 et 1940, acquirent la nationalité française. L'exigence de résidence en France, réduite à trois ans par la loi de 1927, était encore, en 1926, de dix ans, mais Joseph, immigré de longue date, n'eut aucun mal à faire valoir ses droits. De plus, il était père de jeunes enfants, et c'était là une situation très favorable à l'obtention de la nationalité. La chance était aussi un facteur, car si sa demande de naturalisation avait eu lieu plus tôt, elle aurait sans aucun doute été rejetée : appartenant à la classe mobilisable en 1914, il était de ceux qui « n'avaient pas consenti à participer activement à la défense nationale[3] ».

Une brochure de 1927 intitulée « Comment devenir Français ? », publiée par la *Société générale d'immigration*, un organisme patronal qui s'occupait de pourvoir l'industrie en main-d'œuvre après la Première Guerre mondiale, donne une bonne idée de cette politique

---

[2] Weil (Patrick), *Qu'est-ce qu'un Français ? Histoire de la nationalité française depuis la Révolution*, Paris, Grasset, 2002, pp. 69-75.
[3] *Ibid.*, p. 74.

d'intégration des travailleurs immigrés, qui avait commencé dès le début des années 1920. Le texte de cette brochure expose clairement l'objectif visé, qui est « d'indiquer aux étrangers [...] les conditions simplifiées par la loi du 10 août 1927, dans lesquelles ils peuvent acquérir la nationalité française[4] ». Parmi les « pièces à joindre à la demande », la brochure indique que « l'absence de l'une ou de plusieurs de ces pièces ne doit, en aucun cas, empêcher l'intéressé de présenter sa demande », et que « le ministère de la Justice « peut se contenter des pièces qui sont produites[5] ». Joseph, qui n'avait toujours ni acte de naissance, ni passeport, put bénéficier pleinement de cette bienveillance toute temporaire de l'administration française.

En juillet 1940, lorsque le gouvernement de Vichy ordonna la révision des naturalisations acquises depuis le 10 août 1927, les Vitorge ne se sentirent pas particulièrement concernés. Ils furent pourtant indirectement la cible de ces « lois de Vichy » quand deux ans plus tard, en 1942, Edith adressa un dossier d'inscription à la faculté de médecine de Montpellier. Elle essuya un refus catégorique, le motif invoqué étant le *numerus clausus* pour les étudiants naturalisés. C'est-à-dire en fait, pour les Juifs. La déception fut immense pour la jeune fille qui rêvait de devenir un jour médecin. Elle savait bien que, déjà avant l'entrée en guerre, les étrangers vivant en France étaient la cible de décrets et de dispositions discriminatoires. Mais lorsqu'elle en devint elle-même victime, elle ne put se résoudre à l'accepter. Elle n'est toujours pas convaincue qu'il s'agissait d'une mesure antisémite, car rien dans son dossier d'inscription à la faculté de médecine ne traitait de son statut « racial ». Mais qui, parmi les étudiants naturalisés dont les parents étaient originaires de Bialystok, n'était pas juif ?

De toute façon, elle n'avait aucun recours. Elle changea d'orientation, mais cette expérience est restée pour elle l'exemple d'une injustice criante, un préjudice grave, dont elle a longtemps souffert. Joseph, quant à lui, avait compris l'inutilité d'un appel. Il n'avait plus le verbe haut ni le militantisme à fleur de peau, comme dans sa jeunesse.

---

[4] *Comment devenir Français ? Loi du 10 août 1927 sur la nationalité*, Paris, Société générale d'immigration, 1927, p. 3.

[5] *Ibid.*, p. 7.

La belle vie militante

Pendant toute la décennie qui a suivi sa naturalisation, Joseph a beaucoup milité. En particulier, il a rejoint Fernand Grenier, député communiste de Saint-Denis, appelé, en novembre 1932, à la tête d'une association en perte d'énergie, Les Amis de l'URSS (AUS), bientôt remaniée en une « organisation de masse » [6]. Cette société d'amitié prosoviétique avait été créée en 1927, pour le dixième anniversaire de la révolution bolchevique, comme instrument de propagande idéologique. Les AUS, qui deviendront en 1945 Association France-URSS, organisaient en particulier des voyages de « délégations ouvrières » envoyées en Union soviétique pour rapporter des « témoignages » largement diffusés dans la presse communiste. Joseph s'en tenait aux réunions de l'association et la famille prenait part aux activités culturelles qui y étaient organisées, comme les soirées à la salle Pleyel où étaient projetés les films du réalisateur soviétique, Sergueï Eisenstein. Edith se souvient aussi du concert des Chœurs de l'Armée rouge lors de l'exposition universelle de 1937, pour lequel les AUS avaient réservé des loges à ses membres.

Joseph, contrairement à sa fille, n'a jamais adhéré au parti communiste, mais il était, comme beaucoup de ses amis, un « sympathisant ». Dans ses souvenirs, *Les Vitorge*, Edith parle de cette période pendant laquelle un grand nombre d'intellectuels militaient au PCF ou du moins partageaient les idéaux politiques des communistes. Elle écrit à leur propos :

> L'Union soviétique était l'exemple vivant de leurs rêves de justice sociale et de tolérance. Ils trouvaient des excuses aux faux-pas ou même aux excès du régime, ils ne pouvaient pas envisager qu'il puisse y avoir des crimes d'État, par exemple au moment des grands procès contre les *traîtres*[7]. Ils mettaient ces « erreurs » au compte de la jeunesse de cet État et de la nécessité de faire face à un environnement capitaliste hostile. Et ceux qui, comme André Gide dans son pamphlet *Retour*

---

[6] Mazuy (Rachel), « Les Amis de l'URSS et le voyage en Union soviétique : la mise en scène d'une conversion (1933-1939) », *Politix* 1992, 5, n° 18, note 5 p. 113.

[7] Il s'agit des *Procès de Moscou*, organisés par Staline pour éliminer ses rivaux, entre 1936 et 1938.

d'URSS[8], faisaient état d'actes inacceptables pour une démocratie, étaient eux-mêmes qualifiés de traîtres.

De ces années, Edith se rappelle surtout les espoirs du Front populaire, avec les deux semaines de congés payés et la semaine de quarante heures, dont tout le monde se réjouissait rue Milton. Et au même moment, la décision du gouvernement de Léon Blum et du Royaume-Uni de non-intervention dans la guerre d'Espagne avait profondément choqué Joseph. Il avait nourri l'espoir que, soutenues par les Soviétiques, les Brigades internationales apporteraient une aide décisive aux républicains. À l'âge de 50 ans, il voulait d'ailleurs s'engager dans ces brigades étrangères de l'armée républicaine espagnole, ce qui faisait rire ses amis et gronder Goutia. La victoire de Franco, en avril 1939, sidéra donc tous ceux qui, comme Joseph, s'attendaient au triomphe des républicains.

À la rentrée de 1939, le professeur d'espagnol au lycée Lamartine, une Andalouse républicaine, avait demandé à ses élèves de prendre des « correspondants » dont les familles, réfugiées de la guerre d'Espagne, étaient internées au camp de Gurs, dans les Basses-Pyrénées, récemment construit pour accueillir les « étrangers indésirables ». Edith échangea quelques lettres avec son correspondant espagnol, mais aux premières semaines de 1940, il ne répondait plus, et elle ne sut jamais ce qu'il advint de lui.

Dès 1938, alors que les accords de Munich et les décrets-lois du gouvernement Daladier remettent en question tous les acquis du Front populaire, Edith a rejoint un groupe de lycéens parisiens qui militent dans l'Union des lycéens communistes, créée en 1937. La montée de l'anticommunisme, l'opinion publique qui trouvera dans le pacte germano-soviétique de 1939 « la preuve de la duplicité si souvent soupçonnée des communistes[9] », ne freinent pas non plus l'activisme de Joseph qui a pourtant reçu, cette année-là, des menaces anonymes. Il y eut le dessin d'un pot de chambre portant la mention « communiste », puis celui d'une couronne mortuaire contenant une

---

[8] Dans ce texte publié en 1936, Gide dénonce les erreurs du système soviétique. En 1937, le romancier publia *Retouches à mon Retour de l'URSS* (Gallimard), véritable réquisitoire contre le régime dictatorial de l'URSS où il évoque les déportations massives ordonnées par Staline.

[9] Berstein, (Serge) et Becker (Jean-Jacques), "L'anticommunisme en France », *Vingtième Siècle - Revue d'histoire* 1987, 15, n° 1, p. 21.

faucille et un marteau, qu'on avait trouvés, collés sur la porte de l'appartement.

Lorsque le parti communiste est dissous, en septembre 1939, la famille sent pourtant monter le danger. À la rentrée, Edith continue de militer au lycée, mais un incident va rapidement lui apprendre la prudence. Arrivant un jour au métro Place des Fêtes, où elle doit rencontrer d'autres jeunes militantes avec qui elle est censée se rendre à une réunion des Lycéens communistes, l'une de ses camarades s'approche d'elle et lui dit « n'y va pas, on vient d'arrêter ses parents ce matin ». Elle est vite rentrée prévenir sa famille.

Edith est une adolescente de 15 ans, un peu maigre, pas très grande, agile et rieuse, entourée d'une bande de jeunes de son âge. Elle porte les cheveux longs, ramassés en boucles sur le haut de la tête, de seyants vêtements à dominance blanche, des jupes plissées courtes et des shorts larges, des robes à épaulettes droites et ceinturées, des tenues copiées par Goutia dans les magazines de mode, une pour la promenade, une pour les sorties, pour la mer, pour la ville. Pendant l'été 1939, on la retrouve sur la plage avec Rachel et Alexandre Bézalel, au casino où elle va danser avec Sonia et Bernard Zak et avec Jean-Claude Carrez, le camarade de lycée de Popol qu'on a amené en vacances cette année-là. Il y a aussi sa grande amie Olga-la-rouquine. Goutia n'est pas loin, elle aime jouer au casino pendant que les jeunes dansent, et elle aime aussi surveiller sa fille. On prend des cours de claquettes, on fait des acrobaties sur la plage, que Joseph prend en photo, on fait aussi du bateau et on se trouve des flirts. Bref, on s'amuse de tout.

C'est pendant les grandes vacances de 1939, les dernières qu'ils passeront ensemble avec tous leurs amis, que les Vitorge apprennent la déclaration de guerre. Ils ont loué une maison à Fouras, petite station balnéaire près de La Rochelle, et Edith en garde un souvenir d'insouciance. Il est vrai que la guerre était attendue avec une certaine quiétude. Le 3 septembre, en début de soirée, juste avant le dîner, la nouvelle tombe, c'est la guerre. Tout le monde s'est réuni au premier étage de la maison louée pour l'été. Il reste presqu'un mois de vacances, la rentrée n'étant pas prévue avant le 1er octobre, mais la décision a été vite prise de rentrer immédiatement à Paris. Il faudra peut-être faire des démarches, se procurer des papiers, réorganiser la vie. Soudain, tout presse.

Pourtant, rien d'urgent n'attend les Vitorge à Paris. Surtout que ni Joseph ni Léon ne sont mobilisables. Joseph, qui avait dû obtenir un fascicule de mobilisation au moment de sa naturalisation, a été définitivement libéré des obligations militaires en novembre 1935. La plupart des pères, amis de la famille, sont dans une situation identique, excepté Monsieur Szmerlis qui est mobilisé comme réserviste. Pour les autres, la guerre est encore loin. Edith le note en 1999, dans *Les Vitorge* :

> Dans mon souvenir, nous avons vécu les premiers mois de la guerre à Paris dans une certaine morosité, mais sans transition brutale avec le passé. Joseph et Léon continuaient d'aller tous les jours au Club des diamantaires, rue Cadet. D'une manière générale on pensait que le conflit serait, comme en 1914, une guerre de position affectant nos frontières avec l'Allemagne.

Cette guerre, on en était certain, serait rapidement gagnée par les alliés, on parlait même d'une « guerre éclair », c'était le terme employé. Il y avait bien sûr des consignes de camouflage des fenêtres qu'il fallait peindre en bleu ou masquer par des rideaux. Et la cave de la rue Milton avait été classée « abri antiaérien ». On y descendait avec des bougies et des couvertures lorsque retentissait la sirène d'alerte.

Au lycée, tout était aussi normal qu'à la maison en cette rentrée scolaire de l'année 1939-1940, et rien ne manquait encore. Les professeurs parlaient peu de la guerre, sauf pour demander aux élèves de tricoter des chaussettes pour les soldats, qu'on appelait encore des « poilus ». Et puis le corps enseignant était, cette année-là, complètement féminin, rappel que les hommes étaient au front. Mais cette « drôle de guerre » inquiète pourtant Joseph, qui ne comprend toujours pas comment Staline, le « petit père des peuples » a pu faire alliance avec les fascistes. Ce qui le préoccupe plus que tout, surtout depuis l'incident de la place des Fêtes que lui a raconté sa fille, est la vague déferlante de l'anticommunisme, violemment alimentée par la propagande de l'extrême droite raciste, les « Camelots du roi ».

Du *chemodan*

Même avant l'armistice, on commence à remarquer l'insuffisance de certaines denrées sur le marché, et il est question, dès les premières semaines de 1940, de mettre en circulation des tickets de rationnement. Les prix augmentent. Dans les commerces de la rue des Martyrs l'achalandage est moins abondant, mais Goutia continue de se fournir aux Halles et, dans la cuisine de la rue Milton, les repas ne souffrent pas trop de la pénurie. Pour Joseph et Léon, les affaires vont mal, et c'est à ce moment-là que les deux lapidaires décident de renoncer à l'achat d'un immeuble de la rue Milton. Léon et Sonia ont alors déjà emménagé dans un appartement situé rue des Martyrs.

Joseph a enfin pris conscience du danger dans lequel l'ont placé ses convictions politiques, et il craint d'être dénoncé. Il est très préoccupé par les arrestations de communistes, qui se multiplient. Mais, malgré les récits continuels des persécutions que lui racontent ses amis allemands, il ne s'inquiète pas encore de la montée de l'antisémitisme en France. D'ailleurs, il se souvient que la presse française a sévèrement condamné la « Nuit de cristal », en novembre 1938. D'autre part, la France continue de recevoir un nombre important d'immigrés, y compris les 400 000 républicains espagnols qui ont franchi la frontière française en janvier 1939. Mais pour ceux, comme le correspondant d'Edith, qui sont internés hâtivement dans les camps surpeuplés, il n'y a pas d'accueil, et les conditions de détention sont effroyables. Robert Paxton, dans son livre sur le régime de Vichy, écrit à propos de ces camps destinés aux réfugiés espagnols que « les preuves ne manquent pas de terribles cas de mauvais traitements qui préfiguraient le sort futur de beaucoup de Juifs[10] ».

Pourtant, ces prétendues preuves, transmises sans relief et sans netteté, n'éveillent, ni chez Joseph ni chez ses amis, aucun sentiment d'urgence. Joseph s'est alarmé de la progressive pénalisation des étrangers, mais il ne se rend pas bien compte que déjà, entre la chute de la République espagnole en 1939, et la fin de l'année1940, de très nombreux réfugiés arrêtés et internés en France sont des Juifs. L'historien Robert Paxton n'hésite pas à parler de « pogrom administratif[11] ». Pourtant, Joseph ne détecte pas ces présages et préfigurations, et il n'envisage toujours pas, en accord avec Goutia, de quitter la rue Milton.

Le cousin Lazare, le fils de la sœur de Goutia, ne s'y trompe pas et il pressent l'invasion allemande. Il vient souvent voir la famille à Paris

---

[10] Paxton (Robert), *Vichy et les Juifs*, Paris, Calmann-Lévy, 1981, p. 72.
[11] *Ibid.*, p. 73.

pendant les voyages d'affaires qu'il fait pour le compte de l'entreprise familiale de Gablonz et, au début de l'année 1939, il quitte la Tchécoslovaquie pour s'installer à Paris. Ses parents, Mathilde et Boris Jewnin, se sont réfugiés à Prague après les accords de Munich, et ont l'intention de le rejoindre.

Bientôt, Lazare cherche un pays plus sûr que la France et, à la fin de l'année, il part en Angleterre. Bloqués en Tchécoslovaquie, ses parents ne parviendront pas à fuir, et Mathilde sera arrêtée à Mladá Boleslav, à une cinquantaine de kilomètres de Prague. Le 16 janvier 1943, elle est internée au camp de transit de Terezin, près de Prague, et le 18 mai 1944, elle est déportée à Auschwitz. Âgée de 67 ans, elle n'a aucune chance d'être épargnée et a très probablement été gazée à son arrivée au camp.

Les amis des Vitorge qui ont pu quitter leurs pays d'origine et ont séjourné temporairement à Paris, sont presque tous partis. La maison de la rue Milton se vide ainsi de ses hôtes. Au début de la guerre, il n'y reste que Joseph, Goutia et leurs deux enfants. Même Isa, la cousine de Pologne qui vivait chez eux depuis près d'un an, est partie. Cette fille d'une sœur de Goutia, étudiante d'une vingtaine d'années, avait accompagné la famille en vacances à Fouras, lors d'un premier séjour en été 1938. Sur une photo prise par Joseph dans la station balnéaire, c'est une jolie jeune fille élancée, habillée avec goût, souriante. Mais elle n'apparaît pas sur les photos du bel été de 1939. En proie à des délires et à de graves troubles mentaux, la sympathique cousine d'Edith et de Popol est rendue à sa famille en mai 1939, quelques semaines avant la déclaration de guerre. Isa rejoindra ses parents ainsi que tous les autres membres de la famille Soloveitchik dans le ghetto de Lodz. Goutia apprendra à la Libération qu'elle était, elle aussi, parmi les disparus.

La vie semble avoir perdu son agitation après la rentrée de 1939-1940. On attend, on prend des nouvelles, on lit beaucoup la presse. Rue Milton, il y a aussi un poste de radio, mais ce sont les journaux comme *l'Œuvre*, *le Matin*, et *Paris-soir* qu'épluchent chaque jour Joseph et Goutia. Au début du mois de mai 1940, les bulletins scolaires des enfants sont déjà arrivés et, en même temps, les nouvelles que les Allemands marchent sur Paris. Joseph est de plus en plus soucieux, car l'un de ses camarades communistes, Jacques Cohen, a été arrêté et déporté en Algérie. C'est d'ailleurs ce qui lui a permis d'échapper aux camps de la mort, et Joseph le retrouva sain et sauf après la guerre.

Le 27 mai 1940 dans la soirée, les Vitorge reçoivent la visite de Monsieur Lemelle, un franc-maçon de la rue Saint-Lazare avec qui Joseph milite aux AUS. C'est un homme qu'Edith a déjà rencontré, bien qu'il ne soit pas dans le cercle des amis intimes. Il est agité et préoccupé en pénétrant dans l'appartement, car il est porteur d'une mauvaise nouvelle : il vient d'apprendre que Joseph sera probablement arrêté dans les jours qui viennent. Il est apparemment très bien renseigné, ses sources sont sûres, et il se fait extrêmement pressant. Il recommande à Joseph de quitter la capitale au plus vite, avec toute la famille, y compris celle de Léon. Et personne ne met sa parole en doute, comme s'il apportait la confirmation de ce qu'on attendait. Joseph sait que son arrestation imminente est en rapport avec ses idées politiques et qu'il est fiché comme communiste, peut-être comme agitateur et causeur de troubles.

Dans leur enfance, il amenait les enfants à tous les défilés commémoratifs, y compris celui du 1er mai et celui du 14 juillet, au mur des Fédérés du cimetière du Père Lachaise. Ils écoutaient les slogans et regardaient les banderoles colorées dans le cortège des AUS, enchantés par la clameur de la foule qui montait en lourdes vagues sonores. Il y a eu d'autres rassemblements moins paisibles, avant l'arrivée du Front populaire, et Joseph partait souvent seul apporter son soutien au parti communiste dans des manifestations de rue. Les enfants, le soir dans leur chambre, imaginaient leur père sur des barricades, le poing levé. Ils en mourraient de peur et de fierté. Un soir de février 1934, Goutia l'a vu revenir d'un ralliement place de la Concorde, le visage en sang. Ce soir-là, il avait participé à un affrontement avec les forces de l'ordre et avait sûrement été repéré.

Quelque part, il existe nécessairement un rapport, une liste portant son nom, Joseph en est à présent convaincu. Monsieur Lemelle ne donne aucun détail : « partez, dit-il, et ne prévenez personne. »

Alors, tout se met en place, comme si se déroulait un scénario mille fois répété. Et pourtant il n'en est rien. On n'a rien prévu, pas de programme mûrement réfléchi, pas de plan d'urgence. On agit dans la précipitation, spontanément, mais pas de façon désordonnée, comme si la panique, à peine jaillie, était déjà maîtrisée, et les gestes s'enchaînent, sans y penser. Cette décision d'un départ immédiat, alors que tout est encore calme dans Paris, que la vie normale suit son cours, a été prise par un militant aux aguets, dont l'expérience des chasses à l'homme, des *pogroms*, des arrestations illégales lui dit que, cette fois encore, il faut prendre la fuite.

Joseph et Goutia Vitorge ont sauvé leur famille en prenant deux décisions vitales : celle de partir sur-le-champ, et celle de ne jamais se déclarer en tant que Juifs aux autorités. Mais pour se mettre ainsi dans l'illégalité avec deux enfants à charge, et laisser derrière soi, sans y être contraint, maison, biens, meubles, tout ce qui forme son monde, se séparer aussi brutalement de sa communauté d'amis et de relations qui est un réseau protecteur et identitaire, il fallait avoir bien plus qu'un instinct de survie. Selon Raul Hilberg, il fallait, pour prendre ce type de décision, être un individu capable de *réalisme*, capable d'analyser froidement les discours rassurants et mensongers des dirigeants[12]. Mais toute sa vie, Joseph s'était opposé à l'autorité, c'est d'ailleurs ce qui lui avait valu la déportation dans l'*oblast* d'Arkhangelsk. Joseph avait fait de la désobéissance un art de vivre. Par principe, il était « contre ».

Le soir même du 27 mai Goutia, munie d'une grande toile de jute, s'est mise à sa machine à coudre pour confectionner un énorme sac de voyage. On ne pourra rien emporter d'encombrant ou de superflu, on laisse presque tout dans l'appartement, meubles, bibelots, batterie de cuisine, garde-robe. On prend l'argenterie, lourde mais indispensable, un magnifique service Louis XV, que l'on devra cacher avant de partir. Joseph, qui vit en accéléré depuis quelques heures, a déjà pris contact avec un vigneron du pays d'Alès, dans le Gard, à 40 km au nord-ouest de Nîmes. Comment est-il en relation avec cet homme dont personne n'a retenu le nom, on ne l'a jamais su. L'homme accepte d'aider la famille. C'est le premier d'une longue chaîne de personnes non-juives qui ont permis aux Vitorge de subsister en leur achetant parfois des pierres fines, même à un prix trop bas, en leur louant des appartements, en leur rendant des services sans lesquels la survie aurait été impossible.

Je me suis souvent demandé qui étaient ces gens. Pour certains, l'appât du gain devait certainement jouer, mais pour les autres, la motivation était ailleurs. Instinct de soutien peut-être, qui porte un être humain vers un autre, ou indignation devant les lois d'exclusion des Juifs, ou encore haine de l'occupant. Ce sont les individus que l'historien Timothy Snyder appelle les *grey saviors*[13], des non-Juifs dont l'action salvatrice est restée anonyme, des « sauveteurs

---

[12] Hilberg (Raul), *op. cit.*, p. 189.

[13] Snyder (Timothy), *Black Earth : the Holocaust as History and Warning*, New York, Tim Duggan Books, 2015, pp. 250-271.

ordinaires », perdus dans la « zone grise » de ceux qui se portèrent, spontanément, au secours des Juifs.

Cette idée d'initiatives individuelles, réelles mais impossibles à comptabiliser, ne contredit pas, à mon avis, l'estimation de Raul Hilberg selon laquelle les Juifs ne reçurent qu'un soutien limité dans la population. Selon l'historien, ceux qui profitèrent de l'arrestation des Juifs étaient bien plus nombreux que ceux qui se risquaient à leur porter secours[14]. L'aide était peut-être rare et elle était très souvent payante, mais les Vitorge en ont toujours bénéficié, alors qu'ils se présentaient valises en main, exposés à la dénonciation, dans les bourgades et les villes inconnues de la zone libre, à la recherche d'un refuge, ne trompant personne sur leur origine étrangère.

Le 28 mai 1940, veille de leur départ, et lendemain de la visite de M. Lemelle au 9 rue Milton, les Vitorge ne se sentent pas si vulnérables. Traqués, oui, mais pas sans ressources. Dès l'ouverture, Joseph et Léon se rendent à la banque située sur le boulevard des Italiens, où ils possèdent un coffre-fort. Toute leur fortune, quelques liasses de billets de banque, mais surtout des pierres précieuses, y est enfermée. Ils n'ont jamais acquis l'habitude des chèques et ne connaissent rien aux opérations bancaires : dans leur commerce, tout se négocie en espèces et la parole donnée est la seule garantie de paiement, la seule lettre de crédit.

Cette liquidité financière va leur sauver la vie, car il leur faut un accès immédiat à leurs économies. En quelques minutes, ils vident « la marchandise » dans une sacoche de cuir marron. Ce sera leur seule source de revenus pendant les cinq années d'occupation. Avant de fermer la porte de l'appartement à double tour, Joseph et Goutia ont retiré les objets de valeur et dans la soirée, ils rendent visite aux Carrez, les parents du petit Jean-Claude, le camarade de classe de Popol. Ils leur confient la lourde argenterie, du linge, des papiers et des objets personnels, ainsi que des photos qui leur seront restitués après la guerre. Ils se féliciteront toujours de cette prudence de dernière minute, car la police posera les scellés sur l'appartement qui sera par la suite entièrement vidé de son contenu par les forces d'occupation et loué à de nouveaux occupants.

Le 29 mai 1940, Joseph, Goutia et leurs deux enfants se rendent à la gare de Lyon en compagnie de Léon et achètent des billets de troisième

---

[14] Hilberg (Raul), *op. cit.*, p. 214.

classe. L'exode n'a pas encore commencé, et ils trouvent facilement des places dans le train en direction d'Alès. Par excès d'optimisme, Joseph prend des billets aller-retour pour tout le monde. On n'emporte presque rien, une valise (un *chemodan*) et le sac de toile de Goutia. On pense rentrer assez vite à Paris, et on se met en route avec, dans la sacoche portée par Joseph, toute la fortune accumulée depuis près de 20 ans, comme si, de façon contradictoire, il fallait aussi envisager un non-retour.

Pendant le long voyage qui les amène à Alès, puis à Nîmes, les Vitorge croisent de nombreux trains bondés de soldats qui remontent vers le front. Douze jours plus tard, les Allemands entrent dans Paris. Un mois plus tard, la famille se retrouve dans la zone non-occupée, coupée des amis de Paris, sans nouvelles des grands-parents Witorz ni de Sonia-la-grande, restés à Anvers. Seules Sonia-la-petite, la femme de Léon, et sa fille Charlotte ne sont pas du voyage. Elles rejoindront bientôt la famille à Nîmes.

Un grenier à Anvers

Au moment où les Vitorge parisiens montent dans le train qui les emmène vers Alès, ceux d'Anvers s'enferment à double tour dans leur boutique de la rue du Pélican. Aïzik est un vieil homme, il approche de sa quatre-vingtième année, et sa santé se détériore.

Dans quelques semaines, des mesures vont être mises en place afin de recenser les Juifs de Belgique, leurs biens et leurs entreprises. L'ordonnance allemande du 28 octobre 1940 imposant ce registre ne fut mise en place que le 10 décembre 1940, soit deux mois plus tard, et le recensement, rappelle l'historienne Insa Meinen, aura lieu entre le 11 et le 20 décembre[15]. Ce retard, nous disent les historiens, vient des hésitations, de la part des autorités belges, à faire appliquer des mesures contraires à la constitution du pays et à la Convention de La Haye. Le délai administratif a-t-il endormi les consciences et donné l'illusion qu'il s'agissait d'une démarche banale ? Les Vitorge, en tout cas, obtempèrent. On collera une affiche sur la vitrine de leur boutique indiquant « Entreprise juive ». C'est le début, dans la métropole

[15] Meinen (Insa), *La Shoah en Belgique*, Waterloo, Renaissance du livre, 2012, p. 31.

flamande, du dispositif d'exclusion, de spoliation et de persécution de la population juive qui va être appliqué progressivement, avec bien plus de virulence et de zèle à Anvers qu'à Bruxelles.

Aïzik et Tsipa sont des commerçants bien intégrés dans la société anversoise, leur commerce est prospère et Sonia, à qui ses parents ont cédé l'entreprise, est une femme d'affaires avisée. Résidant depuis vingt ans en Belgique, les Vitorge ne sont pas du tout dans la situation de détresse des Juifs réfugiés, arrivés depuis peu d'Allemagne ou de Pologne. Leur magasin de la rue du Pélican, est ouvert à une clientèle large et variée. Ils sont cependant aux aguets.

À l'arrivée des forces d'occupation allemandes à Anvers, en mai 1940, Sonia et ses parents ne se font aucune illusion. Comme tous les Juifs de Belgique, ils savent qu'ils sont en danger, et ils ont compris le but des premières ordonnances antijuives. Ils sont cependant soucieux de rester dans la légalité.

Dès que le service postal a été rétabli, en septembre 1940, ils ont reçu une carte « interzone » des Vitorge de Paris, leur donnant une adresse dans le Sud, au Grau-du-Roi, petit village de pêcheurs dans le département du Gard. Sonia s'empresse de répondre. La carte postale qu'elle a reçue est pré-libellée, réservée à la « correspondance d'ordre familial » comme il est fait mention au dos de la carte. Aucun message personnel n'est autorisé, la carte doit être remplie en « biffant les indications inutiles ». Ainsi, on échange simplement que « la famille va bien ». Pendant les cinq années suivantes, il deviendra trop dangereux de s'écrire, et les Vitorge de France resteront sans nouvelles de leurs parents et de leur sœur. Ils n'apprendront qu'après la guerre la mort d'Aïzik, survenue à la suite d'une pneumonie, en 1941.

Mais la carte en provenance du Grau-du-Roi a donné une adresse. C'est là un précieux détail, car ce que dit cette adresse est que Joseph, Léon et leurs familles ont fui la capitale et sont sains et saufs en zone libre. Une partie de la belle-famille de Léon, les Zousman, décide alors de quitter la Belgique et de rejoindre les Vitorge dans le sud de la France. Ils y arriveront au beau milieu de l'été, et les frères Joseph et Léon accueilleront dans leur grande maison les sœurs de Sonia-la-petite, Augustine Vinograd et Anna Schreiber, leurs maris et leurs enfants. Tous sont en partance vers l'Amérique latine, la Bolivie ou le Brésil.

Pour Sonia-la-grande, il n'est pas question de rejoindre ses frères en France : elle restera à Anvers avec ses parents, trop vieux pour entreprendre un voyage par ailleurs si périlleux. Même s'il ne peut en être autrement, elle a sûrement ressenti, devant le poids de ce devoir filial, l'envie de partir, de fuir ce domicile qui n'est plus un abri, cette demeure qui se referme sur elle comme un piège.

L'obligation de s'inscrire dans les registres juifs est suivie, en juillet 1941, d'une autre ordonnance qui impose l'ajout de la mention « Juif-Joode » sur les papiers d'identité de la population juive. La circulaire provient de l'un des dirigeants belges, Gérard Romsée, qui précise que cette mention sera apposée au moyen d'un cachet à l'encre rouge. Lors de la traque des Juifs d'Anvers, particulièrement pendant l'été et l'automne 1942, ce cachet permettra aux policiers allemands de capturer ceux qui ont échappé aux rafles : « il leur suffira, écrit l'historien Maxime Steinberg, de se poster discrètement dans les lieux de distribution des timbres de ravitaillement et de repérer aux guichets les papiers d'identité portant l'estampille 'Jood-Juif' de Gérard Romsée[16]. »

Sonia et ses parents se soumettent aux ordres de l'administration, soucieux d'être « en règle », et leurs noms et adresse sont ainsi inscrits dans le fichier juif qui servira aux arrestations. L'étau se resserre autour d'eux, et Sonia commence à envisager sérieusement un plan de sortie.

Lorsque Aïzik décède, la famille de Belgique semble s'être désagrégée. Le deuil et les séparations l'ont fracturée, et Tsipa est abattue par le chagrin. Sonia et sa mère se remémorent ces dernières années, les étés passés avec les enfants qui envahissaient le magasin, l'espace familial rempli de gens aimants, l'insouciance qui a empêché qu'on soit plus vigilant, ou du moins plus prévoyant. Il reste encore quelques membres de la famille Zousman en Belgique, qui seront d'ailleurs arrêtés et déportés pendant l'été 1942.

C'est au printemps de cette année 1942 que s'accentue la persécution des Juifs de Belgique. Depuis le couvre-feu de 1941 et l'assignation à résidence pour toute la population juive, d'autres ordonnances ont préparé l'ère des déportations. Tout d'abord, l'établissement, en juin 1942, de l'*Arbeitseinsatz*, ou « mise au travail », obligeant certaines catégories de Juifs à partir travailler aux fortifications du « Mur de l'Atlantique ». Si cette ordonnance ne touche pas directement Sonia et

---

[16] Steinberg (Maxime), *La Persécution des Juifs en Belgique (1940-1945)*, Bruxelles, Éditions Complexe, 2004, p. 146.

Tsipa, celle du 7 juin 1942 sur le port obligatoire de l'étoile jaune pour tous les Juifs de plus de six ans les stupéfie.

Insa Meinen a noté que le décret d'application de cette mesure infamante fut très mal reçu par les autorités belges, du moins à Bruxelles, où le bourgmestre refusa de coopérer avec les autorités allemandes et leur fit savoir que « nous ne pouvons pas nous résoudre à nous associer à une prescription qui porte une atteinte aussi directe à la dignité de tout homme, quel qu'il soit[17] ». L'administration militaire se chargea donc elle-même de la distribution du stock à Bruxelles, et trouva dans les bureaux du bourgmestre d'Anvers et de la police municipale des collaborateurs zélés. On sait que 15 000 étoiles furent distribuées par le service d'état civil de la ville flamande[18]. Tsipa et Sonia, comme tant d'autres, se présentèrent pour retirer la leur.

Le morceau de tissu jaune découpé en forme d'étoile porte simplement la lettre J suivie d'un gros point, pour signifier « juif » à la fois en français et en flamand. Sonia ne s'est jamais séparée de son étoile, elle en a fait un insigne-souvenir. Je la tiens dans la main, je passe le doigt sur le tissu qui a gardé sa couleur ocre, et l'encre noire de la majuscule et du contour de l'étoile n'est pas ternie. L'étoile, de fabrication grossière, a dû être distribuée sans le dispositif qui permettait de l'attacher aux habits. D'ailleurs, elle est censée être cousue à même le vêtement, sur le côté gauche de la poitrine. Mais on préfère maintenir l'étoile en place à l'aide d'une épingle à nourrice attachée au dos de l'insigne avec du gros fil bleu. L'inspection minutieuse que je fais de cette étoile me convainc que Sonia ne l'a pas portée. Ou bien très peu. L'étoile est comme neuve, ni froissée ni endommagée ni tachée, et sa couleur jaune ocre indique qu'elle a été conservée à l'abri de la lumière. En l'absence de tout témoignage ou d'acte écrit, l'étoile juive de Sonia Vitorge raconte qu'elle a vécu cachée.

Jusqu'à la mi-juillet 1942, les Juifs vivent dans l'angoisse de nouvelles convocations pour la « mise au travail forcé ». Les personnes convoquées doivent se rendre au camp de regroupement de Malines, à une vingtaine de kilomètres d'Anvers, mais en été 1942, il ne s'agira plus de partir vers le mur de l'Atlantique. Le millier d'hommes, de

---

[17] Meinen (Insa), *op. cit.*, p. 34.

[18] Van Goethem (Herman), « La convention de La Haye, la collaboration administrative en Belgique et la persécution des Juifs à Anvers, 1940-1942 », in *Cahiers d'histoire du temps présent* 2006, 17, p. 168.

femmes et d'enfants internés à Malines jusqu'au 4 août 1942, date du premier convoi en direction d'Auschwitz, ne l'apprendront que trop tard.

Cette fois pourtant, les Juifs se méfient, et ils seront moins nombreux à se rendre aux prochaines convocations. Selon Insa Meinen, « Alors que le service antijuif délivra et fit distribuer au moins 12 000 ordres entre le 25 juillet et le 3 septembre, seulement 4 023 Juifs se présentèrent à Malines, peut-être même moins[19]. » C'est dans les semaines qui suivent l'ordonnance de l'étoile jaune que les Juifs de Belgique vont commencer à prendre des initiatives personnelles, à organiser leur propre défense et à se constituer des stratégies de survie. Il s'agira soit de fuir vers la France dans l'espoir de se réfugier en zone libre à l'aide de faux papiers, soit de se cacher sur place, avec la complicité de la population non-juive. Dans les deux cas, le péril est grand.

La fuite, réaction quasi universelle face au danger imminent, est pourtant le meilleur moyen d'être arrêté. En effet, si la police et la gendarmerie, à Anvers comme à Bruxelles, ne s'acharnent pas contre les individus en fuite, donc en situation irrégulière, il n'en est pas de même du Service de protection des devises, le DSK, et du Service douanier au contrôle des frontières. Ces unités, qui dépendent de la *Wehrmacht*, joueront un rôle primordial dans l'arrestation et la déportation des Juifs de Belgique.

Les pièges sont innombrables, et c'est souvent avant même de partir, en cherchant à se procurer les devises et les faux papiers nécessaires au voyage que l'on risque l'arrestation. Pour ceux qui ont décidé de rester, le danger est grand car ils peuvent à tout moment être découverts dans leurs cachettes, soit sur dénonciation, soit parce qu'ils sont repérés par des réseaux d'indicateurs.

Toutes les décisions, prises dans la panique, ne peuvent s'appuyer que sur des rumeurs, des informations incertaines. Sonia n'est pas mieux renseignée que ses voisins. Mais de toute façon, elle sait qu'il lui faut entrer dans la clandestinité. À la fin août, après la brutalité des rafles qui se suivent à quelques jours d'intervalle, Tsipa et Sonia auront disparu.

Elles ont bien fait, car Anvers fut le théâtre de quatre grandes opérations d'arrestations massives pendant l'été 1942. Dans leur

---

[19] Meinen (Insa), *op. cit.*, p. 52.

immense majorité, les victimes de ces rafles furent entassées - hommes, femmes, enfants - dans des convois et déportées à Auschwitz dans les quelques jours qui suivirent leur arrestation. La rafle du 15 août, qui visait plus de 800 Juifs « étrangers » fut menée par les SS et la *Feldgendarmerie* avec le soutien logistique de la police d'Anvers. La seconde rafle, prévue pour le 27 août, dut être avortée, lorsqu'il fut découvert que les Juifs, prévenus de cette opération policière, avaient quitté leurs maisons. La troisième rafle, les 11 et 12 septembre, fut particulièrement violente, donnant lieu à 943 arrestations[20].

Cette troisième rafle, étalée sur deux jours, allait traquer les Juifs jusque dans les rues et les espaces publics. Anvers, les historiens l'ont souvent souligné, est la ville de Belgique où la population juive - la plus importante en nombre d'habitants - a le plus souffert, bien plus que celle de Bruxelles, où une seule rafle a eu lieu, le 3 septembre 1942. L'historien de la Shoah à Anvers, Lieven Saerens, écrit à propos de la spécificité anversoise : « Sur les Juifs enregistrés à Bruxelles, Liège et Charleroi, les pourcentages de déportés sont respectivement de 37%, 35% et 38%. Le chiffre anversois (65%) est donc d'un tout autre ordre, et Anvers se rapproche du chiffre - élevé - des Pays-Bas[21]. »

De quelle façon Sonia a-t-elle réussi, pendant deux longues années, jusqu'à la libération d'Anvers, le 4 septembre 1944, à échapper à la police, aux indicateurs, au regard des curieux, alors que l'éradication systématique des Juifs d'Anvers se poursuivait sans relâche ? Et avec le secours de qui ? Ce qui pose aussi la question plus générale du rôle de la population locale à Anvers, dans le sauvetage des Juifs. Pour Saerens comme pour Insa Meinen, l'aide apportée aux juifs ne provenait pas d'organisations de résistance ou d'assistance, d'ailleurs quasi inexistantes (par exemple, le Comité de défense des Juifs, créé assez tardivement, en septembre 1942, s'occupait surtout de sauver les enfants), mais d'initiatives individuelles.

Edith, la collectionneuse de souvenirs, n'a conservé de la vie cachée de Sonia et de Tsipa que quelques informations glanées ici et là, pendant la période des retrouvailles d'après-guerre. Sonia était peu expansive, et Tsipa, dont on disait qu'elle avait « perdu la tête », est morte en 1953 sans avoir pu parler des années de l'Occupation. Sonia

---

[20] Meinen (Insa), « Facing Deportation : How the Jews Were Arrested in Belgium », in *Yad Vashem Studies* 2008, 36, n°1, pp. 53-56.

[21] Saerens (Lieven), *Étrangers dans la cité : Anvers et ses Juifs (1880-1944)*, Bruxelles, Éditions Labor, 2005.

aurait peut-être raconté son histoire, mais personne ne lui a rien demandé. Les archives font d'ailleurs gravement défaut, pour ce qui concerne les témoignages de familles cachées de Belgique, selon Insa Meinen[22]. Heureusement, l'histoire de Sonia est aussi liée à celle de ses frères qui eux, ont beaucoup raconté.

La raison de leur survie tient, au départ, à deux choses essentielles, que chacun, dans la fratrie, possédait : l'argent, souvent sous la forme de pierres précieuses assez facilement monnayables malgré leur dévaluation, et les réseaux de sociabilité.

Pour l'argent, Sonia avait, comme ses frères, un coffre-fort où elle conservait tout son avoir. Peu dépensière, elle avait amassé une petite fortune. Elle a donc pu très rapidement réunir les fonds nécessaires sans éveiller aucun soupçon, puisqu'elle seule connaissait l'existence du coffre.

Comme ses frères, Sonia vivait dans une culture où les transactions financières étaient exclusivement basées sur la confiance réciproque et les échanges en espèces ou en nature. Ceci lui permit de mobiliser les ressources indispensables à son entrée dans sa nouvelle vie « secrète ». Les liens de loyauté, essentiels pour mener à bien un *cash business*, cimentaient la cohésion de son cercle social et professionnel. Sans relations personnelles très étroites dans la communauté juive, car Sonia ne fréquentait pas les lieux de culte, elle appartenait à un réseau de commerçants du quartier de la gare centrale, et c'est parmi ses collègues ou ses clients qu'elle a trouvé l'aide d'une femme dont personne n'a retenu le nom.

Le récit de Sonia, que je tiens d'Edith, est bref et ramassé. C'est une femme non-juive qui les a cachées, elle et Tsipa, dans le grenier d'une maison où elles sont restées deux ans, « comme Anne Frank » disait-elle. Mais ce refuge avait un prix, et Sonia savait que, même en payant très cher son hébergement, elle était à la merci de sa protectrice. Elle a dit plus tard que lorsqu'elle put enfin sortir de sa cachette, elle était au bout de ses ressources et n'aurait pas pu vivre ainsi quelques semaines de plus. La crainte des dénonciations était quotidienne. La pénurie grandissante et l'extrême difficulté de l'approvisionnement, puisque ni Sonia ni Tsipa ne pouvaient utiliser leurs timbres de ravitaillement, rendaient leur situation de plus en plus précaire. Sonia sortait de temps

[22] Meinen (Insa), *op. cit.*, p. 111.

en temps dans la rue, la peur au ventre, accompagnée de sa protectrice ou, plus rarement, de Tsipa. On ne sait rien de plus.

Sonia n'a jamais reparlé de celle qui les a sauvées, elle et sa mère. À la fin des années 1960, elle était devenue une grand-tante muette, au regard triste. Elle avait un air un peu renfrogné de vieille fille mal habillée, sans aucune coquetterie, tout le contraire de sa belle-sœur, l'autre Sonia qui, jusqu'à la fin de sa vie, portait les cheveux courts et crantés, « rincés » d'une étrange couleur bleue.

Sonia-la-grande est morte, comme bien d'autres témoins, avant le temps de la mémoire. Je me tourne alors vers les seuls documents qui témoignent de sa vie, les papiers de sa succession, en espérant les faire « parler ». Et je me pose une autre question à propos de cette femme belge qui a secouru Sonia et sa mère Tsipa, car peut-être faut-il compter sur un élément imprévu et invérifiable, dans cette histoire : celle d'une amitié véritable, qui a pu lier Sonia et l'inconnue.

Lorsqu'elle meurt, au mois d'août 1973, Sonia laisse un testament olographe rédigé sur une feuille de papier, d'une écriture irrégulière. La lettre lègue toute sa fortune, principalement le magasin et l'appartement à l'étage, à ses nièces et à son neveu. Elle est contresignée par deux femmes belges non-juives, Mme Van G. et sa fille Mme De B., que Sonia appelle ses « amies » et qui furent les seules personnes présentes à l'enterrement, en dehors des héritiers. Mais auprès d'Edith et Léopold, elles ont gardé le silence.

Il semble cependant que Mme Van G. ait été très proche de Sonia. Serait-elle l'inconnue du grenier ? Il fallait avoir de véritables liens d'amitié avec Sonia, et la connaître de longue date pour être capable d'apprécier cette femme taciturne, qui vivait dans une maison insalubre, entourée de chats et de vieux meubles. Elle avait pourtant été une commerçante appréciée et avait dû être une amie dévouée. Mais Sonia ne s'est jamais livrée à personne. Son histoire aurait certainement mérité l'attention de ses proches.

Après la guerre, Sonia put obtenir une pension du gouvernement allemand. Elle avait perdu son commerce - temporairement, car elle le reprit après la guerre avec l'aide de son frère Joseph - mais il ne restait rien du patrimoine familial, le travail de toute une vie.

Itinérance

Dans le train qui ramène Edith à Paris, au début de l'été 1945, le bonheur de la Libération, le soulagement, l'espoir, seront minorés par le poids du souvenir. Elle emporte avec elle tous les papiers accumulés pendant la guerre. Elle parlera de cette époque avec légèreté dans les décennies qui vont suivre, en fait avec des élans qu'on prenait pour de la légèreté, sa façon aérienne de dire les choses lourdes.

Elle emporte tout : les lettres, son journal intime, et ses *Souvenirs du Maquis*, publiés en feuilletons durant l'hiver 1944. Edith a aussi gardé les photos. Pas trop nombreuses, celles du maquis et celles de l'été 1943, saison de son grand amour. Quatre ans et trois mois sont passés depuis le départ en catastrophe de Paris, la clé de l'appartement confiée aux Carrez. Joseph, qui est rentré à Paris à la fin de l'année 1944, a confirmé le pillage de l'appartement de la rue Milton.

Lorsqu'elle refait dans sa tête le voyage « aller », celui du 29 mai 1940, au début de la guerre, Edith se souvient de l'espoir d'un retour rapide, et elle prend conscience que pendant toutes ces années dans la zone sud, sa famille n'a cessé de fuir, chaque jour, à chaque étape, dans chacune des habitations temporaires et des villes de passage. Et que cette famille n'a cessé d'être traquée, et n'a cessé d'avoir peur. C'est probablement ce traumatisme qui a en quelque sorte figé les souvenirs avec une netteté que je trouve surprenante, et a empêché que le temps ne les efface de la mémoire.

Edith se souvient que le jour du départ précipité des Vitorge fuyant la capitale, le 29 mai 1940, il faisait beau, pas trop chaud, un temps parfait pour le voyage de dix heures qui acheminait la famille Vitorge vers Alès, première étape de sa longue errance. On avait trouvé un hôtel assez minable dans la ville minière qui avait l'air sombre sous le soleil. Les enfants ont été immédiatement déçus.

On ne s'est pas attardé, et on a pris la direction de Nîmes au début du mois de juin. La période des vacances arrivait, et puisqu'on était dans le Midi, pourquoi ne pas passer l'été à la mer ? Joseph avait trouvé une grande maison meublée à louer au Grau-du-Roi, à une cinquantaine de kilomètres au sud de Nîmes, et c'est là que les a rejoints la famille belge de Sonia-la-petite. Avec tout ce monde au Grau-du-Roi, c'était un séjour de vacances comme il y en avait eu tant, avant-guerre. Les Vitorge ressemblaient plus à des touristes qu'à des réfugiés : « nous étions impressionnés, écrit Edith, par la géographie des lieux, avec ses marais salants aux couleurs roses et ses monticules de sel plus gris que blanc. »

Au Grau-du-Roi, les Vitorge font des promenades sur la plage de sable fin sans aucune ombre, ou sur la rade pleine de mouvement, ou encore vers le vieux phare, le long du canal. Ils découvrent le poisson de Camargue, les poivrons, l'huile d'olive et les moustiques. Ces bestioles sont partout, Joseph les écrase sur son crâne chauve, les enfants les écrasent sur les murs des chambres, on en voit les traces partout, du sang sur la peinture blanche. Les fenêtres restent impérativement fermées et la chaleur est étouffante.

- Regarde, dit Popol en tenant son maillot à bout de bras. On s'approche, aucun doute, c'est un scorpion qui s'est pris les pattes dans les mailles du vêtement. « Il est en train de se suicider », disent les adolescents. Ils attendent, les yeux fixés sur l'insecte pour voir comment le drame s'accomplira. Ils s'acclimatent à cette vie dans le Midi, chaude et heureuse.

Joseph a trouvé un casque colonial qui le protège des insolations et des piqûres de moustiques. Il a collé sur le rebord un morceau de tulle pour une protection totale et chaque jour il se balade dans cet accoutrement qui ne passe pas inaperçu. Le soir, à l'heure du pastis, il rejoint parfois les pêcheurs qui aiment bien cet homme souriant, avec son élocution qui bouscule les mots. Souvent, il emmène ses enfants au port où ils attendent les bateaux qui rentrent de la pêche. Et il se rend au marché à la criée où, certains soirs, il achète aux pêcheurs les invendus de poisson dont il remplit son casque colonial. Il y a partout des odeurs de mer et de sable, la maison absorbe le bruit et la chaleur, on y est bien. Goutia apprend à faire la ratatouille. C'est de ce premier séjour dans le Midi qu'Edith gardera son goût pour la cuisine méridionale. À Paris, après la naissance de ses enfants, elle imposera l'huile d'olive à Tante Jeanne, la nounou bretonne qui introduisit le beurre salé dans la maison : un vrai conflit géo-culinaire.

Le Grau-du-Roi est une région où l'on cultive la vigne, dont les cépages produisent du raisin de table. La récolte (on dit quand même les vendanges) a lieu dès le mois de juillet. Joseph se fait embaucher comme porteur de hottes, Charlotte et Didi sont coupeuses et plus tard emballeuses. Le matin, on arrive à bicyclette vers 5 heures, et en bordure de mer, le raisin couvert de rosée est d'un vert éclatant. On peut en manger autant qu'on veut, et c'est un délice lorsqu'il craque tout froid sous les dents, puis au cours de la journée on s'en lasse, et quand il s'amollit et coule tout chaud dans la bouche, on n'en veut plus. Vers quatre heures de l'après-midi, l'heure de l'arrêt du travail, c'est une ambiance de fête, de grosse joie après le dur labeur de la journée brûlante, quand tous les vendangeurs courent vers la mer se débarrasser de la sueur collante mêlée au jus de raisin, en plongeant dans l'eau fraîche. Le soir, Joseph rapporte sur le guidon du vélo des cageots débordants de raisin dont on se gave jusqu'à l'écœurement. On rapporte aussi la paie : 25 francs pour Joseph, 15 pour Didi et Charlotte.

On pourrait ne plus penser à la guerre ni à la capitulation. Et pourtant, il y a eu le 17 juin, en pleine journée, l'allocution du Maréchal. Au café sur le port, tout le monde est venu entendre le message défaitiste de Pétain, prononcé de sa voix chevrotante, « il faut cesser le combat ». Joseph et Goutia, atterrés, se rendent immédiatement compte que le retour à Paris est dorénavant impossible. Le lendemain, ils apprennent par le facteur le discours du général de Gaulle, son appel à la résistance. Ils savent que rien ne va plus les protéger. Pour combien de temps sont-ils encore à l'abri ? Ils sont loin de s'imaginer que leur errance ne fait que commencer et qu'elle va durer cinq ans.

Pour le moment, on prolonge les vacances. De toute façon, depuis le 25 juin 1940, la France est coupée en deux, et ils se trouvent en zone « non-occupée », que plus tard on appellera par plaisanterie la zone « nono ». Mais cette frontière intérieure a de quoi inquiéter les Vitorge. C'est d'ailleurs dans cette zone dite libre qu'est appliquée la première des mesures antijuives, en octobre 1940, qui exclut de l'enseignement les professeurs et instituteurs juifs. Pour la seconde fois de sa vie, Joseph songe à l'exil vers l'Angleterre. Mais il est trop tard, il le sait bien.

Il faut de toute façon quitter Le Grau-du-Roi. La scolarité des enfants est prioritaire et il s'agit donc de trouver une ville où ils pourront être inscrits au lycée ; une ville où Joseph et Léon pourront facilement écouler les pierres précieuses. Nice a l'avantage d'être une grande ville et d'avoir de bons lycées. De plus Charlotte, qui a fini ses études de pharmacie, pourrait y trouver du travail.

Au mois de septembre, c'est le déménagement : Joseph et Léon installent leurs familles dans deux appartements proches, rue de France, une large artère située juste derrière la promenade des Anglais. Popol est inscrit en 3e au lycée de garçons et Didi en 1ère au lycée de filles où elle se met au travail avec l'ambition de s'inscrire en faculté de médecine dans deux ans. On retrouve les amis parisiens comme les Horenstein et leur fille Olga, l'amie de Didi, moins proche à présent, parce que « la rouquine » a redoublé la seconde et qu'elle ne s'intéresse pas trop aux études. Il y a aussi Mme Vierny, très liée avec Goutia, accompagnée de son fils Marc et de sa fille Jacqueline. Et les Fischer, les anciens réfugiés allemands, que Joseph a aidés en 1933, attendent à Nice les papiers pour émigrer aux États-Unis.

En février 1941, nouveau déménagement, dans le même quartier. Joseph a trouvé un bel appartement sur la promenade des Anglais, assez loin des grands hôtels, mais la vue sur la mer reste imprenable. C'est là que Didi va réviser le premier bac. C'est une vie heureuse que les Allemands et leurs lois infamantes n'ont pas encore dérangée. Il y a des soldats italiens dans les rues, mais ils ont l'air assez inoffensifs. C'est surtout le rationnement qui se fait douloureusement sentir, et la distribution des cartes d'alimentation a commencé. Didi et Popol ont des cartes « J3 », qui concernent les jeunes entre 13 et 21 ans. Tout article de consommation, du textile au tabac, ou aux fournitures scolaires est également soumis à ce système de tickets de rationnement. Chaque mois, on retire à la mairie des coupons détachables ; chaque ticket, plus petit qu'un timbre, désigne une denrée particulière, pain, lait, etc., et doit être remis au marchand.

Il y a aussi des cartes distribuées par les commerçants, par exemple celle de la Poissonnerie moderne, qui comporte le nom du titulaire, et qui est oblitérée lors de chaque achat. C'est une comptabilité compliquée et contraignante, surtout que les portions autorisées ne suffisent pas. Au marché de Nice, si on est matinal, on peut parfois se procurer des légumes en vente libre, et Joseph a trouvé des « fournisseurs » à qui il achète à prix fort des denrées non rationnées. On mange aussi des ersatz : Goutia a acheté du faux pâté de foie et du rutabaga. Joseph a perdu ses kilos en trop, et Didi porte des sandales à grosses semelles de bois, conséquence de la pénurie de cuir.

Au lycée, elle a trouvé de nouvelles copines et, tout en préparant le bac, elle va souvent se baigner, s'amuser à la plage et danser. Les parents veillent à la bonne réussite scolaire de leurs enfants et n'hésitent pas à leur donner un professeur d'espagnol à domicile, malgré le risque d'introduire un étranger dans la maison. Ils trouvent un jeune républicain espagnol réfugié à Nice, dont le fort accent provoque l'hilarité de ses élèves. Didi a du mal à suivre Olga dans ses nombreuses sorties et, à l'approche de l'été, elle doit se barricader dans sa chambre pour étudier.

De temps en temps elle va quand même au cinéma. Elle est curieuse de voir le film à succès de l'année, *Le Juif Süss*, projeté dans une salle près de la maison. C'est un film de propagande nazie, d'un tel antisémitisme qu'il a été interdit dans de nombreux pays occidentaux après la Libération. Le film enregistre un million d'entrées en France pendant l'Occupation.

Les Vitorge sont horrifiés et inquiets. De plus, Léon a reçu une convocation au commissariat de police de Nice. C'est probablement à la suite de la perte de sa carte d'identité, et il décide donc de s'y rendre. À son retour il raconte l'entretien, au cours duquel le policier lui a demandé confirmation qu'il a deux frères, Joseph et Gustave. - Oui, a répondu gravement Léon, mais Gustave est ma belle-sœur. La famille rit aux larmes. Il s'agit de Goutia, inscrite sous le prénom de Gustava.

On a beau s'amuser de l'anecdote, on se demande pourquoi la police est si curieuse, les papiers de tout le monde étant en règle. Pas si en règle que cela d'ailleurs, car Léon, poussé par une vague inquiétude, ment sur son lieu de naissance, qu'il dit être Alger. Sa nouvelle carte d'identité portera cette fausse déclaration.

Joseph est contrarié depuis plusieurs semaines. Il entend parler de la création du CGQJ, le Commissariat général aux questions juives, créé en mars 1941, et des décrets et ordonnances qui se multiplient, visant à exclure et à déposséder les Juifs. Le 2 juin 1941, la loi sur le « second statut des Juifs » s'accompagne d'une seconde loi, « prescrivant le recensement des Juifs ». Les personnes juives doivent « dans le délai d'un mois » remettre à la préfecture « une déclaration écrite indiquant qu'elles sont juives au regard de la loi ». Les arrêtés municipaux portent cette loi à la connaissance des habitants à la fin juin et demandent aux déclarants de se présenter au commissariat de police ou à l'hôtel de ville de leur municipalité avant la fin juillet. Les Vitorge sont abasourdis. Ils n'ont jamais dit à qui que ce soit qu'ils étaient juifs, par mesure de prudence, mais aussi parce que les voisins, les propriétaires, les commerçants, n'ont jamais rien demandé. Pour l'instant, on en reste là. Pourtant, le vent tourne. Joseph se dit qu'il serait préférable de quitter Nice.

Et c'est à nouveau le déménagement. Qui d'ailleurs, tombe bien. Didi a passé le premier bac le 18 juillet 1941, qu'elle a bien réussi, et c'est la période des vacances scolaires. On décide de passer les mois d'été à Sanary-sur-Mer, dans le Var, où Joseph et sa famille ont trouvé un appartement avec une grande terrasse. Léon et Sonia s'installent dans une villa qu'ils partagent avec leur fille Charlotte et son mari Marc Vierny, qu'elle vient d'épouser. C'est une belle maison, entourée d'un grand jardin ombragé, où les familles se réunissent souvent. Les plages sont tout près, et seul le ravitaillement pose problème. Il faut prendre les vélos et partir dans l'arrière-pays, monter jusqu'au village d'Ollioules, pour se procurer des tomates et du raisin. Mais il n'y a aucune ferme, et on ne peut trouver ni beurre, ni lait, ni œufs. Une certaine pénurie s'installe, sans qu'on en souffre trop, car les fruits et légumes restent assez abondants en cette saison.

Il va quand même falloir prendre rapidement une décision à propos du recensement. Un soir de juillet, tout le monde se retrouve sous le figuier de la grande maison de Sanary-sur-Mer. Joseph et Goutia sont venus avec Didi et Popol rejoindre Léon, Sonia, Charlotte et Marc. La mère de Marc, Mme Vierny et sa fille Jacqueline, sont là aussi. Depuis des jours on discute, on argumente.

Mais ce soir, il faut faire un choix. Léon serait plutôt favorable à l'inscription. Il est préférable de respecter les lois, et les infractions sont sévèrement punies, car on risque l'arrestation et une très forte amende. Marc soutient que Vitorge et Vierny peuvent très bien passer pour des patronymes français : « on n'a pas des noms juifs, dit-il, et on ne pratique pas, pourquoi se faire recenser ? » Joseph, Didi et Charlotte sont d'accord avec Marc, Il est préférable de passer inaperçus, de ne rien dire. Quelqu'un s'interpose : « Et si on nous demande notre religion ? » La question est importante. Marc y a pensé : « nous serons de confession orthodoxe », affirme-t-il. Comme si cette appartenance religieuse inventée leur donnait une couverture imparable, tous tombent d'accord. Puis le débat reprend : ne pas s'inscrire c'est quand même passer dans l'illégalité. On ne fait pas cela à la légère lorsqu'on a deux enfants mineurs à charge. C'est vrai, mais quelqu'un rappelle que Léon a déjà une carte d'identité un peu fausse. Ne sommes-nous pas déjà dans l'illégalité ? Et puis en temps de guerre, on ne va pas vérifier, ajoute Marc. En fait, c'est tout le contraire, mais les Vitorge et les Vierny ne peuvent pas le savoir.

Dans les archives, il existe une circulaire du préfet des Alpes Maritimes, Marcel Ribière, datée du 25 juin 1941 à Nice. Elle est adressée au sous-préfet et à tous les maires du département, et porte la mention « Très confidentiel ». Le recensement n'a pas encore commencé, mais le préfet Ribière est impatient de mettre en place son opération de *détection* des Juifs. Il ordonne aux maires : « je vous prie de bien vouloir dresser une liste préalable de tous les Juifs connus ou réputés Juifs de votre commune[23]. » Le terme *réputé* est effrayant, c'est la porte ouverte à tous les débordements, et l'on peut imaginer les listes que certains élus pourraient bien constituer, sur de tels critères. Elles comprendraient peut-être un homme comme Joseph, dont le franc-parler et l'accent « de l'Est » attirent l'attention des voisins et des commerçants.

Le préfet explique aux fonctionnaires le but de cette circulaire : il s'agit de permettre « un premier contrôle des déclarations ultérieures ». Un contrôle préalable au contrôle, bref, un piège : en comparant la liste des maires à celle des déclarants, on trouvera, par recoupements, l'identité des Juifs non-recensés.

Ce jour de juillet 1941, sous le figuier du jardin, on ne se doute même pas de ce qui se trame. La question est bien plus simple : se rendra-t-on à la mairie munis des cartes d'identité pour se déclarer « juifs » ? Joseph pense à la scène, dans le métro à la station Pont de Sèvres, lorsqu'il a dit que la France, il l'a choisie. Puis calmement, il prend sa décision, suivi par les autres membres de la famille.

On n'ira pas se déclarer.

Cet acte apparemment banal - après tout, il s'agit de ne rien faire - suppose en fait une désobéissance totale aux lois, un mensonge de tous les instants, la rupture complète avec les institutions. C'est un basculement du côté de l'illégalité, et c'est aussi le refus de l'exclusion. On conteste la marginalisation imposée par l'État antisémite, donc on vit en « clair », visibles, et cependant cachés. Une vie double, qui n'est pas sans danger, loin s'en faut. Alors, on apprend la vigilance et la méfiance.

Une nouvelle rentrée des classes arrive, et il faut penser à trouver des lycées. Il est exclu qu'on retourne à Nice, car on n'y est plus en sécurité. Joseph a compris une chose essentielle : il faut se déplacer le plus souvent possible, ne pas laisser d'adresse. Effacer ses traces. Tout le monde n'est pas de cet avis, puisque Mme Vierny rentre à Paris, où son mari a décidé de rester. Les Horenstein, qui avaient suivi les Vitorge à Sanary, retournent à Nice. Mais les Vitorge sont convaincus

---

[23] http://www.la-vie-des-juifs-a-nice.fr/annexes-03.html.

qu'il faut quitter la côte d'Azur. Ils décident de s'installer à Valence, dans la vallée du Rhône.

Encore une fois, rien n'explique ce choix, sinon peut-être l'impression qu'on sera plus en sécurité dans cette ville de taille moyenne située à la porte du midi. C'est une façon de ne pas complètement quitter le Sud. Au lycée, Didi est inscrite en classe de philosophie et Popol en seconde. Les parents ont loué un appartement minuscule rue des Alpes, une voie étroite, bordée d'immeubles gris de trois étages, en bordure du centre-ville. C'est un trois pièces triste, mal meublé et humide où, chaque soir, les deux jeunes dorment sur des chaises placées côte à côte.

On est loin du confort de Nice, mais heureusement, Léon, Sonia, Marc et Charlotte ont loué une maison spacieuse à Crest, un joli village aux rues médiévales à une trentaine de kilomètres de Valence, et les familles s'y retrouvent souvent. Le voyage se fait en autocar et, au retour, on rapporte du beurre, des œufs, de la charcuterie et des légumes achetés au marché noir malgré le risque des contrôles de gendarmerie. L'hiver, la maison de Crest n'est pas chauffée, il faut rester habillé pour dormir et porter des bonnets de nuit. On se réveille souvent à cause de l'air solide comme un glaçon, qui encombre les narines. Mais l'appartement de Valence n'est pas plus confortable, et le froid y est extrême lorsque souffle le mistral. Les privations et le logement insalubre affectent l'état de santé de Popol qui contracte une pneumonie, et il gardera des séquelles de cette adolescence fragilisée.

Pourtant, Didi et Popol se plaisent à Valence, à cause du lycée. Didi est devenue une jolie jeune fille de 17 ans, toujours très ouverte et souriante. Elle est athlétique et mince, gracieuse lorsqu'elle sait qu'on la regarde. Au moindre rayon de soleil sa peau prend des couleurs dorées, « une peau de pêche » lui dit Goutia, et elle crante à présent ses cheveux sombres, qu'elle relève en chignon. Elle a gardé une coquetterie d'enfant gâté, et malgré le rationnement des textiles, Goutia continue de lui confectionner une garde-robe pour toutes les occasions. Elle reçoit un bon nombre de déclarations d'amour cette année du second bac, et elle noue des liens d'amitié avec quelques filles du lycée, comme Ginette Gabay, dont le père, un Juif turc, a été arrêté cette année-là, et s'est jeté dans le Rhône, où il s'est noyé, pour échapper à l'arrestation. La vie des adolescents de sa génération est ponctuée par ce type de drame, et il y en aura bien d'autres parmi les proches de Didi. Malgré tout, le séjour à Valence est une année de découvertes, de sorties, de balades le long du Rhône, jusqu'au second bac, qu'elle obtiendra le 10 juillet 1942.

En zone occupée, c'est l'année des premières rafles et du port de l'étoile jaune. En zone libre, la loi du 11 décembre impose l'apposition du tampon « juif » sur la carte d'identité et la carte d'alimentation. Didi et sa famille ne peuvent que se féliciter de n'avoir pas participé au recensement, l'été précédent. Ce port de l'étoile jaune en zone occupée, c'est un vrai retour au moyen-âge, disent les parents. Didi ne portera jamais cet insigne dégradant, elle ne verra jamais personne le porter. Elle se dit qu'à Paris, elle ne l'aurait jamais fait. C'est aussi la première réaction d'Hélène Berr, une étudiante d'anglais à la Sorbonne, un peu plus âgée que Didi, lorsqu'elle apprend « la nouvelle de l'étoile jaune ». Puis, Hélène Berr change d'avis. Elle confie à son journal : « je ne croyais pas que ce serait si dur[24]. » Elle vit cette humiliation comme une « marque au fer rouge[25] », écrit-elle. Le tampon à l'encre rouge bien voyant sur la carte d'identité n'est qu'un degré moindre de la même infamie.

À Valence, le climat froid et humide ne convient décidément à personne. Les Vitorge sont impatients de quitter le petit logis où ils sont si mal installés, et de retrouver un peu de la chaleur du midi. Pourquoi ne pas retourner à Nîmes, cette ville-escale entre Alès et Le Grau-du-Roi, qu'ils ont visitée lors de leur passage, en juin 1940 ? On part sans aucune hésitation. Il faut dire que les parents Vitorge commencent à s'y connaître en recherche de logement. Dans chacune des villes, on descend à l'hôtel quelques jours, le temps de trouver un appartement meublé, et on a toujours eu de la chance.

À Nîmes, Didi se trouve désœuvrée et cherche une nouvelle orientation universitaire, encore toute à sa déception que la faculté de médecine de Montpellier ne l'ait pas acceptée. Popol est inscrit au lycée de Nîmes, et il entre en 1ère en octobre 1942. La famille s'établit donc dans cette ville pour le moment.

C'est vers l'époque de la rentrée des classes que Louba Lew, la vieille amie de Bialystok, reprend contact avec Goutia. Malgré la vie errante, les réseaux de sociabilité ne sont pas complètement désactivés et de temps en temps on s'écrit, on prend des nouvelles. Louba et son mari sont restés dans la capitale et habitent rue Compans, dans le XIXe

---

[24] Berr (Hélène), *Journal*, Paris, Tallandier, 2008, p. 57.
[25] *Ibid.*, p. 60.

arrondissement, avec leur fils Jacques, dit Jacquot, âgé de 16 ans. Louba écrit à Goutia qu'elle est folle d'inquiétude. En juillet, lors de la rafle du Vel d'Hiv, son arrondissement a été l'un des quartiers ciblés pour le « ramassage » des Juifs. Elle veut confier son fils à Goutia, car elle est persuadée qu'il sera plus en sécurité en zone libre. Ce en quoi elle se trompe, car les rafles et les arrestations de Juifs ont déjà commencé dans le Sud, comme à Nice, le 26 août 1942, lorsque la police française, munie des listes fournies par le recensement est venue frapper aux portes des maisons. Plus de 500 personnes ont été arrêtées ce jour-là. Derrière cette rafle, il y a encore le préfet Ribière, qui a donné aux parents arrêtés le choix de garder leurs enfants avec eux, ou de les laisser aux associations spécialisées. On se demande s'il s'agit d'un geste « humanitaire » ou d'une démarche vraiment perverse.

En grande majorité, les parents qui tombent dans les filets de la police laissent leurs enfants, s'ils le peuvent. C'est un choix qui les détruit avant même que les chambres à gaz ne s'en chargent, et qui a aussi anéanti les enfants. Ces parents ne savaient pas où ils allaient, mais tous envisageaient la « destination finale » comme le pays de la mort. L'historien Ivan Jablonka, dans le livre qu'il consacre à ses grands-parents morts en déportation, écrit : « à partir de quel niveau de danger choisissez-vous de ne pas emmener vos enfants avec vous pour une destination inconnue[26] ? »

Pour les autorités d'occupation, la maîtrise de l'information est essentielle. Le secret est la condition absolue de la solution finale, et tout fonctionne dans l'euphémisme et le flou : les « évacuations », les « contrôles », les « convocations », la « destination inconnue », terme qui revient sans cesse dans les lettres, ce territoire abstrait, gris et brouillé au bout du chemin de fer, dont on sait simplement qu'il est à « l'Est ». Sans savoir, on savait.

En zone libre, les Vitorge s'inquiètent. Eux non plus ne savent rien des arrestations et des rafles qui, après Nice, ont eu lieu à Marseille, au tout début de l'année 1943. Mais sans se sentir menacés, ils sont dans un état permanent d'alerte. Ils connaissent l'existence des camps d'internement comme celui de Gurs, mais n'ont qu'une vague idée de ce qu'est le camp de Drancy, ou celui de Compiègne, en place depuis 1941, véritables centres de transit vers la déportation. Comme tout le monde, ils pensent qu'il existe bien des camps en Allemagne et en

---

[26] Jablonka (Ivan) *Histoire des grands-parents que je n'ai pas eus*, Seuil, 2012, p. 293.

Pologne, où les prisonniers juifs sont forcés de travailler, peut-être comme le STO, le « Service du travail obligatoire », qui, à partir de juin 1942, réquisitionne des milliers de jeunes Français envoyés en Allemagne pour participer, contre leur gré, à l'effort de guerre allemand.

Quant aux enfants et aux vieillards entassés dans les trains qui partent ainsi « travailler » et ne reviennent pas, quant au fait qu'aucun déporté ne donne plus jamais de nouvelles après le départ des convois, personne ne cherche à en savoir plus. Incroyable aveuglement qu'Edith est incapable de m'expliquer. Elle répond toujours avec la même patience aux mêmes questions que je lui pose depuis des années, mais sans m'apporter d'éclaircissement autre que « on ne savait pas ». Ses amies me donnent toutes des réponses identiques, « non, on ne savait rien ».

Je comprends que l'information ne passait pas, et qu'on n'avait pas les moyens de la faire passer. D'ailleurs, écrit Ivan Jablonka, c'est presque un anachronisme de se poser la question de « qui savait quoi ». Ce débat, explique l'historien, « postule que les contemporains savent, comme nous aujourd'hui, qu'il y a quelque chose à savoir, à apprendre, à deviner, à soupçonner[27] ». On ne « sait », disait bien avant lui Robert Paxton, « que ce qui correspond à notre attente et à nos catégories de pensée[28] ». Ceci ne contredit pas le sentiment du danger permanent, danger de mort, car rien d'autre n'aurait poussé les parents à abandonner leurs enfants pour les sauver.

Les circonstances sont bien différentes pour Louba Lew lorsqu'elle décide de se séparer de son fils et de le remettre aux Vitorge, mais elle cherche elle aussi à sauver son enfant, et pour cela, elle prend des risques considérables, car il est très dangereux de passer clandestinement la ligne de démarcation. Goutia, quand elle accepte d'accueillir le fils Lew, sait aussi qu'elle prend une lourde responsabilité, mais les familles ont toujours été solidaires. On pourrait sourire devant l'ironie de la situation : Jacquot est arrivé sain et sauf à Nîmes et quelques semaines plus tard, en novembre 1942, l'occupation allemande s'étend à la zone libre. La traque des Juifs se poursuit dans le Sud comme ailleurs.

---

[27] *Ibid.*, p. 289.
[28] Paxton (Robert), *op. cit.*, p. 319.

Jacquot est une charge supplémentaire pour les parents Vitorge. De plus, il est assez renfrogné, ne sympathise avec personne. Il est inscrit au lycée de garçons avec Popol, mais enfant unique et choyé, il a du mal à s'adapter à sa nouvelle culture familiale et scolaire.

En janvier 1943, les Vitorge sont à Nîmes depuis quelques mois, et ont retrouvé les Stora, une famille juive sépharade dont le père diamantaire connaissait Joseph à Paris. Les Stora et leur fille se sont établis à Nîmes avec la famille de la sœur de Mme Stora qui compte aussi une fille. Didi s'entend bien avec les deux cousines, qui sont un peu plus âgées qu'elle, et avec qui elle sort de temps en temps. Vers 22h, un soir de grand froid, on frappe à la porte des Vitorge, ce qui les surprend, à cause du couvre-feu. Les filles Stora sont sur le palier, refusant d'entrer. Elles sont en larmes, le visage creusé par la terreur. Elles étaient toutes deux au cinéma, racontent-elles, et lorsqu'elles sont rentrées chez elles, l'appartement était vide. Les parents ont été arrêtés et elles ont échappé à la rafle parce qu'elles se sont absentées deux heures, une chance inouïe. Les Vitorge leur proposent de les aider, mais elles savent où aller, apparemment ces deux familles avaient prévu une telle éventualité, et elles ont des amis sûrs. Plus sûrs en tout cas que les Vitorge, probablement des non-Juifs. Mais elles sont pourtant venues les prévenir. Rien ne les obligeait à le faire, et c'était même un détour qui aurait pu leur coûter la vie. Edith ne les a jamais revues. Ni personne de la famille Stora.

Saint-Claude, ville d'accueil

Jamais le danger n'a été si proche. Joseph et Goutia savent qu'ils ne sont plus en sécurité et il s'agit de sortir de Nîmes le plus vite possible, avant que la police ne les trouve. En attendant le lever du couvre-feu, on fait les valises, on remplit le *chemodan*, les sacoches, on s'assure qu'on a la « marchandise », et dès six heures du matin, les Vitorge sont à la gare de Nîmes, accompagnés de Jacquot. Ils quittent l'appartement sans prévenir et sans laisser d'adresse.

L'errance continue, mais à un rythme accéléré, car ce dernier départ a lieu dans la panique et l'urgence, et il n'est plus temps de discuter de la prochaine étape avec toute la famille. D'ailleurs, Léon est resté à

Crest, et Charlotte et Marc se sont installés à Valence où va naître leur fille Lucile.

Cette fois, Joseph est à court de destination. Il ne lui reste plus que l'option de Saint-Claude, dans les montagnes du Haut-Jura. Le voyage en train va durer plus d'une journée, il faudra prendre deux correspondances, et puis un tortillard qui suit le chemin en lacet, dans une forêt dense et enneigée. On arrive enfin dans la ville où Monsieur Delavenna, le tailleur de pierres fines avec qui Joseph est en contact depuis ses débuts dans l'industrie du rubis synthétique, a été prévenu de leur arrivée par télégramme. Il avait dit à Joseph qu'il pourrait un jour trouver refuge chez lui, et Joseph, en dernier recours, a misé sur leur vieille amitié.

La petite gare à la façade blanche se trouve en face de l'hôtel Panoramic qui porte bien son nom car il offre une belle vue en hauteur sur la Bienne, la rivière qui traverse la ville. Un peu plus loin, depuis le Pont central, on voit la ville entière qui se dresse comme sur des gradins. Les maisons aux toits de tuile rouge, hautes et étroites, collées les unes contre les autres, descendent en escalier vers la gorge où s'enfonce la rivière, étroite elle aussi, poussant sa coulée jusqu'au petit barrage où elle s'écrase dans une écume bruyante. En cet hiver de janvier 1943, la ville semble morne et encaissée, tout en angles droits avec ses façades sans parement. Mais autour, la montagne déploie ses formes arrondies, les couleurs blanches de l'hiver, son paysage de silence glacé et les taches sombres de ses arbres qui percent ici et là les épaisseurs neigeuses.

En revanche, à la saison chaude, c'est une foison de vert, du plus foncé au plus tendre, car la forêt y est épaisse, touffue, abondante. C'est ce Jura verdoyant que j'ai découvert lorsque j'ai accompagné Edith à Saint-Claude pendant l'été 2014. La route à travers la montagne ne finit jamais de tourner, et à chaque virage, c'est un essor de cimes. On a l'impression de plonger dans ce profond paysage boisé comme dans un bain de mer du Sud. Nous sommes reçues par Nelly Vaufrey, présidente de l'Amicale des enfants des déportés de Saint-Claude, avec qui je suis en relation depuis quelques mois. Âgée d'une soixantaine d'années, Nelly est une femme pleine d'énergie qui domine son entourage par une sorte d'autorité discrète. Dès notre rencontre, l'ancienne conseillère municipale de Saint-Claude se met à ma disposition et par elle, je fais la connaissance des personnes qui s'occupent des organismes et associations, ici le musée de la Résistance, là les archives de la ville.

Nous parcourons les lieux dont Edith m'a parlé, les rues, l'école, les places. Mais elle ne reconnaît rien. Cette ville lui est devenue étrangère et s'est fermée à elle. Elle ne dit pas un mot pendant notre longue promenade dans le vieux quartier, et je sens toute sa déception. Et puis, de façon inexpliquée, dans la rue du Pré, devant la librairie qui possède une belle collection d'ouvrages sur le maquis jurassien, Edith perd connaissance, bascule vers l'arrière et s'étale sur l'asphalte. Cette syncope n'a aucune cause clinique me rassure le médecin urgentiste après le protocole d'examens. Et nous attribuons l'incident à une défaillance de la conscience, submergée par l'émotion. Cette visite n'apportera rien de nouveau. Au contraire, le cerveau refuse de coopérer. Mais qu'importe, car tout le paysage de cette ville imprègne mon écriture du souvenir : la hauteur du pont, le reflet de l'eau, les forêts sombres, le mont Bayard avec son sommet en plateau.

Nelly Vaufrey et son mari m'accueillirent à nouveau à Saint-Claude au printemps 2015 et nous fîmes ensemble le chemin vers la place du Pré. De la terrasse de leur maison, on voit la Bienne qui coule dans un petit bruit de cailloux frottés par le courant, vernis par le soleil. Les murs des maisons sont légèrement décrépis, l'ocre des peintures sur les façades est maculée de taches grises, les bâtiments de l'après-guerre semblent badigeonnés de poussière. Les Vaufrey et leurs amis ne font que confirmer le sentiment de tristesse qui émane de ces édifices au creux de la montagne lorsqu'ils me disent que Saint-Claude est une ville qui s'épuise, qui meurt.

Les statistiques les plus récentes, datant de l'année 2011, parlent d'une ville en souffrance : la population adulte connaît un taux de chômage deux fois supérieur à la moyenne nationale, et partout dans les rues, des logements et des commerces sont à vendre. Les gens s'en vont, la ville a perdu plus de deux mille habitants depuis 2006. Parmi les familles disparues depuis la fin de la guerre, il y a les Delavenna. Ni les Vaufrey, ni les autres personnes que j'ai interrogées ne se souviennent d'eux.

En 1940, la famille Delavenna fait partie des nombreux Sanclaudiens qui vivent de la lapidairerie, seconde activité artisanale après celle du bois et de la pipe. Jusqu'à la crise de 1929, environ 1200 artisans et ouvriers appelés « finetiers » (c'est-à-dire ouvriers en pierres fines) constituent une main-d'œuvre très spécialisée, travaillant principalement la taille des rubis et des saphirs, mais aussi des diamants[29]. La proximité de Genève, grand centre de l'horlogerie, a encouragé l'implantation des tailleries à Saint-Claude, et l'introduction des pierres artificielles, à la fin du XIXe siècle, a donné aux lapidaires un immense marché, puisque trois quarts de la production de pierres synthétiques et de marcassites est exportée vers les États-Unis et d'autres pays d'Amérique et d'Europe. Ces pierres sont écoulées par les lapidaires de Paris, qui fournissent aussi les matières brutes. C'est ce qui explique comment Joseph, ancien fabricant de rubis artificiels reconverti dans le négoce de pierres fines, a pu se lier d'amitié avec un artisan du Haut-Jura pendant trois décennies.

C'est une industrie qui s'organise autour de coopératives ouvrières, gérées par le puissant Syndicat des ouvriers diamantaires de Saint-Claude. Créée en 1884, cette chambre syndicale a des perspectives internationales, et se donne pour mission de défendre les droits des ouvriers diamantaires grâce à la protection sociale, les congés payés et l'unification des tarifs hors frontières.

C'est aussi à Saint-Claude, dans une même idéologie socialiste, que se crée, en 1881, une coopérative d'alimentation appelée La Fraternelle, hébergée après 1910 dans la Maison du Peuple, qui existe toujours, rue de la Poyat. Au départ, explique Lysanne Cordier, archiviste à la Maison du Peuple, la *Frat*, comme on dit encore, s'occupait de « vendre des produits de qualité à un coût abordable pour la population de la ville[30] ». On y trouvait des boucheries, des charcuteries, des fours, des caves à vin, dont les bénéfices étaient versés à une caisse d'entraide pour les sociétaires.

Pendant l'Occupation, La Fraternelle ravitaille la population et les maquisards. Ces derniers reçoivent vivres, vêtements et couvertures par l'intermédiaire des succursales de la Fraternelle à Septmoncel, Lamoura, et d'autres villages, explique encore Lysanne Cordier. Mais les actions de la *Frat* dans le mouvement de résistance ne sont pas limitées à l'aide alimentaire ou vestimentaire. Au siège même de la Maison du Peuple de Saint-Claude, un journal, *Le Populaire*, organe du parti socialiste clandestin, est composé et imprimé par les *typos*, puis expédié à Lyon. Dans le plus grand secret, les ouvriers d'imprimerie de

[29] Colin (Thérèse), « Les industries de Saint-Claude », in *Les Études rhodaniennes* 1937, 13 n° 3, p. 197.

[30] Cordier (Lysanne), « La Fraternelle durant la Seconde Guerre mondiale : apports à la Résistance et représailles », Saint-Claude, 12 juin 2014, par permission de l'auteur.

la Maison du Peuple vont tirer et livrer des milliers d'exemplaires du *Popu* dans tout le pays. Saint-Claude est une ville au passé mutualiste et syndicaliste, et la solidarité ouvrière y a une longue histoire. On comprend comment cette culture particulière à la région a rendu possible le soutien indéfectible que la population locale a apporté aux maquis.

Mais les activités de la Fraternelle sont connues des Allemands.

La lettre de dénonciation, qui a été retrouvée, est conservée dans les archives de la ville. Elle est détaillée : « Si vous voulez chercher, vous trouverez dans les sous-sols de la Fraternelle armes, munitions, explosifs de toute sorte, ainsi qu'une partie du ravitaillement ». Elle dénonce aussi les acteurs :

> Tous les dirigeants de la coopérative La Fraternelle sont coupables d'aider, pendant les années 1943-1944, le maquis, les terroristes et le banditisme [...] pour le seul motif de donner à la Résistance les moyens nécessaires de créer en France le communisme et de le faire prospérer.

On verra que cette lettre de dénonciation aura une conséquence tragique pour de nombreux employés de la Fraternelle.

Depuis 1940, cette coopérative aide les opposants et les Juifs traqués par le régime de Vichy à fuir vers la Suisse. Mais les Vitorge n'ont aucun contact parmi ses dirigeants, et ne connaissent même pas son activité. Ils sont réfugiés, mais ne vivent pas dans la clandestinité. Leurs papiers ne portent pas le cachet indiquant qu'ils sont juifs, ils n'ont donc aucune raison de se cacher à leur arrivée à Saint-Claude en ce mois de janvier 1943, ni de solliciter l'aide de la *Frat*.

Après le long voyage depuis Nîmes, la petite ville de Saint-Claude apportera sûrement un répit bien mérité. On est rendu. Mais dès qu'ils mettent le pied sur le quai de la gare, Didi et Popol sont déçus. La ville, bouillonnante d'activité jusqu'à la crise de 1929, a depuis longtemps oublié son ancienne prospérité et s'est repliée dans un calme qui promet d'être bien monotone.

L'entreprise des Delavenna, restée très artisanale, a survécu à la crise, et le couple vit dans une semi-retraite assez confortable. Un peu plus jeunes que Joseph, M. Delavenna et sa femme sont sincèrement heureux de recevoir la famille parisienne. Ce couple sans enfants s'est hissé dans la classe moyenne pendant les années de l'entre-deux-guerres, ce qui lui a permis l'achat de l'appartement parisien qui sert au lapidaire lors de ses déplacements professionnels dans la capitale. Cet appartement sera gracieusement mis à la disposition des Vitorge après la Libération, jusqu'au procès qui leur permettra de retourner vivre au 9 rue Milton.

À son arrivée à Saint-Claude, toute la famille descend dans un hôtel proche de chez les Delavenna, en attendant de trouver un logement. Ces derniers sont bien sûr les personnes les mieux placées pour leur acheter des pierres fines, et c'est un soulagement, car il n'a jamais été très facile d'écouler ces gemmes depuis trois ans que la famille vit de cet unique revenu. De plus, les Delavenna sont des gens de confiance. Pourtant, Joseph et Goutia ne se sentent plus en sécurité et envisagent sérieusement de se rendre en Suisse, la frontière n'étant qu'à une trentaine de kilomètres de Saint-Claude. C'est d'ailleurs probablement ce qui les a décidés à contacter les Delavenna lors de la grande frayeur après la rafle de Nîmes. Le lendemain de leur arrivée, ils ont l'intention de mettre au point leur projet avec l'aide de leurs amis qui doivent connaître des passeurs.

C'est alors que les Vitorge sont découverts.

Ce matin-là, un homme en civil se présente à la réception de l'hôtel. Il passe régulièrement lorsque de nouveaux voyageurs se présentent. Étrangement, on n'a aucune trace de son nom. Edith l'a oublié, ou peut-être ne l'a jamais su. C'est un homme de taille moyenne, d'une trentaine d'années, assez bien vêtu, qui semble être de la région. Il demande à voir toute la famille, parle avec autorité et exige les papiers de chaque personne, qui lui sont immédiatement remis. Puis il commence à poser des questions. Comme il a été convenu depuis Sanary, tout le monde se dit français, de confession orthodoxe. On s'impose un regard lisse, des gestes directs et francs.

L'homme, qui se dit policier, examine longuement les papiers. Il s'arrête devant la carte d'identité du jeune garçon, Jacques Lew. C'est quoi ce nom ? Lew, comme Levy ?

- Vous êtes juive ? demande-t-il à Edith. Il pose la même question aux autres, et chacun de répondre « non », « absolument pas », nous sommes orthodoxes, c'est notre religion, c'est la religion russe, vous savez. Nous venons de Russie.

- Très bien, vous aurez donc une visite médicale. Si je fais baisser les pantalons aux hommes, cela devrait suffire.

- Faites-le donc, rétorque Edith, persuadée qu'il n'osera pas, qu'il bluffe.

Jacquot alors ne peut plus cacher sa terreur et avoue que lui, il est juif. Il ne veut pas se déshabiller devant cet homme. Et il vend la mèche.

Horreur. On retient sa respiration. C'est fini, il va nous emmener au poste. Joseph ment, il affirme que c'est faux, qu'il y a une erreur.

Le policier se lève, il range les papiers dans sa poche. Toutes les cartes d'identité.

-Je les garde, dit-il. Pour le moment. Je vais aviser.

Et il quitte l'hôtel. On se précipite immédiatement chez les Delavenna, il faut partir tout de suite pour la Suisse. Or, sans papiers, il n'y a rien à faire. Leurs amis sont formels. Impossible de passer la frontière.

Ce « flic », que va-t-il faire ? On a du mal à discerner ses intentions, mais l'on sait qu'elles ne seront pas bonnes. On a deviné qu'il a obtenu de l'hôtel la fiche de police que chaque client doit obligatoirement remplir. Ces fiches sont remises chaque jour aux services de surveillance, dont cet homme fait peut-être partie. Les Vitorge ont bien sûr rempli leurs fiches, comme ils le font chaque fois qu'ils descendent dans un hôtel.

On ne peut rien faire qu'attendre, avec le sentiment d'avoir été pris au piège à l'endroit même où l'on pensait être le mieux protégé. En fait, Saint-Claude n'est pas un emplacement propice à la fuite, malgré la proximité de la frontière suisse. La ville forme un cul-de-sac, le terminus de la ligne de chemin de fer de Lons-le-Saunier, et il serait trop dangereux d'essayer de reprendre le train pour faire marche arrière.

Cet après-midi-là, Edith est sortie en ville avec Mme Delavenna pour faire quelques courses, et surtout pour se changer les idées. Il neige et il fait très froid. Edith a les pieds trempés, elle s'en souvient encore. Et c'est à ce moment qu'elle aperçoit le policier sur le trottoir d'en face, qui la regarde. L'a-t-il suivie ? Il lui fait signe de s'approcher, et la mène à l'écart afin que Mme Delavenna n'entende pas. Il veut lui proposer un marché. Si elle accepte de « coucher » avec lui, il lui rendra les papiers. Edith est complètement abasourdie. Mais elle sait qu'il ne faut surtout pas faire de scandale. Il faut gagner du temps, ne rien accepter, rester neutre et le faire attendre. Elle lui propose alors de revenir à l'hôtel le soir même, elle lui donnera sa réponse à ce moment-là. Et il accepte.

De retour chez les Delavenna, Edith raconte son aventure et tout le monde donne son avis sur la marche à suivre. Joseph se met dans une colère noire, il veut aller au rendez-vous et profère des menaces contre le policier. D'abord Edith a tout juste 18 ans, elle est donc mineure, le « flic » est un criminel. La colère passée, il est décidé que Joseph accompagnera sa fille, et il promet de ne pas s'emporter. On se dit que si le policier a proposé ce grotesque marché, c'est qu'il n'a pas vraiment l'intention de les dénoncer, du moins pas immédiatement, il veut peut-être simplement faire payer son silence. On va lui proposer un marché.

Edith et son père se rendent au rendez-vous à l'hôtel où ils trouvent le policier, d'abord surpris, puis très fâché de la présence de Joseph qui commence par le menacer d'une plainte pour abus sur mineure. L'autre se met à rire. Joseph n'est bien sûr pas en mesure de dénoncer qui que ce soit, quelle blague. Puis Edith lui propose de négocier la restitution de leurs papiers.

- Que me donnez-vous en échange ? demande le policier.

C'est alors que commence le marchandage. Il veut de l'argent, et on arrive à un accord sur le montant qui lui sera payé tous les mois. Contre les papiers et son silence. Ce n'est pas une somme exorbitante, mais c'est, pour le policier, un revenu assuré, qui garantit plus ou moins sa discrétion. Les Vitorge n'ont pourtant aucune confiance en lui, c'est un voyou qui profite de la traque des Juifs pour leur soutirer de l'argent. Mais d'un autre côté, il n'a aucun intérêt à ce que ses combines crapuleuses soient découvertes. Pour l'instant, il n'y a pas le choix, il faut rester à Saint-Claude.

Un autre problème se pose, car les locations meublées sont introuvables. Enfin, après de multiples recherches, les Vitorge trouvent à louer, grâce aux Delavenna, une grande maison avec jardin à quelques kilomètres de la ville, dans le village d'Étables, au bas de la montagne, sur la route d'Oyonnax. Popol pourra se rendre au lycée à vélo. Quant à Didi, elle n'a aucun moyen de poursuivre des études supérieures en restant à Saint-Claude : la ville universitaire la plus proche, Lyon, est à plus de 100 km. Pour s'occuper, elle suit des cours de dactylo, sténo et comptabilité dans un établissement privé. Elle passe le plus clair de son temps à parcourir la montagne à bicyclette, souvent avec son père, pour chercher du ravitaillement sans tickets. C'est une région où l'on trouve facilement du fromage, et aussi quelques légumes, achetés aux paysans des environs. Les gens semblent plus accueillants qu'ailleurs, plus aimables, et on a moins à craindre des voisins, qui sont serviables. Ils doivent certainement savoir qui sont ces réfugiés à qui ils vendent les produits de leurs fermes.

Pourtant, l'angoisse d'être dénoncés, de manquer d'argent, la guerre qui n'en finit pas et qui dure depuis trois ans déjà, occupent en permanence les esprits. Chaque mois, le policier continue de rendre visite aux Vitorge pour toucher sa « prime », et Joseph honore le marché conclu. Il s'est même établi entre les deux hommes une certaine connivence assez inattendue. Une sorte de sympathie. Ils bavardent lors des visites mensuelles. Et petit à petit, l'homme sans nom se confie. Il apprend à Joseph qu'il est fiché depuis le séjour à Nice. Doit-on le croire, s'agit-il d'un bluff ? Les Vitorge se souviennent de la carte d'identité perdue de Léon. Était-ce à ce moment-là ? Sont-ils connus des services de police depuis la fameuse circulaire de juin 1941 du préfet Ribière ? Qui les a dénoncés ?

Les questions restent sans réponse. Pourtant, le « flic » s'ouvre de plus en plus, au fil du temps. Et un jour, il leur livre un nom. Il s'agit d'un certain Pagès, un parisien, c'est lui qui les a donnés, dit-il. Joseph se souvient alors. L'homme s'était introduit dans l'association Les amis de l'Union soviétique (AUS), où lui-même militait avant-guerre. Cependant, rien n'est clair. Les Vitorge feront rechercher ce Pagès après la guerre, mais il aura disparu.

La seule chose dont ils sont sûrs est que malgré leur prudence, malgré les nombreux déménagements, malgré leur refus de participer au recensement, malgré leur fuite et la dispersion des deux familles, celle de Joseph et celle de Léon, ce qui leur permettait d'être moins facilement repérés, ils sont fichés, du moins est-il prudent de le croire. Et ils vivront à la merci de ce maître-chanteur sanclaudien pendant plus d'un an.

Puis, brusquement, les visites mensuelles prennent fin, juste après la rafle du 9 avril 1944. Les Vitorge en ont très vite appris la raison : le « flic » faisait partie du groupe des 302 otages retenus par les Allemands lors de cette rafle de Saint-Claude. On s'interroge : comment ce « collabo » a-t-il pu être arrêté ? N'a-t-il pas présenté ses papiers de policier ? Et pourquoi n'a-t-il pas été relâché ? La situation est en tout cas alarmante pour les Vitorge, car l'homme pourrait bien les avoir dénoncés, espérant obtenir sa libération en échange. Popol et son père vont d'ailleurs se cacher pendant plusieurs jours après les arrestations du 9 avril, chez des paysans des environs. Peine inutile, le policier ne les dénoncera pas. On saura plus tard qu'il a été déporté à

Buchenwald avec les autres otages de Saint-Claude, et n'en est jamais revenu. C'est au maquis, en juin 1944, qu'Edith aura davantage de détails : le « flic » était un agent double, et renseignait aussi les résistants.

Personnage étrange que cet homme, à la fois fortement impliqué dans la collaboration avec l'occupant et sympathisant du maquis, qui parlait un peu trop sans rien révéler qui pût le compromettre, et dont l'identité est restée inconnue. Il n'appartenait certainement pas à la Milice ni aux brigades des Renseignements généraux, mais était peut-être associé aux GMR, les « groupes mobiles de réserve », chargés du maintien de l'ordre et utilisés pour combattre le maquis en zone sud, ou encore aux groupes de polices auxiliaires, chargés de traquer les résistants, les communistes ou les Juifs. Il peut aussi bien n'avoir été qu'un agent subalterne dans l'administration de Vichy. Il a eu en tout cas accès au dossier de police de Joseph, cela est certain. Pourtant, on ne saura jamais quel a été son véritable statut dans l'appareil de répression de l'État français pendant l'Occupation. On ne peut pas dire qu'il terrorisait la famille Vitorge qui lui achetait son silence, il la tenait simplement en alerte. Mais au cours de l'année 1943, une certaine accoutumance, peut-être même une confiance très prudente s'était créée, qui émoussait un peu l'angoisse quotidienne d'une dénonciation.

Dans la maison d'Étables, pendant cette année 1943, la vie s'est organisée. La grande préoccupation est le ravitaillement que l'on se procure au marché noir, le troc avec le boucher, l'échange de cigarettes contre toutes sortes de denrées alimentaires. Quelques semaines après l'installation des Vitorge à Étables, les choses commencent à prendre une allure de routine sauf pour Jacquot, qui s'adapte mal à la vie jurassienne et qui demande à rentrer dans sa famille. Il n'est pas plus en sécurité à Saint-Claude qu'à Paris et il sera donc rendu à sa famille. Louba en voudra terriblement à Goutia et, lorsque la famille Vitorge sera rentrée à Paris, en 1945, elle prendra ses distances avec son amie d'enfance sans donner aucune explication. À une époque où il était si important de reconstruire les réseaux d'amitié et de sociabilité d'avant-guerre, ce fut pour Goutia un abandon douloureux.

À Saint-Claude, la famille Vitorge se retrouva donc réduite à ses quatre membres, isolée et loin du reste de la famille.

Étables ne fut pas le dernier domicile des Vitorge pendant l'Occupation, mais Saint-Claude fut leur dernier point de chute. L'espoir, puis la certitude d'une issue victorieuse, les difficultés d'argent qui commençaient à se faire sérieusement sentir, la fatigue de l'errance, et sûrement aussi la bienveillance des voisins, sont autant de circonstances qui ont favorisé leur sédentarisation dans cette petite ville pourtant si exposée aux exactions des Allemands dont l'état-major était installé à Lons-le-Saunier, à une cinquantaine de kilomètres de Saint-Claude.

On peut même dire que pendant toute l'Occupation, le Haut-Jura, où le maquis est très implanté, reste la région la plus menacée par les représailles allemandes. La « politique des otages » qui existe un peu partout, est systématisée dans le Jura dès l'automne 1943. Il s'agit d'une répression collective et violente, avec des déportations importantes de résistants, mais aussi de civils raflés, car pour les autorités allemandes, la population locale est complice des maquisards, et donc vouée à être un instrument d'expiation.

Edith se souvient d'arrestations de résistants pendant tout le printemps de 1944, le « printemps sanglant ». Le 18 avril, quelques jours après ce qu'on a appelé « la grande rafle de Saint-Claude », un groupe de maquisards, réfugié dans la grotte du Mont, à Villard-Saint-Sauveur, commune proche de Saint-Claude, est surpris par l'armée allemande qui torture et tue huit d'entre eux. Edith aura en mains, pendant ses missions dans le maquis du Haut-Jura, des photos du massacre, qui seront exposées à Saint-Claude, puis à Lyon, en automne 1944.

Pourtant, malgré cette vague de répression, la population reste, dans l'ensemble, solidaire des résistants. Jean Marion, ancien résistant sanclaudien, parle dans son livre-témoignage *Itinéraire d'un déporté jurassien*, d'une « population dans son ensemble, ayant pris fait et cause pour la Résistance[31] ». Les représailles ne semblent pas être une mesure très dissuasive, bien au contraire.

Le maquis connaît d'ailleurs une forte augmentation de ses effectifs pendant le printemps et l'été 1944, alors que resurgit l'espoir d'une victoire alliée. Dans son livre *La Libération de la France*, André Kaspi tire des enquêtes menées après-guerre sur les mouvements de résistance dans 26 départements français, la conclusion « qu'il y avait environ 50 000 maquisards au début de l'année 1944, que leur nombre a doublé

---

[31] Marion (Jean), *Itinéraire d'un déporté jurassien*, Pontarlier, Presses du Belvédère, 2009, p. 46.

en juin pour atteindre environ 250 000 en septembre[32] ». L'historien porte même le chiffre à 500 000 pour l'ensemble du territoire. Edith, quant à elle, fera partie de la première vague des maquisards de 1944, et elle rejoindra la lutte clandestine du Haut-Jura au tout début du mois de juin, juste après le débarquement des alliés sur la côte normande.

Pendant l'année 1943, elle n'aurait jamais imaginé qu'elle allait bientôt intégrer ce réseau de résistance. Comme les autres membres de sa famille, elle est surtout préoccupée par les ressources qui s'épuisent. Popol est au lycée et elle, ne pouvant s'inscrire en médecine, fait déjà des projets pour l'année suivante, toujours indignée et malheureuse de son exclusion par l'Université de Montpellier. Popol envisage quant à lui de commencer des études d'architecture, pour lesquelles le premier bac est suffisant. Edith a trouvé un programme de chimie à la faculté de Lyon et le frère et la sœur parlent de s'y installer pendant la durée de leurs études. Les parents s'en réjouissent, craignant surtout que leur fils de 17 ans ne soit convoqué pour le STO (le Service du travail obligatoire). À Lyon, pensent-ils, il pourra plus facilement éviter la réquisition.

Popol est très sociable dans son nouveau lycée de Saint-Claude où il a trouvé un groupe d'amis, en particulier une jeune fille, Jeanne Dubus qui passe aussi le premier bac. Celle-ci a deux frères, Roger, qui a 20 ans, et Georges, un jeune homme de 18 ans, élève de terminale, qui va se présenter au bac en juillet. Edith et Georges se rencontrent, échangent des paroles, des regards, des rires dans lesquels le sentiment amoureux ne tardera pas à se glisser, avec la douceur et la légèreté des cœurs sans passé.

C'est donc ici que prend fin, pour les Vitorge, la grande itinérance de la guerre. Ils sont absolument persuadés de l'efficacité de leurs constants déménagements, qui ont été jusqu'à présent la clé de leur survie. Les étapes de leur « circuit » ont été choisies au hasard, avec cependant, comme condition majeure, la scolarité des enfants. Dans ces multiples déplacements, il y a eu aussi la recherche d'une certaine « normalité », ce qui explique les déménagements vers les stations balnéaires en été. La famille voyageait pourtant, au gré des itinéraires

[32] Kaspi (André), *La Libération de la France: juin 1944-janvier 1946,* Paris, Perrin, 1995, p. 137.

de train, dans des espaces inconnus, toujours tenaillée par une angoisse sourde, à la recherche d'une bien précaire tranquillité.

En lisant une page des mémoires de l'écrivaine Jacqueline Mesnil-Amar, écrite le 6 août 1944, je trouve cette phrase qui, dans son usage de la première personne du pluriel semble inclure toute la famille Vitorge, et toutes les autres familles que la famille a connues. J'y trouve l'expression parfaite de ce que fut, pour eux, la saison des *quatorze déménagements* :

> Sans cesse, nous avons déménagé, bougé, pris des trains, des trains, des trains, nous déplaçant pour des raisons obscures et secondaires, pour tromper notre attente, combler notre vide, croire à notre activité, dans cette nasse de la zone libre qui se rétrécissait comme une peau de chagrin[33].

[33] Mesnil-Amar (Jacqueline), *Ceux qui ne dormaient pas : journal, 1944-1946*, Paris, Stock, 2009, p. 58.

CHAPITRE 3

LA DESTINATION INCONNUE

Un amour dans la montagne

La dernière adresse des Vitorge avant la libération de la France est au n° 11 de la rue Voltaire, tout près du centre-ville de Saint-Claude où la famille s'est installée à la fin de l'été 1943. C'est un petit appartement meublé non loin de chez les Delavenna et de l'école communale de filles du Centre, dont Mme Dubus est la directrice, et où elle occupe un logement de fonction avec son mari et ses trois enfants. Cette proximité rapproche encore les deux familles. Mais pendant toute l'année 1943, c'est dans la maison-refuge d'Étables que les enfants Vitorge et Dubus sont devenus inséparables, alors que les saisons s'allongent lentement, avant la course sauvage du temps.

Lorsque le STO entre en vigueur, par la loi du 16 février 1943, Roger Dubus sait bien qu'il ne pourra pas échapper à l'ordre de réquisition, car les classes d'âge nées entre 1920 et 1922 seront les premières appelées. La mairie lui enverra bientôt sa convocation et il devra se présenter en personne. Il a été prévenu qu'aucune exemption n'est prévue. Pour sa famille, il est hors de question qu'il s'y rende, et il partira dans le Nord, où vivent des cousins de son père. Comme de nombreux réfractaires, Roger va rester caché le reste de la guerre. C'est ce qui va le sauver, car il sera absent lors de la grande rafle du dimanche de Pâques 1944 à Saint-Claude. En revanche, trop jeune pour être requis, Georges Dubus, qui n'a pas terminé ses études secondaires, reste avec ses parents. Sa famille le croit à l'abri de la « déportation » en Allemagne, c'est le terme utilisé à l'époque pour désigner le STO.

- Je suis tranquille pour au moins deux ans, et puis je pars de toute façon à Marseille, répète Georges lorsque Didi l'interroge sur son avenir.

Il rêve de voyage, lui qui n'a jamais quitté le Jura. Il veut faire le tour du monde, être officier dans la marine marchande. Il veut des pays de bord de mer, ce montagnard. Didi lui raconte les plages immenses du Nord, les courses sur l'estran, à marée basse, et la transparente douceur de l'eau à Nice. Elle le retrouve tous les jours, avec Popol et Jeanne, et parfois Paulette, la fiancée de Roger, et tous font de longues promenades en forêt. Le soir s'organisent des séances de banjo dans la maison d'Étables. Il reste plusieurs photos de cette maison, avec son jardin potager qui semble bien entretenu - Goutia et Joseph ont sûrement reçu de l'aide des paysans voisins, eux qui ne connaissent rien à l'entretien d'un jardin - au milieu d'une agglomération d'une quinzaine de petites propriétés à la sortie de Saint-Claude. La maison n'a aucun charme, c'est une construction carrée, comme les autres habitations du lotissement. Sa façade blanche, trouée d'une dizaine de fenêtres, s'élève sur deux étages, et son toit de tuiles rouges abrite un petit balcon au premier étage. Georges et Popol s'amusent à escalader le mur, et viennent se jucher sur l'auvent d'une fenêtre d'où ils peuvent se hisser jusqu'à l'étage supérieur. On y est bien comme dans une maison de vacances.

Ils partent aussi tous les deux, Georges et Didi, à la découverte des cours d'eau et des cyclamens sauvages. Lorsqu'ils sont séparés, le soir, ils s'écrivent de longues lettres d'amour d'une graphie droite et ronde, sans aucune rature. Elle l'appelle par son surnom, Jojo. À l'été 2014, soixante-dix ans après avoir reçu ces lettres, Edith ouvre les vieilles enveloppes, déplie les feuilles tachées par les auréoles brunes des fleurs jadis jetées entre les plis du papier. Il arrive qu'on puisse encore identifier les espèces, une fougère ou un brin de muguet, sans aucun doute celui du 1er mai 1943. Devant les jeunes gens, l'été s'annonce dans toute sa verdeur, avec ses pluies et ses odeurs de pluie, ses hautes herbes que l'on foule en courant.

Le soir du 25 juillet 1943, Georges écrit un mot à Edith, rédigé au crayon sur une feuille de cahier d'écolier : « Je n'ai jamais eu dans la vie que deux passions, la science, et tout d'un coup, en quelques jours, toi. » Cet été-là, leur seul été, le groupe des jeunes - ils sont à présent cinq ou six - a adopté la tenue en short, y compris les filles, car on se déplace tout le temps à vélo. Les shorts sont très courts et larges, comme le dicte la mode, et se resserrent juste au-dessus de la taille. Didi les porte avec des bustiers ou des chemisiers ajustés, élargis aux épaules par des manches bouffantes. Parfois, on enfile le short sur le maillot de bain, et toute la bande file vers la Bienne, ou bien monte à pied jusqu'à la cascade de la Queue de cheval. Ils s'accrochent aux arbres, se baignent dans les bassins naturels transparents, sous les chutes d'eau, et jouent à se tenir en équilibre sur les rochers gris de la forêt autour de Molinges. Il y a quand même eu l'accident de vélo lors d'une sortie pour le ravitaillement, quand Didi a glissé sur une route en pente récemment goudronnée. De sévères écorchures sur tout le corps, soignées par un badigeonnage au mercurochrome, l'ont immobilisée pendant plusieurs jours. Alors, les lettres pleuvent. Toutes conservées. Celles d'Edith lui ont été rendues, après la guerre, par la mère de Georges, Mme Dubus.

Parfois, les parents se joignent à eux, comme le jour de l'excursion à laquelle les Dubus ont aussi pris part. Edith en a gardé des photographies. Georges a le visage hâlé, le nez droit et la bouche charnue, le regard bleu clair, lumineux, qui fixe l'objectif avec une assurance désarmante. Il a les cheveux épais et blonds, qui contrastent avec la chevelure noire d'Edith, une allure athlétique qu'il doit à sa grande taille et à l'habitude de l'escalade en montagne. Il est vêtu d'une chemise blanche ajustée, dont il a remonté les manches, et d'un large pantalon de toile. Edith est assise à côté de lui, un peu trop droite dans sa nouvelle robe blanche en cloqué, confectionnée par Goutia, les cheveux remontés en chignon, ondulés sur le front. Georges a passé le bras autour de ses épaules, geste qu'il veut être protecteur, mais qui n'est rien qu'une caresse. Tous deux sourient, on ne voit plus que cela, le sourire qui envahit le visage, celui d'Edith qui tend vers le serein, celui de Georges plus enjoué, des sourires qui finissent par se ressembler. On distingue, en bas de la photo, les petites fleurs sauvages noyées dans l'herbe et, sur le côté, un tissu imprimé qui appartient à la robe de Goutia.

Le cliché des deux amoureux est à l'origine une photographie de groupe avec les parents, qui a été rognée et recadrée par Popol, le photographe de service. Il fait des tirages en gros plan des fiancés et y ajoute des petits cœurs et des frises, par plaisanterie. Georges et Didi posent volontiers devant l'appareil, ils veulent des preuves sur papier de leur amour, et Didi pense avec attendrissement à l'époque, sur les plages du Nord, où ces séances de photo agaçaient tant les enfants. Sur chaque cliché, ils portent tous deux une nouvelle tenue. Georges a la prestance d'un sportif habitué au plein air, il marche d'un pas assuré, la tête haute, les muscles tendus, et Edith est toute fine à ses côtés, élégante, légère.

On ne sent même plus la guerre.

Pourtant, le ravitaillement reste extrêmement difficile et, chez les Vitorge, on a toujours la même peur des arrestations que les visites régulières du « flic » ne manquent pas de leur rappeler. À Saint-Claude, la vie tranquille ne trompe personne. Bientôt vont se durcir les actions du maquis, et les parents se féliciteront alors de savoir leurs enfants à Lyon. Mais pour l'instant, Didi et Georges ne vivent que dans leur propre urgence. Ils aiment tout de leur amour, la hâte avec laquelle ils se sont décidés, l'impatience de leur jeunesse, la force inattendue de leurs sentiments. « Que te dire », écrit encore Georges dans sa lettre inachevée du 25 juillet 1943, « que je t'aime, que je t'adore, que je ne pense qu'à toi, que tu es celle à laquelle j'ai donné ma vie ? Tout cela tu le sais, je te l'ai dit cent fois, mais je veux encore te le dire ». Dans la répétition des mots, ils voient leur vie commune comme la seule issue de la guerre. Ils ont décidé de ne jamais se quitter, même s'il faut tout changer et modifier les projets d'avenir.

C'est Georges, promis aux navires, qui rompt les amarres de l'ancienne vie, celle d'avant Didi. Il s'inscrira avec Popol dans la section architecture de l'école des beaux-arts de Lyon. Il a d'ailleurs du talent pour le dessin, ce matheux. Ses parents sont bien moins enthousiastes que lui, car ils craignent que ces études ne soient trop coûteuses et trop longues. Et puis pourquoi changer ainsi d'orientation, cela n'a pas de sens. Georges saura les convaincre.

Lui et Edith ont aussi annoncé leur intention de se marier, et ils trouvent dans les parents Vitorge des alliés de poids. Goutia qui, à l'âge de 20 ans, n'a pas hésité à tout quitter pour rejoindre un homme qu'elle connaissait mal, à plus de 1000 km de sa famille, n'a aucune raison de s'opposer au choix de sa fille, finalement plus raisonnable que ne fut le sien. Sa seule mise en garde est qu'en épousant un *goy*, un non-Juif, on risque de trouver des antisémites dans sa propre famille. Joseph, lui, n'a pas d'opinion, il ne voit aucun obstacle à rien dans la vie, cet éternel optimiste. Didi écoute à peine les recommandations de sa mère, et les

Dubus se rendent aux arguments des enfants avec d'autant plus de bonne volonté qu'ils aiment beaucoup la jeune fille. Mme Dubus, pendant longtemps, gardera une affection sincère pour celle que, dans ses lettres, elle appelait Mademoiselle Didi. L'été 1943 se passe doucement, alors que les fleurs humides, délicatement posées entre les pages des lettres, sont déjà aplaties.

La guerre, Georges et Edith n'en parlent pas dans leurs lettres, ou à peine. Les Vitorge n'ont pas caché leur identité aux Dubus, et ils ont une totale confiance dans leur discrétion. Si le sujet de la « question juive » n'est jamais abordé entre les fiancés, ce n'est ni par prudence ni par gêne. La souffrance de l'errance et de la fuite forcée, lorsque l'on doit se désinvestir de tout, Edith la connaît. Mais comment expliquer à Georges, ce grand garçon si tendre qui n'a jamais quitté sa région natale, ce qu'est la vie déplacée, la vie cachée d'une famille juive traquée par la police et par l'occupant, française depuis trop peu pour n'être plus étrangère ?

Elle a peu parlé à Georges de tout cela pendant l'année qu'ils ont vécue ensemble, parce qu'elle-même n'y a pas vraiment réfléchi à ce moment-là. Elle et Georges ont en commun leur moment dans l'histoire, leur âge, les valeurs acquises pendant leur scolarité laïque. Edith ne s'est jamais sentie exclue de cette francité. Et pourtant, tout au long de la guerre, probablement à cause de la guerre, elle et son frère ont éprouvé, malgré leur ignorance des rites et leur peu d'intérêt pour le culte, un attachement confus et imprécis, bien qu'immarcescible, au peuple juif. C'est ce qu'exprime Jacqueline Mesnil-Amar dans son journal en 1944 : « Comment on nous a faits Juifs, lentement, du dehors, nous qui l'avions si bien oublié[1] ». Et pourtant, rien n'est dit de tout cela entre les deux amoureux, les différences s'effacent quand on se ressemble.

Parfois, même les habitudes de la guerre les dérangent, il faudrait être ailleurs. Le soir, Mme Dubus, comme Goutia, écoute l'émission de Radio-Londres, *Les Français parlent aux Français*. « Je ne peux plus écrire », écrit Georges à Edith, le 25 juillet 1943, « c'est énervant, dans la chambre à côté de la mienne, il y a ma mère, suspendue à la radio anglaise. Que c'est barbe ! »

---

[1] Mesnil-Amar (Jacqueline), *op. cit.*, p. 57.

Un très beau dimanche de Pâques

À la rentrée universitaire de l'automne 1943, Georges, Edith et Léopold sont installés à Lyon, au 9 rue Pailleron, dans le quartier de la Croix-Rousse, où ils louent un petit appartement d'étudiants, au dernier étage d'un ancien immeuble de canuts. L'appartement leur plaît, mais c'est plus probablement leur nouvelle liberté qui les ravit. La propriétaire a fermé à clé l'une des pièces qu'elle ne leur loue pas et que, bien sûr, ils réussiront à ouvrir. Ils y trouvent des tas de vieilleries, et surtout de la lecture comme le *Livre des convenances*, qui les remplit d'hilarité. Ils aiment tout dans cette vie d'étudiants. Edith, il est vrai, n'est pas très emballée par son programme de chimie, dans lequel Joseph aurait aimé voir sa fille s'engager, elle qui est la plus « scientifique » de ses deux enfants. Mais les deux apprentis architectes sont passionnés. Ils envisagent déjà d'ouvrir un cabinet ensemble, à Paris peut-être, ou dans le Midi. Ils n'ont que des projets en tête.

Pour la première fois de leur existence, les trois étudiants doivent organiser leur vie pratique, aidés par les parents qui envoient des colis de victuailles, en particulier des boites de Vache-qui-rit, échangeables au marché noir. Ils s'adaptent bien à leur relative indépendance dans une ville en guerre où les grands mouvements de résistance se sont installés, soutenus par une population de plus en plus hostile au gouvernement de Vichy.

Les Lyonnais vivent cependant dans un danger permanent car la Gestapo est très présente, secondée par la milice, et les arrestations ont été nombreuses, comme lors de la rafle des Juifs de Villeurbanne quelques mois avant l'arrivée des trois Sanclaudiens. Edith sait que des amis de la famille, les Katz, épiciers aux Halles, se sont réfugiés à Lyon, et qu'Alexandre Bezalel, l'ancien petit camarade de vacances sur les plages du Nord, les a rejoints. Par précaution, elle limite les contacts avec les Katz et avec Alexandre, mais les jeunes sortent parfois tous ensemble.

La ville de Lyon fut la cible de nombreuses attaques aériennes alliées pendant le séjour qu'y firent les enfants Vitorge et Georges Dubus. Au printemps de 1944, raconte Edith, « les alertes étaient fréquentes mais nous ne descendions jamais dans les abris, nous restions dans notre appartement, au 4e étage. C'est ainsi que nous avons assisté depuis notre fenêtre au bombardement de l'aéroport de Bron. » Ce raid du 30 avril précéda de quelques semaines celui de Vaise, un autre quartier de Lyon où furent détruits, le 26 mai 1944, deux gares de triage et le siège de la Gestapo. Edith parle de cette journée de bombardement par les avions américains dans son journal intime :

> Nous avons été violemment bombardés ce matin. Vaise, à deux pas de chez nous a reçu le plus gros des bombes. J'ai cru que j'allais m'évanouir quand j'entendais tomber les bombes et que je voyais un mur de fumée s'avancer vers nous [. . .] Cet après-midi j'ai été à Perrache, là ils ont mal visé, c'est affreux de voir les maisons détruites, les gens dans la rue avec les quelques bricoles qu'ils ont pu sauver. Une bombe est tombée dans le jardin de la fac, une autre sur l'école de chimie et a fait cinq tués, heureusement que nous n'avions pas cours.

Elle se souvient qu'on parlait beaucoup, à l'époque, de la façon dont les Anglais avaient bombardé en « piqué » à l'aéroport de Bron, touchant leurs cibles de façon bien plus précise que les Américains, qui avaient l'habitude de lâcher leurs bombes à haute altitude, faisant plus de dégâts dans la population civile. Ce fut le cas à la gare de Vaise où l'action militaire de grande envergure, visant à neutraliser les voies de communication, coûta la vie à plus de 700 personnes.

L'Université de Lyon, Edith l'apprend à son arrivée, est un foyer de résistance. Dès les premiers mois, elle s'est liée avec une jeune étudiante qui l'a mise en relation avec son réseau. À la fin de l'année 1943, alors que la victoire des Alliés lui semble de plus en plus certaine et que les mouvements de résistance s'amplifient, elle est intégrée dans un groupe qui s'occupe du recrutement pour le maquis du Haut-Jura. Elle n'imagine pas que quelques mois plus tard, elle rejoindra elle-même ce maquis, dans les circonstances les plus dramatiques de sa vie. Moins impliqués qu'elle dans l'activité clandestine, Georges et Léopold l'accompagnent volontiers lors de la distribution de tracts dans les boîtes à lettres, mais c'est elle qui entretient les contacts. Cependant, ce sont les études qui priment. Tous trois réussissent leurs premiers examens avant les vacances de Noël, qu'ils passent en famille, à Saint-Claude. Au cours de ces congés universitaires, il est décidé qu'ils reviendront chez leurs parents pour les vacances de Pâques.

Le 6 avril 1944, les trois étudiants arrivent donc à Saint-Claude, heureux de retrouver la famille et la vie de plein air, comme à l'été 1943. Il fait encore froid, mais la neige a disparu et le temps est assez ensoleillé. Comme à son habitude, Goutia a préparé des gâteaux, celui au fromage blanc a un franc succès. Edith raconte à Joseph son activité avec les copains résistants à Lyon, et Joseph lui confie que lui aussi a pris contact avec la Résistance, par l'intermédiaire de l'épicière de Saint-Claude. Edith et Georges n'ont jamais été si heureux qu'en ce début d'avril 1944, ce mois que les historiens du Jura ont appelé un « avril de sang ».

Avec l'arrivée de 4000 hommes, dont la majorité appartient à la 157e division de réserve de la *Wehrmacht*, c'est en effet une répression sans précédent qui se prépare dans les régions de l'Ain et du Haut-Jura. L'historien André Robert nous donne une idée précise de la composition de ces troupes, qui comprennent un grand nombre de « Mongols » et de « cosaques », l'armée auxiliaire « Vlassov » dont les exactions contre les populations civiles sont bien connues : « Ces troupes de soudards, souvent fortement alcoolisés, vont répandre la terreur[2] » écrit-il. Le général Pflaum, qui est à la tête de la 157e division, a aussi à ses côtés un service de la Sipo-SD, la police de sûreté allemande, dirigée depuis Lyon par Klaus Barbie, responsable de la région du Jura. Ce dernier se charge de toutes les opérations de représailles.

Dès le 4 avril, l'opération *Frühling*, destinée à anéantir le maquis, est enclenchée. Une compagnie est mise en place à Saint-Claude le 7 avril, Vendredi saint, au petit matin. Une seconde compagnie sera dirigée vers Chassal, situé dans la vallée de la Bienne, à moins de 10 km de Saint-Claude. C'est un secteur, entre Molinges et Viry, où le maquis a installé ses cantonnements. Deux semaines plus tôt, un important parachutage de matériel militaire a eu lieu à Viry, matériel que les maquisards (ou *maquillards* comme on les appelait dans le Haut-Jura) avaient fait remonter vers le bois de La Versanne, au sud de Chassal, non loin du village de Vulvoz.

Ce matin du 7 avril, un détachement allemand se dirige vers Molinges avec l'intention d'attaquer le maquis. Jean Marion, l'auteur de l'*Itinéraire d'un déporté jurassien*, m'en a donné le détail lors d'un entretien qu'il m'a accordé, en mai 2015 : une colonne de cinq camions militaires, une voiture d'officiers et un mortier montent jusqu'au bois de La Versanne. Or, selon lui, ce convoi a été repéré par la postière de

---

[2] Robert (André), *Jura 1940-1944 : Territoires de Résistance*, Pontarlier, Éditions du Belvédère, 2014, p. 191.

Molinges qui prévient le maquis de La Versanne par téléphone. À La Versanne, raconte Jean Marion, il y a un grand pâturage, d'environ 300 mètres de long et autant de large, et la route passe au milieu. Au moment où le convoi allemand s'y engage, les maquisards ouvrent le feu au fusil mitrailleur. L'engagement dure toute la matinée, malgré les renforts allemands, puis un autre combat s'engage au lieu-dit Champravalet.

Au total, les Allemands comptent une trentaine de morts, les maquisards six. Ce sont des pertes importantes pour les Allemands qui craignent à présent de s'aventurer dans la montagne jurassienne couverte de forêts, de rochers, de broussailles et de bois-taillis.

Le résultat est mitigé, malgré tout. André Robert donne la parole à l'un des maquisards qui écrit : « Ni victoire, ni défaite, mais on peut inscrire le Vendredi saint 1944 à La Versanne et ses suites parmi les temps forts de la Résistance[3]. » Pourtant, les Allemands sont vraiment surpris par cet engagement imprévu qui les force à redescendre « les camions criblés de balles, les pneus crevés » écrit Jean Marion. Bref, m'assure l'ancien résistant, « leur retour n'a pas été glorieux ! » La contre-attaque ne va pas tarder.

Dans l'incapacité d'éradiquer les maquis qui sont trop dispersés et peuvent facilement déplacer leurs unités sur un terrain qu'ils maîtrisent parfaitement bien, les Allemands vont se tourner vers la population civile du massif. La répression sera brutale et sans merci. Les Sanclaudiens à qui j'ai posé la question pendant ma première visite, en 2014, ont tous en mémoire les récits de leurs parents et grands-parents décrivant la brutalité des soldats, les exécutions, les pillages, les humiliations. Un fil narratif douloureux pour cette ville qui s'accroche encore à son passé de solidarité et d'entraide, dans l'impossibilité de combler l'immensité de ses pertes. Les trois hommes que j'ai rencontrés, les 15 et 16 mai 2015, à Saint-Claude, Jean Lorge, Jean Marion, et Henri Lacroix l'ont confirmé.

Autour de Saint-Claude, les villages ne sont pas épargnés. Entre les 8 et 10 avril 1944, à Vaux-lès-Saint-Claude, Longchaumois, Villard-Saint-Sauveur et Molinges, ont lieu des arrestations et des meurtres. Les maisons sont incendiées, dont la succursale de la Fraternelle de Molinges. À Larrivoire, commune où a eu lieu l'affrontement du bois de La Versanne, presque toutes les maisons sont brûlées. Le 13 avril

[3] *Ibid.*, p. 195.

1944, le chef du maquis du Haut-Jura, le commandant Vallin, parvient à éviter l'exécution des hommes rassemblés sur la place du village de Viry, accusés d'avoir assisté les maquisards lors du parachutage du 15 mars. Il en prendra toute la responsabilité et sera fusillé à leur place. Son adjoint, Maurice Guêpe, dit « Chevassus », le remplace. C'est sous ses ordres qu'Edith entrera dans le maquis Ain-Haut-Jura en juin 1944.

À Saint-Claude, les opérations allemandes commencent le 7 avril, Vendredi saint. Au petit matin, 1500 soldats investissent la ville, coupant les accès. Le Grand Hôtel de France - établissement de haut standing construit au début du siècle et détruit depuis - est immédiatement réquisitionné et l'état-major allemand y est installé, rejoint par Klaus Barbie[4]. Jean Marion témoigne que les familles juives résidant à l'hôtel sont alors arrêtées. Barbie y conduit ses interrogatoires et se livre à des séances de torture[5].

Lysanne Cordier, l'archiviste de la Maison du Peuple rappelle les circonstances dans lesquelles ont commencé ces « Pâques de sang » à Saint-Claude, le 7 avril : « L'état de siège est proclamé par voie d'affiches, la circulation est interdite dans la région ; la population est consignée, toutes les communications sont suspendues, le couvre-feu est instauré[6]. » Edith ne garde que de vagues souvenirs de ces mesures de répression. Personne ne semble vraiment comprendre la nature des opérations militaires.

À l'heure d'ouverture de la Fraternelle, rue de la Poyat, les employés trouvent les magasins et les bureaux occupés, les bâtiments cernés, la circulation bloquée. La rue a été interdite d'accès par des soldats allemands en armes. Il existe un procès-verbal de ces journées du 7 et du 8 avril, rédigé par A. Jacquemin, le secrétaire du Conseil d'administration de la Fraternelle, et consigné dans ses registres en mai 1944[7]. De ce récit de la première journée des opérations, on retient tout d'abord l'arrestation de l'équipe de direction de la Fraternelle, parmi lesquels la femme du directeur général, et de plusieurs employés, tous

---

4 *Ibid.*, p. 195.

5 Après la guerre, le « boucher de Lyon », échappa à la justice pendant les quarante ans de sa « cavale », et bénéficia longtemps de la protection du gouvernement américain, dont Allan Ryan donne le détail dans son livre *Quiet Neighbors* (Harcourt Brace Jovanovich, 1984).

6 Cordier (Lysanne), allocution du 12 juin 2014.

7 Archives de la Maison du Peuple, consultées en septembre 2014. Avec l'autorisation de Mme Lysanne Cordier.

dénoncés par l'auteur de la lettre anonyme conservée dans les archives de la ville. Une dizaine d'entre eux, déportés à Buchenwald, ne rentreront pas.

À partir du samedi 8 avril, relate le procès-verbal, « le pillage méthodique commence. Des camions sont sans arrêt chargés de marchandises prises à l'entrepôt et ceci durera toute une semaine. » De plus, toujours selon le récit du secrétaire du Conseil d'administration, les Allemands ordonnent la fermeture des succursales et exigent le montant de leur encaisse : « Toutes les succursales de la ville sont vidées entièrement ou partiellement [. . .] chaque jour des colis sortent du magasin et sont emmenés. »

Quelques jours plus tard, le jeudi 13 avril, explique le compte rendu, « les Allemands se sont rendus dans les banques avec lesquelles la Fraternelle était en relation d'affaires, et ont exigé la remise de tous les fonds en espèces appartenant à la société. »

Dans une lettre adressée au sous-préfet de Saint-Claude, les inspecteurs de police font un rapport plus détaillé et plus accablant de la scène de pillage. Ils décrivent le vol des fonds appartenant à la *Frat* au siège des deux banques, la BNCI et la Banque Populaire. Ils racontent que les troupes allemandes « se sont livrées à de nombreuses libations » dans les caves et les entrepôts de la Fraternelle et ont saccagé toutes les machines d'imprimerie. Plus tard, rapporte aussi le secrétaire du Conseil d'administration de la Fraternelle, on apprend le pillage et la destruction des succursales des environs.

Au plus vite, il faut prévenir la Société Générale des Coopératives qui se trouve à Lyon. Selon le compte rendu, le secrétaire Jacquemin adressa :

> […] un rapport détaillé au ministère de l'Agriculture à Vichy, soulignant la répercussion néfaste de cette opération sur la répartition des marchandises pour la ville de Saint-Claude, la Fraternelle assurant l'approvisionnement d'un tiers de la population.

De plus, se pose la question du salaire des employés de la Fraternelle, soudain privés d'emploi. Ce sont les sociétés coopératives de la région qui répondent à l'appel de la Fraternelle et créent une caisse d'entraide pour assurer les traitements des salariés et leur trouver des activités temporaires. Certaines de ces entreprises sont implantées à

Saint-Claude, comme la coopérative de production La Pipe et deux coopératives de taillerie de pierres fines, Le Diamant et Adamas, mais d'autres se trouvent dans les villages des environs, comme les ateliers de lapidaires de Septmoncel, et les tourneries de Lavans et de Moirans. Toutes apportent des secours à la hauteur des lourdes pertes subies par la Fraternelle, exemple de l'esprit de solidarité qui liait tous les villages de la région par l'intermédiaire des coopératives.

À travers les pages du procès-verbal manuscrit qui est rédigé dans le style sobre et neutre des administrations, d'une écriture droite et uniforme, se dessine une situation désespérée, prise en main par des délégués acharnés. Ils se réunissent dans la clandestinité le samedi 8 avril pour assurer, en plein drame, la survie de leur société et de ses employés.

Mais la brutalité de la rapine et la violence des arrestations à la Fraternelle, pendant ces deux jours avant le dimanche de Pâques 1944, ont paralysé les habitants, et l'angoisse qui est en train de s'emparer de la ville retarde probablement la circulation de l'information. De plus, la population, consignée depuis la veille, reste prudemment à l'écart. Le sac de la Fraternelle se déroule pourtant dans un bruyant déploiement de véhicules militaires, à 500 mètres de l'appartement des Vitorge, rue Voltaire. Et eux, une famille aux aguets, ne voient rien.

En fait, personne ne se méfie. Après l'engagement du 7 avril dans la montagne de La Versanne, Jean Marion me dit que « le maquis s'est éparpillé, tout le monde s'est évaporé ». Nous sommes dans une ville complètement assiégée, qui vient d'être entièrement dépouillée, et personne ne se doute de rien. Edith me dit que les gens avaient bien vu ces camions arriver, les troupes s'activer. Et elle ajoute, pensive, « nous n'aurions jamais dû retourner à Saint-Claude pour les vacances de Pâques ».

La journée du samedi 8 avril est relativement calme et les jeunes étudiants restent avec leurs familles respectives. On sait que les Allemands occupent la ville et on apprendra bientôt qu'ils contrôlent aussi les routes. Lorsque, enfin conscients de la gravité de la situation, Georges et son père chercheront les moyens de quitter Saint-Claude par la montagne, ils devront rebrousser chemin, car tous les passages sont gardés par les patrouilles allemandes qui tirent sans sommation sur les fuyards.

Au matin du 9 avril 1944, le dimanche de Pâques, l'annonce est faite par le tambour de ville, dans les rues de Saint-Claude, que tous les hommes de 18 à 45 ans sont convoqués sur la place du Pré à 10 heures, pour un contrôle d'identité. Le haut-parleur résonne dans toute la ville, prévenant les habitants que leurs maisons seront systématiquement fouillées, et que toute personne concernée qui ne se rendrait pas à la convocation sera immédiatement fusillée. Cela n'a pas été le cas. Edith, par la suite, s'est bien rendu compte que Georges aurait probablement dû se cacher, la veille, pendant cette journée vide du samedi, plutôt que d'obéir à cet ordre. Elle l'écrira, des mois plus tard, dans son journal : « Nous n'aurions jamais dû te laisser aller sur le Pré. » En fait, les menaces n'ont jamais été mises à exécution, et ceux qui n'ont pas répondu à la convocation ont pu tranquillement rester chez eux.

Il y a des anecdotes qui sont restées de ce 9 avril, jour de la rafle de Saint-Claude. Jean Marion, lors de notre entretien à Saint-Claude, m'a parlé d'un jeune garçon qui voulait à tout prix partir dans la montagne deux jours avant la rafle, chose qu'il aurait pu faire, mais qui a fini par se présenter à l'appel, cédant aux conseils de ses parents d'obéir aux autorités. Arrêté ce jour-là, il n'est jamais rentré. Jean Marion m'a aussi raconté l'histoire du jeune homme fiancé à une infirmière qui lui proposa de lui poser un plâtre, subterfuge qui lui aurait valu d'être renvoyé chez lui le jour de l'appel. Mais il refusa, certain qu'il n'avait rien à craindre. Sélectionné, il est lui aussi mort en déportation.

Avant de se rendre à la convocation, Georges est passé voir Edith, rue Voltaire. Ils vivent sans le savoir leurs derniers moments ensemble et sont très mécontents de ce qu'ils pensent n'être qu'une démarche administrative qui leur fera perdre du temps. Georges est étudiant, donc sursitaire, il n'a aucun lien avec les maquisards, il est « en règle », il devrait donc être immédiatement relâché. Les autres convoqués partagent ce sentiment. Dans son livre, Jean Lorge dit avoir pensé qu'il s'agissait d'un contrôle pour repérer les réfractaires au STO. Étant, comme Georges, en situation régulière, il se présente lui aussi sans trop d'inquiétude[8]. Jean Marion, qui avait pourtant rejoint l'AS et avait accompli des missions sous les ordres du commandant Vallin, est également certain que ses papiers en règle lui apporteront la protection nécessaire. L'appréhension gagne pourtant les familles dont les fils et les maris doivent se présenter aux autorités allemandes, et Edith n'aime

[8] Lorge (Jean), *J'étais devenu un numéro, Saint-Claude, 9 avril 1944*, Bière, Éditions Cabédita, 2009, p. 14.

pas du tout la tournure que prennent les événements. Georges ne peut plus se soustraire à l'appel. Ce n'est rien dit-il, ne t'inquiète pas.

Le bruit circule depuis la veille que Klaus Barbie est à Saint-Claude. On ne sait pas trop qui il est, personne ne l'a jamais vu, mais on pense qu'il s'agit d'un chef de la Gestapo. C'est suffisant pour éveiller les soupçons, mais à propos de quoi ? On ne fait aucun rapprochement avec la rafle de Nantua, une petite ville du département de l'Ain qui se trouve à une cinquantaine de kilomètres de Saint-Claude où, quelques mois plus tôt, en décembre 1943, environ 500 soldats allemands sont entrés dans la ville à bord d'un train, et ont embarqué une centaine d'hommes et de jeunes garçons. D'ailleurs, même si on y pense, les choses se sont passées bien différemment à Nantua. Les Allemands ont débarqué par surprise, ont arrêté n'importe qui, dans la rue. À Saint-Claude, l'ordre règne. Il s'agit d'un appel à caractère purement administratif.

Les Vitorge, qui ne se sont jamais présentés à aucune convocation et n'ont jamais accepté aucun recensement, sont loin d'être rassurés. Heureusement, Joseph et Popol n'auront pas à se présenter place du Pré, car Joseph est trop vieux et Popol est trop jeune de cinq mois. Goutia n'est pas soulagée pour autant. Et si le « flic » les avait dénoncés, si les Allemands venaient frapper à leur porte alors qu'il n'y a plus aucune issue, que la fuite est impossible ? Le piège s'est refermé sur eux et, après une si longue errance, quatre ans de déménagements, les bagages toujours à portée de la main, sous les lits, voilà que tout s'arrête, et qu'il ne reste plus qu'à se terrer chez soi. Mais la maison, tous les Vitorge le savent, tous les Juifs qui ont vécu la guerre le savent, n'est jamais un abri. Goutia regarde Edith dont le visage s'est fermé, la lèvre inférieure coincée entre les dents, le regard perdu, scrutant les mouvements de la rue. Inutile d'essayer de la rassurer. Joseph prend son air buté. Il sait que pour l'instant, le mieux est de se taire. Se tapir, s'accroupir, baisser la tête.

Malgré le froid de cette belle journée de Pâques, Edith reste à la fenêtre de l'appartement de la rue Voltaire. Elle devrait l'apercevoir à son retour de la place du Pré. Une matinée de vacances perdue, ce n'est pas bien grave. Elle a donné à Georges son écharpe de laine, il n'était pas assez couvert et l'attente risque d'être longue.

L'attente

Pendant plus d'un an, Edith a attendu le retour de Georges. La première lettre qu'elle lui a écrite, parmi celles qu'il ne lira jamais et qui ne lui seront jamais envoyées, date du 12 mai 1944, alors qu'Edith et son frère sont déjà rentrés à Lyon. La dernière a été rédigée le 9 mai 1945, « deuxième jour de la victoire » a-t-elle écrit sous la date. Ces lettres sont consignées dans le journal que la jeune fille tiendra pendant douze mois, dans trois cahiers d'écolier qui ont traversé les derniers soixante-dix ans sans aucune trace de la dégradation des choses, l'écriture ferme et régulière, l'encre toujours d'un bleu profond, le papier quadrillé sans aucune tache. Il s'agit de cahiers de classe de la marque Calligraphe. Cahier de Didi, écrit la jeune fille, appartenant à « Jojo ». À la première page du cahier, elle a noté « je te sais vivant ».

Le 9 avril 1944, Henri Lacroix, Jean Marion et Jean Lorge arrivent sur la place du Pré où, à 10 heures, sont rassemblés environ 2000 Sanclaudiens, parmi lesquels se trouve Georges et aussi le « flic », le maître chanteur de la famille Vitorge. La place du Pré est bondée de monde, il est difficile de se retrouver entre copains et voisins.

Avez-vous vu Georges Dubus sur la place du Pré ? C'est la première question que j'ai posée aux trois hommes qui, en ce mois de mai 2015, m'ont reçue chez eux et ont voulu fêter notre rencontre en ouvrant des bouteilles de champagne. Jean Lorge et Jean Marion me remettent tous deux leurs livres-témoignages, ornés d'une émouvante dédicace, et Henri Lacroix, le seul des trois qui n'a pas publié ses souvenirs, m'offre l'ouvrage de l'Association des Déportés du Jura, *Les Jurassiens dans les camps de concentration*[9], un recueil impressionnant, plus de 600 pages de textes et de témoignages. Leur générosité me touche profondément, et je me dis, en préparant mon enregistrement, que je ne suis pas venue en simple observateur, car mon travail d'enquêteur ne peut exister en dehors de mon lien familial. Je m'invente un statut, porteuse de la mémoire de Georges.

Les entretiens s'étalent sur deux jours. Je suis accompagnée de Nelly Vaufrey, la présidente de l'Amicale des enfants des déportés de Saint-Claude, qui a organisé les rencontres et m'a amicalement ouvert sa

---

[9] Collectif, *Les Jurassiens dans les camps de concentration*, Lons-le-Saunier, Éditions Marque-Maillard, 1988.

maison. Je me rends chez Henri Lacroix dans l'après-midi du 15 mai 2015, et le lendemain, toujours avec Nelly, nous allons chez Jean Lorge, puis chez Jean Marion.

Les trois hommes connaissaient Georges Dubus. Jean Lorge et Henri Lacroix étaient au collège avec lui. Jean Marion aussi se souvient de lui, mais moins bien, car il ne fréquentait pas le même établissement scolaire. « Bien sûr, dit-il, je me souviens bien de sa mère, la directrice de l'école du Centre, tout le monde la connaissait. » Mais ce jour-là, le 9 avril, non, personne n'a vu Georges. Je cache ma déception, mais eux la sentent bien, et comme pour me consoler ils cherchent dans leur mémoire des détails à partager à propos de Georges.

Les jeunes hommes arrivent sur la place, parfois en groupes, parfois seuls, et sont immédiatement séparés des familles et des badauds par des soldats casqués et bottés, qui hurlent des ordres incompréhensibles, les carabines calées dans le creux de l'aisselle. Dans un tableau exposé au Musée de la Résistance et de la Déportation de Saint-Claude, réalisé de mémoire en 1989 par un raflé, Brando Moro, on peut voir l'ensemble de la Place du Pré et des centaines d'hommes qui forment des groupes distincts. En avant-plan, un soldat frappe un homme de la crosse de sa mitraillette.

La place rectangulaire, entourée de bâtiments et de commerces, est bien gardée, « un soldat en armes tous les dix mètres, écrit Jean Marion, et une mitrailleuse sur la terrasse du Nouvel Hôtel, face à la place[10] ». Jean Lorge et Jean Marion se souviennent que les soldats ont tiré sur les quelques personnes qui tentaient d'échapper à l'appel en se sauvant vers le Mont Bayard et la forêt qui surplombent la ville. Mais, Jean Lorge me l'a confirmé, personne n'a été touché parmi ceux qui ont fui. Les mitrailleuses tiraient des balles traçantes qui permettaient de suivre leur parcours et qui n'ont atteint que le rocher.

En décembre 2014, Nelly Vaufrey m'écrit à propos d'un curieux entrefilet de presse : la propriétaire des chaussures Auger, un magasin qui faisait l'angle de la rue du Pré et de la place du Pré, rebaptisée depuis Place du 9 avril 1944, a retrouvé, lors d'une rénovation des locaux, l'impact d'une balle tirée ce jour-là. Cette ville n'a pas fini de compter ses blessures.

Le dimanche 9 avril 1944, sur la place du Pré, les Allemands ont installé une petite table devant laquelle quelques hommes en uniforme

[10] Marion (Jean), *op. cit.*, p. 54.

sont assis. Parmi eux, Klaus Barbie. Les appelés leur tendent leurs papiers d'identité, sur lesquels les officiers jettent un coup d'œil distrait. Après un très bref interrogatoire, ils font signe aux hommes, sans aucune explication, de rejoindre l'un des trois groupes, soit sur le trottoir, soit au centre de la place. Le groupe du milieu est uniquement constitué de jeunes, et la façon étrangement inattentive dont les vérifications d'identité sont menées et dont le registre d'état civil est consulté, donne à penser à Jean Marion qu'il s'agit en fait d'une opération de sélection. Les Allemands ne vérifiaient rien du tout, me confie-t-il.

L'attente dure toute la journée. Finalement, vers 17 heures, seul le groupe des jeunes est retenu. Ils sont environ 300 qui ne rentreront pas dans leurs foyers ce soir. Parmi eux, Georges Dubus. Il cherche des yeux une connaissance dans la foule des gens qui quittent la place, il faudrait prévenir sa mère, et puis Didi qui attend à sa fenêtre. Mais seul Jean Lorge a pu voir les siens : « Je suis l'un des rares Sanclaudiens à avoir communiqué avec ma famille » m'a-t-il dit.

La brutalité des soldats ne présage rien de bon, inutile d'essayer de les amadouer. Les camarades, parmi lesquels Georges reconnaît d'anciens élèves du lycée, sont persuadés qu'ils vont tous être affectés au STO. Quelle guigne. Georges ne sent pas encore la faim ni la soif, tellement il est bouleversé. Dès que la place est vidée, des camions sont avancés pour transporter le groupe vers l'École supérieure de jeunes filles. Les jeunes Sanclaudiens passeront leur première nuit de détention sur les bancs des salles de classe. Certains lisent, d'autres ont trouvé papier et crayon pour écrire à leurs petites amies ou à leur famille des mots qu'ils laisseront dans la salle et qui seront presque tous transmis à leurs destinataires. Mais Georges n'a pas écrit. Ou bien son mot a été perdu. Georges est déjà invisible et silencieux.

Jean Marion a eu de la chance, car il a pu voir sa fiancée Fernande, qui travaille dans le bâtiment de l'école et qui lui a remis un petit colis de biscuits et de chocolats, le lendemain matin. Lorsqu'il évoque ce moment, en cet après-midi du 16 mai 2015, assis à la table de leur petite salle à manger, Jean Marion échange avec Fernande un sourire de connivence, qu'il m'explique : elle avait glissé un mouchoir dans le colis, chose si incongrue, sachant ce qui allait suivre, que nous en rions tous. La vieille dame de 97 ans, toute secouée par le rire me rappelle qu'il n'y avait de toute façon pas grand-chose à manger dans les placards, donc pour les friandises du colis, excusez du peu.

Fernande est toute frêle, les cheveux d'une couleur tirant vers le roux, très fins, qu'elle lisse de temps en temps. Ses mains sont effilées, encore belles, encore gracieuses. Elle se déplace difficilement et passe le temps de notre entretien, assise tout près de son mari, à le regarder parler. Parfois, elle l'interrompt pour lui rappeler une anecdote, et j'entends son accent jurassien bien plus prononcé que celui de son mari. Jean Marion est un homme grand et fort, au visage carré, le nez saillant, les cheveux blancs plantés sur le crâne, les yeux bleus pétillants du plaisir de parler. Ce conteur-né est un ancien ouvrier qui vit avec sa femme dans un petit appartement modeste au 3e étage d'une rue calme du centre-ville.

C'est un tel plaisir de les voir ensemble, elle qui ne le quitte pas des yeux, qui boit ses paroles, lui qui parle à grand renfort de gestes, autour de leur table chargée d'objets et de papiers sortis pour moi de leur tiroir et dont je sais qu'il va m'expliquer la provenance. De temps en temps, Madame Marion s'impatiente : « Je vais chercher les verres ? » demande-t-elle, pensant à la bouteille de champagne qu'elle tient au frais. Son mari lui fait signe d'attendre.

Jean Lorge et Henri Lacroix ne sont pas très loin, ils habitent dans le centre eux aussi. Henri Lacroix est un homme jovial au visage ouvert, le crâne lisse, des lunettes carrées encadrant un regard d'un bleu intense. Son hospitalité me remplit d'aise, et sa femme, souriante et élégante, m'ouvre leur maison spacieuse avec un réel plaisir. Je remarque sur le meuble derrière la table de la salle à manger, de nombreuses photos de famille. Madame Lacroix s'active autour de nous, puis assiste à notre entretien, heureuse de ce monde autour de sa table. Jean Lorge et Henri Lacroix, que tout le monde appelle Riri, se connaissent bien à présent, mais lorsqu'ils se sont retrouvés à l'École supérieure, la *Sup*, comme l'appelle madame Marion, ce jour d'avril 1944, ils n'ont pas été placés dans les mêmes groupes. Ils ne se reverront pas avant la fin de la guerre.

Le 10 avril 1944 à 7 heures, les bus arrivent dans la cour de l'école pour amener les détenus à la gare. Les jeunes hommes n'ont ni bu ni mangé la veille, sauf quelques rations de pain distribuées par la Croix-Rouge. Ils ont très peu dormi, et ne savent pas pourquoi ils ont été arrêtés, ni vers quelle destination on les emmène de force.

Pour Jean Marion, c'est un acte de représailles qui est surtout destiné à dissimuler l'échec des opérations militaires allemandes dans le Haut-Jura, en particulier à La Versanne. Il s'agit, écrit-il dans son livre, de

« transformer la déroute en mission accomplie pour le haut commandement du Reich[11] ». Les pertes allemandes sont en effet bien plus élevées que ne le révèle le rapport du général Pflaum. Ce dernier, en revanche, fait état de 923 « prisonniers », parmi lesquels les 302 Sanclaudiens. C'est une appellation « usurpée », dit Marion, car les 302 ne sont pas des résistants, comme veut le faire croire le chef allemand, mais des *otages*. Ce qui a eu lieu à Saint-Claude n'est pas une opération militaire, c'est une *rafle*. La ville de Saint-Claude, « centre de la logistique du maquis », va être privée de tout ce qu'elle compte de jeunesse parmi ses hommes car « les Allemands, écrit André Robert, veulent punir sa population de manière exemplaire[12] ».

Mais la population de Saint-Claude n'en a pris conscience que plus tard : au maquis, on n'a pas pensé à la vengeance, me dit Jean Lorge lors de ma visite à son domicile. Il me reçoit dans la magnifique bibliothèque d'un appartement vaste et clair, meublé avec goût et raffinement, agrémenté de beaux objets. Jean Lorge est quelqu'un qui a réussi, un notable. À 91 ans, c'est un bel homme, grand et élancé, la chevelure blanche, élégant et soigné dans sa tenue sportive. Il est celui qui semble avoir le mieux connu Georges. Il parle de lui comme d'un « gaillard, un beau type ».

Lorsqu'il monte dans le train de voyageurs avec Jean Lorge, Jean Marion et Henri Lacroix, Georges est seul. Il y a deux jours, il était avec Didi sur ce même quai de gare, libre et heureux, il était descendu du wagon en sautant à terre avant l'arrêt complet du train, s'était retourné pour attraper la main de sa fiancée, et tous deux avaient marché vers le hall de la gare du pas assuré des gens qui n'ont pas de temps à perdre. Et puis il doit repenser à la veille au soir, lorsque Jean Lugand, 21 ans, a été abattu dans la cour de l'école, à quelques pas de chez lui. Le jeune homme, bousculé et giflé par un soldat allemand avait riposté et rendu le coup, sans comprendre la portée de son geste. Il existe toujours une plaque portant son nom dans cette cour d'école.

Comment ne pas céder à la panique. Georges se sent paralysé, il n'arrive pas à retrouver un état de normalité, il est plongé dans la pure inaction.

Juste avant le départ du train, on apporte à manger aux prisonniers, une initiative de la Croix-Rouge de Saint-Claude, dont le père de Jean

---

[11] Marion (Jean), *op. cit.*, pp. 60-61.
[12] Robert (André), *op. cit.*, p. 195.

Lorge est président. Mais les colis ne sont pas distribués. Les hommes regardent les wagons dans lesquels ils s'apprêtent à monter, incrédules. Sur les voitures du train, une pancarte porte la mention *Terroristes du Haut-Jura* : « on avait déjà changé de statut » me dit Jean Marion.

Le train s'arrêtera à Dortan puis à Bellegarde, où ont été conduites 83 personnes raflées à Oyonnax le 9 avril, qui rejoindront les Sanclaudiens dans le train en partance pour Compiègne. Les prisonniers passent la nuit dans une école de Bellegarde, où les Juifs seront identifiés et sortis des rangs, puis le train repart le 11 avril au matin pour un interminable voyage de deux jours et deux nuits, vers le nord.

Avec grande émotion, Jean Marion me parle de son camarade Charles Van Geenoven dont il a reproduit une photo dans son livre-témoignage. Charles est un Juif de Belgique, dont la famille s'est réfugiée à Saint-Claude, comme les Vitorge, parce que tous travaillaient dans l'industrie du diamant. C'est à Bellegarde que les deux amis sont séparés pour toujours. Charles sera envoyé à Drancy. Il ne reviendra pas. Dès que les Juifs sont identifiés, à Bellegarde, Charles tend son portefeuille à Jean Marion en lui disant « là où je vais, je n'en aurai plus besoin ». Jean Marion me répète, les sanglots en travers de la gorge, le visage rougi, « il savait, il savait ». Tant d'années après ce cadeau d'adieu, Jean Marion pleure son ami perdu.

Le camp de la mort lente

Mal nourris, harassés de fatigue, la saleté collée au corps, encore sous le choc de ces arrestations incompréhensibles, les Sanclaudiens arrivent en gare de Compiègne le 13 avril 1944. Pris en charge par la *Wehrmacht* à la descente du train, ils sont immédiatement transférés, sous la surveillance brutale des soldats, dans le camp d'internement de Royallieu situé à l'extérieur de la ville. Ce camp, qui porte aussi le nom allemand de *Frontstalag 122*, a la particularité d'être le seul en France qui fut placé sous la tutelle directe de l'occupant dès son ouverture, en juin 1941[13]. C'est une ancienne caserne, entourée de barbelés et de miradors. Pourtant, après les dures conditions du voyage, Royallieu

[13] Husser (Beate) *et al*, *Frontstalag 122, Compiègne-Royallieu : un camp d'internement dans l'Oise, 1941-1944*, Archives départementales de l'Oise, 2008, p. 22.

revêt un aspect campagnard, reposant, avec ses bâtiments blancs, alignés en rang d'oignons, qui semblent rassurants, propres. C'est le camp, pourtant, que Jean-Jacques Bernard appelait le « camp de la mort lente », titre qu'il a donné à son livre-témoignage, publié en 1944. Prisonnier à Compiègne entre 1941 et 1942, il décrit ainsi le camp :

> Les casernes de Royallieu ont été construites sur un vaste plateau en dehors de Compiègne. C'est une suite de bâtiments blancs couverts de tuiles, bas et longs, à un étage, alignés symétriquement autour d'un vaste terrain nu. [. . .] Par-delà le réseau des barbelés et le mur de clôture, la vue s'étendait sur une vaste plaine, avec un fond de collines douces devant lesquelles on devinait l'Oise, la route et la ligne de Paris. L'air était particulièrement pur, le plateau étant constamment balayé par les vents. L'atmosphère était généralement transparente, et nous pûmes souvent, de notre prison, admirer les beaux ciels d'Île de France au-dessus des collines bleutées du matin ou rougies le soir par le soleil couchant[14].

Georges a-t-il réussi, lui aussi, à trouver du réconfort dans ce paysage ? Pendant son court séjour à Compiègne, en avril et mai 1944, 28 jours exactement, a-t-il pu se laisser distraire de lui-même ? « Un paysage n'est consolant, écrit encore Jean-Jacques Bernard, que dans la mesure où les dispositions intérieures s'y prêtent[15]. » Georges était-il « disposé » à l'apaisement ? A-t-il lui aussi entrevu le bleu profond du printemps contre le blanc des baraquements, le rouge du soleil couchant sur la campagne toute bleuie par l'air du soir ?

Ou bien n'a-t-il rien remarqué que les miradors, les barbelés et les chevaux de frise plantés sur trois rangées, et à une hauteur de plus de deux mètres pour mieux isoler les internés, n'a-t-il aperçu que les chicanes qui bloquent tout passage à 100 mètres à la ronde ? N'a-t-il entendu que les chiens féroces des gardes du camp remplissant l'espace de leur aboiement incessant ? Les dessins du camp qu'ont laissés les prisonniers sont presque tous quadrillés par les grillages. Tout paraît enserré dans les barbelés, et même les arbres qui longent les baraquements ressemblent à des barrières.

---

[14] Bernard (Jean-Jacques), *Le Camp de la mort lente : Compiègne, 1941-42*, Paris, Albin Michel, 1944, p. 62.

[15] *Ibid.*, p. 62.

Après la guerre, Royallieu fut repris par l'armée, et c'est pourquoi le site a été sauvegardé. C'est l'un des rares camps d'internement qui soit resté tel qu'il était en ce printemps de 1944. En effet, le camp de Compiègne n'a jamais été réaménagé, contrairement à celui de Drancy qui fut absorbé par l'urbanisme, converti en logements sociaux, noyé dans la grisaille ordinaire de la banlieue parisienne. Avant la construction du mémorial, en 2012, je n'y ai vu, un dimanche de pluie, que le « wagon souvenir » censé rappeler la destination des déportés, contre lequel un homme sans abri, raclant le fond d'une boîte de sardines, se protégeait de l'intempérie.

Il a fallu attendre longtemps, jusqu'en 2008, pour que le camp de Compiègne-Royallieu soit restitué à l'histoire et devienne un mémorial, mais il l'a été en entier, son intégrité préservée. J'ai donc pu retracer les pas de Georges à travers les paroles des « rentrés » qui ont témoigné et dont les mots meublent les murs des baraquements. J'ai vu les chambrées du camp A, celui des prisonniers politiques où a vécu le jeune homme, éclairées par de grandes fenêtres, des espaces désemplis et vides.

On peut imaginer, dans le silence de Royallieu, ce que furent ces lieux surpeuplés, des chambrées prévues pour 18 hommes qui en abritent 60 organisées en trois rangées de dix châlits superposés[16]. Jean Hoen, résistant de Marseille, incarcéré à Compiègne entre mars et septembre 1943, raconte que les matelas étaient faits de « paillasse en ficelle de papier que nous avions remplie nous-mêmes de paille[17] ». Il parle des conditions terribles de la vie dans le camp, de la faim permanente qui entraînait un véritable trafic de colis parmi ceux qu'il appelle les « combinards ».

Ces conditions de vie à Royallieu ne se sont pas améliorées pendant l'année 1944, malgré une présence plus importante de la Croix-Rouge. Le rythme des déportations, mais aussi des arrivées, s'accélère, et le camp, toujours placé sous l'autorité de l'administration militaire allemande, est progressivement investi par les forces de la SS. Lorsque Georges arrive à Compiègne, le camp est devenu un lieu de transit où les internements peuvent durer à peine quelques jours, comme c'est le cas pour Maxime Cottet, détenu jurassien originaire de Grandvaux, qui séjourna deux semaines à Compiègne. Avec une population de passage

---

16 Husser (Beate), *op. cit.*, p. 43.

17 Hoen (Jean), *Frontstalag 122, un camp de concentration en France*, Luxembourg, Bourg-Bourger, 1946, p. 78.

dans ce camp, il devient plus difficile d'organiser la gestion de l'espace de vie, la répartition des corvées, des rations de nourriture, et même la propreté des chambrées. Et de fait, la vie sociale du camp devient, elle aussi, plus précaire.

Compiègne étant un camp de détention pour « éléments ennemis actifs », Georges est interné avec les communistes et les résistants, mais aussi les républicains espagnols et les ressortissants de « pays ennemis ». Une partie du camp est d'ailleurs réservée aux Américains qui occupent le « camp B », le « camp A » étant réservé aux Français, y compris les raflés, les « terroristes » de Saint-Claude. Pendant une courte période, entre 1941 et 1942, Compiègne était aussi un camp pour détenus juifs qui, comme Jean-Jacques Bernard, étaient enfermés dans le « camp C », isolés des autres baraquements par des barrières et des barbelés, en attente des convois vers Drancy. Pour eux, la vie était bien plus éprouvante que pour les prisonniers politiques.

Les familles des Sanclaudiens sont rapidement informées de l'internement des raflés au camp de Royallieu. À la première page de son journal, le 12 mai 1944, Edith, qui est à Lyon, écrit « Aujourd'hui mes parents m'écrivent qu'il y avait en mairie [de Saint-Claude] la liste de ceux qui sont internés à Compiègne et cela m'a fait presque plaisir de savoir que ton nom y était. Aussi je te sais vivant, malheureux, captif, mais vivant, et tu t'en sortiras. » Ce jour-là - elle ne le saura que plus tard - les Sanclaudiens ont déjà commencé leur voyage vers l'Allemagne.

Les témoignages qu'ils ont laissés ne montrent pas Compiègne comme un « camp de la mort lente », du moins pas dans les baraquements des politiques. Henri Lacroix se souvient que la vie n'était « pas trop dure », et Jean Marion écrit « ce séjour d'un mois est surtout marqué par l'ennui[18] ». Jean Lorge me rappelle les circonstances dans lesquelles il a vécu ces quelques semaines à Royallieu et lui aussi parle d'ennui : « Il y avait des puces dans les châlits, me confie-t-il, mais autrement on nous foutait la paix. » Pas de maltraitance non plus, ni lui ni Henri Lacroix ne se souviennent d'aucun incident parmi les Sanclaudiens. Quant aux rations, Jean Lorge dit simplement que c'était « de la nourriture militaire ». Sur ce point, les témoignages diffèrent.

---

[18] Marion (Jean), *op. cit.*, p. 65.

Je demande à Jean Lorge si tous les Sanclaudiens étaient ensemble dans les chambrées, et il me répond que oui, que cela a certainement contribué à soutenir les détenus les plus faibles ou les plus démoralisés, à leur redonner espoir. Il y avait certainement une sorte d'entraide : « on retrouvait les amis, on parlait de sport, de bons souvenirs ». Peut-être Georges se mêlait-il lui aussi à ses camarades, ses anciens copains d'école, peut-être a-t-il lui aussi échangé des blagues, et s'est-il porté volontaire dans les matchs de foot entre Sanclaudiens sur le terrain en face des longues baraques blanches. C'est Henri Lacroix qui m'a parlé de ces rencontres sportives.

Mais il faut quand même se méfier de l'opinion selon laquelle les conditions d'internement à Compiègne étaient « bonnes », voire « paradisiaques » comme ont pu le dire certains détenus, comparant leur séjour à Compiègne à des « vacances[19] ». N'oublions pas que 141 prisonniers sont morts de ces « conditions » à l'intérieur du camp ou à l'infirmerie entre 1942 et 1944, ce qui n'inclut pas les fusillés, ni ceux qui ont disparu dans les bombardements ou pendant les évasions[20]. Pour les détenus, surtout les résistants arrivant des prisons où ils avaient été incarcérés, parfois des mois entiers dans l'isolement complet, il est certain que Royallieu faisait l'effet d'une « oasis dans le désert ». Mais pour les otages et raflés arrachés à la vie civile, brutalement précipités dans cet univers carcéral incompréhensible, c'était une tout autre histoire, une autre expérience.

À Compiègne, l'hygiène reste très mauvaise et les paillasses sales sont envahies par la vermine. Mais c'est surtout le manque de nourriture qui préoccupe les nouveaux arrivés : « nous avons faim », écrit Roger Jourdain qui décrit « une nourriture plus maigre encore que celle des camps [de concentration] : une soupe, ou plus exactement de l'eau chaude où nagent quelques morceaux de poireaux[21] ». Il existe bien, en dehors des denrées données chaque semaine par la Croix-Rouge, un marché noir où ceux qui peuvent payer trouvent des suppléments alimentaires, car les prisonniers ont pu conserver leur argent et leurs effets personnels. Et il y a aussi les colis qui viennent améliorer le quotidien des internés, mais qui ne sont pas distribués à tous. Le Sanclaudien Maxime Cottet qui parle également du manque de nourriture, touche un colis de la Croix-Rouge « grâce au travail aux

---

[19] Husser (Beate), *op. cit.*, p. 76.

[20] *Ibid.*, p. 67.

[21] Collectif, *Les Jurassiens*, *op. cit.*, p. 475

métaux » pour lequel il s'est porté volontaire[22]. Mais en général, la santé des détenus se détériore rapidement. Et si le règlement permet les lettres, les colis et même les visites des familles, ces privilèges ne concernent en principe que les prisonniers résidant à Compiègne depuis au moins six mois[23]. Parmi les Sanclaudiens qui ont témoigné, aucun ne mentionne le moindre contact avec les familles.

Il y eut pourtant l'histoire du « camion Laperrière ». Le fils du propriétaire de cette société de transports, Jean Laperrière, était parmi les raflés de Saint-Claude. Il fut détenu à Compiègne, puis déporté à Buchenwald d'où il rentra, en avril 1945[24]. Laperrière père avait obtenu qu'un camion puisse livrer les colis des familles destinés aux Sanclaudiens, comme le confirment les témoignages de Jean Lorge, de Henri Lacroix et de Jean Marion. Jean Lorge écrit dans son livre que les colis contenant ravitaillement et habits furent livrés le 10 mai[25]. Maxime Cottet, quant à lui, place l'arrivée du camion au 8 mai. Or, écrit Cottet, les colis « arrivent trop tard et nous n'en profiterons pas : nous sommes désignés pour faire partie d'un convoi de 2000 partants[26] ». En fait, le départ du convoi est reporté à cause d'un bombardement. Il aura lieu le 12 mai. Et les colis n'arrivent pas trop tard pour tous. Certains, comme Jean Lorge, reçoivent les leurs, qui contiennent vivres et vêtements. Habillés en civil pendant leur internement à Compiègne, les prisonniers auraient pu porter ces vêtements s'ils les avaient reçus plus tôt. En tout cas, si les colis ne sont pas distribués à tout le monde, me dit Henri Lacroix, c'est faute de temps. Georges a donc peut-être reçu celui que sa mère lui a envoyé.

Le père Laperrière a-t-il eu un droit de visite ? Rien ne peut le confirmer, mais c'est ce que Joseph Vitorge dit à Mme Dubus, la mère de Georges, qui le répète à Edith dans sa lettre du 11 mai 1944, dernier jour avant le départ des sanclaudiens de Compiègne : « Vous savez que M. Laperrière a pu voir son fils une demi-heure » écrit-elle à Edith, et elle ajoute, à propos des détenus, qu'elle appelle encore des *requis* : « il paraît d'après Laperrière toujours, qu'ils ont plutôt maigri ». La lettre entière, écrite un mois après l'arrestation de son fils, est celle d'une

[22] *Ibid.*, p. 411.
[23] Husser (Beate), *op. cit.*, p. 81.
[24] Collectif, *Les Jurassiens*, *op. cit.*, p. 620.
[25] Lorge (Jean), *op. cit.*, p. 24.
[26] Collectif, *Les Jurassiens*, *op. cit.*, p. 411.

mère folle d'angoisse, qui tente vainement de se raccrocher à d'infimes bribes d'espoir. Car elle ne sait rien, n'a aucune information, aucun mot de Georges, ni de l'administration française ou allemande. Le seul renseignement relativement fiable que lui transmet Joseph de la part de M. Laperrière est que « le départ pour l'Allemagne aurait lieu aujourd'hui ».

Dans sa lettre à Edith, Mme Dubus imagine des scénarios et rapporte des rumeurs récoltées par Joseph à la Croix-Rouge, comme par exemple des mesures en faveur des étudiants, provenant de la Kommandantur de Lyon. Elle saute sur cette « information » et affirme « maintenant plus de doute, j'attends un télégramme de Lyon ». Et puis à nouveau, le doute s'installe : « ils auront bientôt repris des forces s'ils reviennent, car ils reviennent n'est-ce pas ? »

Il n'y aura ni télégramme, ni annonce officielle, malgré les appels à la Croix-Rouge qui restent sans réponse. On a su assez tôt, au début du mois de mai 1944, que les raflés de Saint-Claude avaient été internés à Compiègne. Mais depuis, c'est un mur de silence. Une opacité épaisse s'est installée, l'absence est dévorante, et on ne sait plus rien.

Pendant des pages, tout au long des cahiers du journal d'Edith, c'est le manque d'information qui est le plus insupportable. Une *inconnaissance* qui vous plonge dans un état de souffrance absolue. Dès le début, les fausses nouvelles abondent. Le 19 mai 1944, Edith écrit : « tu es en Autriche, j'ai appris cette affreuse nouvelle par mes parents ». Puis le 24 mai, une autre rumeur : « on dit que les étudiants sont toujours à Compiègne ». Mais cette fois Edith n'est pas dupe, c'est « un nouveau bobard » dit-elle. Sept mois après la rafle, le 10 novembre 1944, Edith écrit à Georges dans son journal : « Si nous savions au moins où tu es, nous pourrions, lorsque nous pensons à toi, te situer quelque part. »

L'espoir reste fort pourtant, et entier. Le jour de son anniversaire, le 2 novembre 1944, Edith note dans son cahier « 20 ans, presqu'une vieille fille ». Elle fait des projets pour le mariage dont ils ont déjà rêvé, elle et Georges, et elle lui raconte les préparatifs pour son retour, ses chemises à coudre dans le tissu des parachutes récupérés au maquis deux mois plus tôt, des lainages à tricoter. Au fil du temps, la tristesse s'installe, il est vrai, et le second cahier n'a plus l'enthousiasme du premier, ni sa fébrilité. L'hiver s'installe à Saint-Claude, et pendant ses visites chez ses parents, Edith attend. Elle parle du bois de chauffage mouillé qui enfume la salle à manger où sa mère coud, et où elle contemple son malheur. L'écriture un peu inégale du second cahier a perdu la rondeur du premier

Edith, comme les autres, conçoit le séjour de Georges à Compiègne comme un bref épisode de guerre. Après son retour à Lyon, en avril 1944, elle va tous les jours à la gare regarder les horaires des trains en provenance de Paris, car il ne fait pas de doute qu'on ne laissera pas Georges s'absenter si longtemps de ses classes. Lorsque Léopold se présentera aux examens, il sera seul. Le 16 mai, quatre jours après le départ du convoi qui emmène Georges vers l'Allemagne, Edith écrit « mon amour, pourrons-nous un jour nous remettre de ce malheur ? »

Le grand voyage

Il est difficile de savoir si Georges a pu, même sans comprendre dans quelle spirale de folie il était happé, trouver les repères, les alliances, les appuis qui retiennent la vie par les coins. Les 28 jours que les Sanclaudiens passèrent à Compiègne ne leur permirent pas de profiter de l'organisation clandestine du camp. Les détenus du Jura étaient, pour la plupart, démunis, encore sous le choc de cette rafle dont l'injustice soulevait en eux des vagues de détresse. On les appelle des « terroristes » et des « extrémistes », et eux croient encore à une erreur administrative. Ils exigent réparation, justice, reconnaissance, certains veulent faire valoir leur sursis d'étudiants, ils attendent une intervention quelconque, de leur municipalité, de leur préfecture, de leurs établissements scolaires qui viendront mettre fin à cette incarcération abusive. Je pense que ce *décalage*, l'impossibilité de comprendre la véritable nature du camp, fut, bien plus que toutes les privations, funeste aux raflés.

Le 11 mai au soir, tous les Sanclaudiens de Compiègne savent qu'ils ont été désignés pour le convoi qui part le lendemain. La fouille a eu lieu, et les prisonniers doivent faire un paquet de leurs effets personnels qui seront, leur dit-on, acheminés séparément jusqu'au lieu de destination. Ils sont à présent en attente, internés à 100 par chambre. Le 12 au matin, chacun reçoit une boule de pain et un saucisson. Ceux qui se moquent de faire durer leurs provisions consomment tout avant le départ. Sagesse « involontaire » écrira Maxime Cottet, car ils résisteront mieux à la déshydratation. Ils ne le savent pas encore, mais pendant ce voyage infernal qui les attend, la faim sera le moindre de leurs soucis. Le véritable supplice, ce sera la soif.

La longue file des prisonniers a quitté le camp à 4 heures du matin, et se déplace à pied jusqu'à la gare de Compiègne. Sur le quai, la bousculade est scandée par les coups de crosse et les aboiements des chiens, ralentie par la fatigue des corps déjà amaigris, la faiblesse dans les muscles ankylosés par la mauvaise nuit. Devant chaque wagon de marchandise - sur lequel est inscrite la charge maximale : 40 hommes ou 8 chevaux - les détenus sont rassemblés par groupes de cent. Puis engouffrés dans l'obscurité, les uns contre les autres. C'est quand même moins d'hommes que dans les trains de Juifs qu'a vus Jorge Semprún, lui-même interné à Compiègne et embarqué dans un wagon à bestiaux pour le « grand voyage ». Car les Juifs, eux, sont entassés à deux cents par wagon, pour des voyages vers la Pologne qui peuvent durer jusqu'à huit ou dix jours, sans boire ni manger, mourant debout dans le train en marche[27]. Mais là, au départ de Compiègne, ce 12 mai 1944, on n'a jamais vu de convois, on ne sait rien des camps de concentration ou des camps d'extermination. On ne sait même pas où l'on va. On pense toujours au STO.

Les détenus sont alignés par petites unités de cinq, puis doivent se hisser dans les wagons, sous les coups des soldats. Groupes de cinq, *zu fünf*, mot d'ordre si souvent répété lors des appels dans les camps. Jean Marion secoue la tête : « on est entrés dans les wagons à coup de matraque et on en est sortis à coup de matraque ». Dans quel wagon était Georges ? Là, déjà, joue la chance. Il n'y a pas assez de place pour que chacun puisse s'asseoir, ni assez d'air, car trois des quatre petites ouvertures de chaque wagon ont été bouchées. Il faut absolument se discipliner, la survie en dépend. Dans le groupe de Jean Lorge, un ancien capitaine de l'infanterie coloniale prend les choses en main, et il instaure un tour de rôle afin que chacun puisse bénéficier de l'arrivée d'air pendant quelques minutes toutes les heures. La nuit, me raconte Jean Lorge, « il en faisait coucher 15 ou 20 pendant que les autres restaient debout. Cela a sauvé des gens. » Jean Marion et Maxime Cottet parlent aussi, dans leurs témoignages écrits, de la nécessaire gestion des mouvements à l'intérieur des wagons.

---

[27] Semprún (Jorge), *Le Grand Voyage*, Paris: Folio, 1963, p. 116.

Lorsque commencent les évasions, les wagons endommagés par les planches déplacées ou les parois découpées, sont rendus inutilisables, et les Allemands répartissent les hommes dans d'autres groupes. Dans celui de Jean Marion, 20 hommes, dit-il, viennent s'ajouter aux 100 qui s'y trouvent déjà. Bientôt, la « tinette », gros bidon placé au centre de chaque wagon, déborde, se renverse, on suffoque à cause de l'extrême chaleur et de l'air insuffisant, de l'odeur insupportable. La soif écrase les esprits jusqu'à la démence qui s'installe à la fin du second jour.

Il faut peu de temps pour broyer un homme. Les survivants parlent de ceux qui boivent leur urine, qui lèchent le métal sur les parois du wagon pour essayer de produire un peu de salive. Et tous sentent monter le délire dans les hurlements de leurs camarades, dans leurs yeux écarquillés. Certains deviennent si agités qu'il faut les restreindre par la force. Quelques hommes sont nus.

La soif est abominable. Dans les gares où passe le convoi, me dit Jean Lorge, il y avait des stations d'eau pour alimenter les locomotives, mais les supplications des prisonniers ne sont entendues par personne. Alors c'est le désordre, chacun se bat pour faire surface, pour reprendre souffle. Georges est là, qui s'accroche aux images des cascades et des trous d'eau où ils sautaient tous l'été dernier, à la fraîcheur de leurs rires qui lui coulent dans la gorge comme des glaçons. « Didi, que suis-je en train de vivre ? » Dans les wagons, la soif et la terreur donnent des nausées, retournent le ventre. La présence des camarades sanclaudiens ne réconforte plus, rien ne peut plus revigorer les corps épuisés.

Le convoi du 12 mai 1944 est le plus chargé des 16 convois provenant de France qui achemineront des détenus entre juin 1943 et octobre 1944 vers le camp de concentration *KLB* ou *Konzentrationlager* Buchenwald. Parmi les déportés du 12 mai se trouve un nombre important de civils, surtout à cause des grandes rafles du Jura, mais un nombre encore plus important de résistants.

Il existe une étude très détaillée des données quantitatives de ce convoi que l'auteur, Vanina Brière, a publiée dans le *Bulletin de la Fondation Auschwitz.* Nous pouvons ainsi connaître la composition exacte du convoi, par tranche d'âge, par profession, par provenance. Parmi les 2048 détenus qui sont enfermés dans ce train en provenance de Compiègne, 1570 sont des résistants, soit 76% de la population du convoi[28]. Les raflés constituent, quant à eux, 26% des détenus. Ils sont donc en minorité dans un groupe où les résistants sont surreprésentés. Et ces derniers possèdent un immense avantage sur les autres, ils savent ce que les raflés ne peuvent ni comprendre, ni se résoudre à accepter, qu'il n'y a rien de bon à attendre de ce transfert insensé, de la force meurtrière qui les a poussés au fond de ce wagon obscur roulant vers la mort. Certains, parmi les raflés, ont eux aussi compris l'importance de la désobéissance, et ils ont réussi à cacher des couteaux, des boussoles, autant d'outils qui pourtant ne serviront à rien et qui peuvent leur coûter la vie s'ils sont découverts. Mais qu'importe. Conserver des objets est un geste de combattant. D'instinct, Maxime Cottet dit avoir gardé « un petit agenda et un minuscule crayon » à l'aide duquel il traçait « quelques mots dans l'emplacement réduit réservé à chaque journée[29] ».

Les prisonniers du convoi ont laissé des traces de leur passage dans les gares. Les lettres jetées du train sont nombreuses, mais bien peu sont trouvées et envoyées aux familles. Dans le même convoi que Georges se trouve René Peyraud, l'intendant de l'École nationale d'industrie laitière, établie depuis le XIXe siècle à Poligny, une bourgade à quelque 70 km au nord-ouest de Saint-Claude. Les membres du réseau de résistance auquel il appartient ont été dénoncés et 17 de ses camarades ont été arrêtés avec lui. René Peyraud a conservé un calepin sur lequel il a écrit un billet à l'intention des familles des prisonniers. Il le jeta du train, sans savoir s'il serait trouvé. Il le fut, en gare de Reims, lors du passage du convoi des déportés, par un employé anonyme du chemin de fer qui rédigea ce mot d'accompagnement : « Trouver cette lettre le 12 mai 44 dans les vois de la Gare de Reims aprai le passage du train de détenus verre 15 heur en direction de l'Allemagne. » Le billet, qui contient trois signatures, parvient à la famille :

> Prière transmettre à Directeur de l'école de laiterie Poligny (Jura). Ci-joint 100 F. Merci.
> 12 mai. Sommes en route vers l'Est. Destination inconnue. Santé et moral de tous excellents. Pensons pouvoir correspondre à l'arrivée. Sont du voyage tous les Polinois capturés le 17/4 (en prévenir familles). Sont également avec nous (prévenir les parents) [...] tous les

[28] Brière (Vanina), « Les Français déportés à Buchenwald : exemple du convoi du 12 mai 1944 », in *Bulletin de la Fondation Auschwitz* 2004, n° 85, p. 82.
[29] Collectif, *Les Jurassiens*, *op. cit.*, p. 408.

> Sanclaudiens. [...] Baisers aux familles. Souvenirs et poignées de main aux amis. À bientôt[30].

René Peyraud cherche-t-il à rassurer les familles alors que les conditions du transport sont vraiment exécrables ? Il est certain en tout cas que, jusqu'à la fin, les prisonniers ne sauront absolument pas vers quel lieu d'horreur ils se dirigent. Si Georges a pu écrire un mot à sa fiancée ou à sa famille, il n'est jamais parvenu à destination.

Le train arrive au camp de Buchenwald le 14 mai 1944 au matin. Pas de gare, juste la fin de la ligne de chemin de fer, au milieu d'une forêt de hêtres. Le paysage ressemble un peu au Jura, disent certains. Situé à quelques kilomètres de Weimar, Buchenwald est le plus grand camp de concentration de l'Allemagne nazie, prévu pour les victimes de ce que l'on appelle la déportation de répression. Il ne s'agit pas d'un camp d'extermination raciale comme l'a été Auschwitz. Rien à voir avec ces « camps de la mort » comme on les a nommés, qui d'ailleurs ne sont pas des « camps », corrige l'historien Timothy Snyder, mais des usines de mise à mort, des *death facilities*[31].

À Buchenwald, le four crématoire sert à incinérer les cadavres exterminés par d'autres moyens que les chambres à gaz, car ici, il n'y a pas de « sélection », en tout cas pas pour une mort immédiate. Mais la mort est là. Lorsqu'ils passent devant ces cheminées, en arrivant au camp, aucun des Sanclaudiens ne se pose la question de leur usage, c'est du moins ce que les « rentrés » m'ont affirmé. Comment auraient-ils pu se l'imaginer ? Les déportés passent aussi devant la devise du camp inscrite sur le portail d'entrée : « À chacun son dû », *Jedem das Seine.* Phrase sinistre qui n'a aucun sens que celui de rejeter sur l'homme écrasé le poids de son écrasement. Il s'agit de faire travailler jusqu'à l'épuisement total, dans le froid, la faim et la maladie, jusqu'à l'abattement, jusqu'à ne plus se relever.

Depuis le portique de l'entrée, qu'on appelle la « tour », on domine le camp. Jean Hoen, qui fut déporté à Buchenwald après son séjour à Compiègne, le décrit ainsi :

---

30 Ce document m'a été communiqué par Mme Nelly Vaufrey, belle-fille de René Peyraud.

31 Snyder (Timothy), *op. cit.*, p. 207.

> En face, à droite et à gauche, c'est-à-dire dans la partie la plus malsaine, s'élevaient les *blocks* servant d'habitation aux internés, et comme une pente assez rapide descendait de chaque côté de cette hauteur, tous les bâtiments se trouvaient comme étagés. Dans le lointain, à l'horizon, lorsque le temps le permettait, des monts assez élevés apparaissaient[32].

Jean Lorge passe au présent de l'indicatif pour continuer le récit de son arrivée au *KLB*, la main ouverte devant lui : « Le train s'arrête en pleine forêt, et les Allemands crient pour que tout le monde descende, mais il n'y a pas de quai ! » Jean Marion, lui, prononce simplement cette phrase : « Ils ont ouvert les wagons, c'était quelque chose d'impensable. » Il est envahi par l'émotion, les larmes lui montent aux yeux, le souvenir s'abat sur lui avec la violence d'une lame de fond. Nous cessons de parler.

C'est Jean Lorge qui me raconte la scène à l'ouverture des portes du wagon :

> Ceux qui étaient valides sautaient, les moins forts tombaient et les Allemands les relevaient à coup de pied. Il y avait les chiens. Ceux qui étaient fous se sauvaient dans la forêt et les Allemands les tuaient.

Coups de matraque, coups de fusil, exécution de ceux qui sont trop faibles pour tenir debout après avoir été poussés hors du wagon. Jean Marion me parle aussi de l'exécution des « fous » comme Charles Aubert, abattu pour avoir « mis un marron » à un SS en descendant du train. Il y eut un autre homme, dont je n'ai pu retrouver la trace, l'ancien patron de Jean Marion qui, dans un élan de fuite insensé s'est emparé de la moto d'un Allemand. 32 morts sont sortis du train, sans compter ces deux-là. Déshydratés, terrorisés, nus, les hommes qui sont tombés du train se relèvent. Ils voient les barbelés qui entourent le camp et derrière, « des gars en costume de bagnards » raconte Jean Marion, squelettes au regard vide que Robert Antelme a appelés les « zébrés » dans *L'Espèce humaine*[33], le récit de son internement à Gandersheim, l'un des *Kommandos* dépendants de Buchenwald, publié en 1957.

Ce moment de l'arrivée au camp, plus que la marche de la mort en juin 1945, plus que les pires privations de la détention, marque la

---

[32] Hoen (Jean), *Frontstalag 122*, *op. cit.*, p. 37-38.
[33] Antelme (Robert), *L'Espèce humaine*, Paris, Gallimard, 2015, p. 33.

mémoire par sa brutalité inconcevable, et provoque le désarroi complet, un choc qui cause un blocage immédiat de la parole. Jean Marion, le conteur-né, est à court de mots : « on a beau raconter » me dit-il en se tapant la poitrine sans finir sa phrase, pour me faire comprendre combien il est difficile de faire comprendre, impossible en fait. Voilà pourquoi les « rentrés » furent nombreux à préférer le silence. Épuisement des mots, fuite du sens, fin du sens. Je pense à ceux qui, au même moment que lui, arrivent dans l'autre camp, dont parlait Primo Levi, celui des Juifs :

> Les gens désespérés et désorientés épuisés par le voyage, dépourvus de résistance, au moment critique où ils débarquaient du train, quand chaque arrivant se sentait au seuil de l'obscurité et de la terreur d'un espace non terrestre[34].

Et j'ai la conviction que c'est à ce moment-là, accroupi pour sauter du train dans le vacarme des schlagues des soldats et des hurlements des chiens, que Georges a perdu espoir.

Mais par un retour cynique de l'espérance, devant ces 2000 prisonniers assoiffés, déshydratés, qui descendent du train, sur la place d'appel, d'énormes baquets d'eau sont disposés, apportés par les détenus, et le groupe entier s'y précipite dès que l'ordre en est donné. Selon le témoignage du déporté Georges Decarli, recueilli par Vanina Brière, ce baquet d'eau avait été dépêché grâce à l'organisation clandestine du camp[35].

Les plus robustes et les plus rapides se jettent, plongent, certains remplissent des chapeaux ou des chaussures pour aller plus vite, on se bat pour garder sa place et boire sans interruption, jusqu'au débordement, sans respirer, jusqu'à la limite de l'anhélation. L'eau est rapidement souillée, Jean Marion se souvient de sa couleur brunâtre et de l'épisode de dysenterie qui s'ensuivit.

Plus tard, les déportés doivent se mettre nus et sont entièrement passés à la tondeuse, au bac de crésyl, puissant désinfectant qui leur arrache la peau, puis à la douche et enfin sont amenés devant la pile des défroques rayées : « je touche la tenue 'standard' » écrit Jean Marion. Celle-ci comprend le pantalon, le calot, les « claquettes » de bois,

---

[34] Levi (Primo), *Les Naufragés et les rescapés*, Paris, Gallimard, 1986, p. 51.
[35] Brière (Vanina), art.cit., p. 93.

galoches pourvues d'un morceau de toile qui tiennent lieu de chaussures, et « la veste avec un numéro de matricule et un triangle rouge frappé d'un F parce que je suis censé être un déporté politique et que je suis français[36] ».

Tous les récits des déportés racontent ce « dépouillement », le déshabillage humiliant et dégradant, et la tonte qui est vécue comme une véritable dépossession de l'individualité : « les derniers signes identitaires s'entassent sur le sol, l'entreprise de déshumanisation se précise » écrira Jean Marion[37]. C'est en effet la tonte, après la carence alimentaire, qui donne à tous les déportés le même visage d'automate creusé par des orbites disproportionnées, le même corps de pantin. Encore utilisé de nos jours comme une forme de torture[38], le rasage forcé est une dégradation terrifiante et, pour les hommes nus ainsi privés de leur système pileux, il est l'instrument symbolique d'une terrible émasculation publique.

Alors je me pose la question : de quel épuisement, de quel abandon, de quelle faim meurt-on lorsqu'on n'a pas encore 20 ans à Buchenwald ? Certains, parmi les plus robustes, les plus athlétiques et les plus jeunes, se sont effondrés dès l'arrivée du train. C'est ce que m'a dit Jean Lorge, et les deux autres Sanclaudiens l'ont confirmé : les grands, les forts, les vigoureux ne résistaient pas aussi bien que les « petits gabarits ». Henri Lacroix me raconte que sa petite taille lui a permis d'économiser ses forces, à Buchenwald.

Affecté à la construction d'une ligne de chemin de fer, il fait partie d'un groupe de détenus qui doit apporter les rails sur la voie ferrée : « Comme j'étais petit, lorsqu'on transportait les rails à sept ou huit, parfois je ne portais rien » me dit-il avec un sourire malicieux. En fait, Henri Lacroix avait conçu une sorte de « guide de la survie au KLB » : tout faire pour travailler le moins possible, être toujours en mouvement pour donner le change, tâcher de se reposer en travaillant, dormir le plus possible. Mais il le reconnaît lui-même, la maladie ne l'a pas affaibli, et il a eu de la chance, il en fallait beaucoup. Plus que sa petite taille, c'est je pense sa capacité d'élaborer un plan, sa théorie sur la technique de « tenir le coup » qui lui ont sauvé la vie.

---

[36] Marion (Jean), *op. cit.* pp. 74-75.

[37] *Ibid.*, p. 73.

[38] Voir Herzig (Rebecca) *Plucked : A History of Hair Removal*, New York, NYU Press, 2015, pp.1-10.

Dans les camps d'extermination comme Auschwitz, vers lesquels étaient acheminés les Juifs arrêtés en France « par mesure de persécution », on sait que le taux de survie était d'environ 3%. Pour ainsi dire, aucune chance. En revanche, 60% des déportés arrêtés en France « par mesure de répression » et enfermés dans les camps de concentration comme Buchenwald, survivront. Statistique terrible en soi, mais différence essentielle. Georges avait une chance assez bonne de s'en sortir.

Bien sûr, Buchenwald avait ses pendus quotidiens, comme ceux du tunnel de Dora qu'on laissait accrochés toute la journée, raconte Jean Lorge, pour que les équipes de déportés puissent défiler devant eux. Buchenwald avait aussi ses mourants, ceux qu'on appelle les « musulmans », et ses transports vers les *kommandos* dont on ne revenait pas vivant. « Buchenwald avait son enfer », dit David Rousset dans son livre *L'Univers concentrationnaire*, publié quelques mois après sa libération du camp de Neuengamme. Il ajoute que « entre ces camps de destruction et les camps “normaux” il n'y a pas de différence de nature mais seulement de degré[39] ». Pourtant, s'il appartient au même univers concentrationnaire que tous les autres camps, à la même logique d'extermination, Buchenwald n'est pas, comme Auschwitz-Birkenau, une usine à génocide.

Pour le convoi du 12 mai, le taux de survie est un peu plus faible que la moyenne, 53%. Mais l'étude quantitative de Vavina Brière révèle que la mortalité dépend des motifs d'arrestation. Ainsi, écrit l'historienne, « 60% des déportés de Saint-Claude n'ont pas survécu à l'enfer de Buchenwald et de ses *kommandos* annexes alors que pour les personnes qui entrent dans la catégorie de la résistance organisée, cette donnée est de 29,3%[40] ». Immense déséquilibre dans l'espérance de vie au camp, entre les jeunes hommes raflés, arrachés à la vie civile, pour beaucoup des étudiants sans aucune compétence manuelle, qui n'ont connu des privations de la guerre que les tickets de rationnement, et les résistants, dont un grand nombre d'ouvriers qui sauront s'adapter, s'orienter, et auront les savoirs et les techniques nécessaires à la survie dans ces conditions carcérales extrêmes.

Les résistants sont des hommes aguerris qui appartiennent à des réseaux organisés, qui se sont battus dans les maquis ou dans les villes,

---

[39] Rousset (David), *L'Univers concentrationnaire*, Paris, Fayard/Pluriel, 2011, p. 57.
[40] Brière (Vanina), art.cit., p. 99.

qui sont disciplinés et solidaires. Et ceux-là savent le pourquoi de leur arrestation, ils peuvent y trouver une logique et donc se préparer aux représailles. Certains sont arrivés à Compiègne, puis à Buchenwald, après des mois de prison, parfois après des traitements éprouvants, l'isolement, la torture, les privations. Physiquement affaiblis par ces expériences, ils sont paradoxalement plus robustes dans l'environnement du camp, plus aptes à s'organiser pendant leur internement, à mettre à profit leur connaissance du combat, à créer des réseaux d'information, de lutte et d'entraide. À Compiègne, dans cet espace-temps vide marqué pour beaucoup par l'ennui, les résistants qui faisaient partie du convoi du 12 mai s'étaient regroupés et, à l'instar des prisonniers communistes, ils s'étaient mobilisés, partageant des expériences, créant des liens qui allaient plus tard s'avérer indispensables. Temps important, vital, que les autres prisonniers avaient perdu à Compiègne, qu'ils avaient gaspillé, en regardant la plaine et en songeant à leur malheur. Georges ne savait pas ne pas perdre son temps.

Lorsque je pose à Jean Lorge la question de la résistance à Buchenwald, il me précise simplement que le camp était « entre les mains des communistes » et que « ceux qui étaient communistes restaient à Buchenwald, ils ne partaient pas dans les *kommandos* », bénéficiant ainsi, selon lui, d'un meilleur traitement que les autres. Pour lui comme pour Jean Dupin, un autre Sanclaudien qui a laissé un témoignage non publié[41], les communistes constituent un groupe de privilégiés.

Il est vrai que les communistes allemands, extrêmement soudés, organisés et persévérants, avaient réussi à obtenir des postes-clés dans le camp. Selon David Rousset, tous les détenus, d'une façon ou d'une autre, et souvent à leur insu, bénéficiaient de leurs actions[42]. De toute façon, si elle était réelle, l'influence de ces prisonniers communistes, les « triangles rouges », était bien préférable à celle, brutale et mafieuse des « droits communs », les « triangles verts ». C'est du moins l'opinion de Jean Dupin, pour qui « à Dora, les rouges n'ont jamais réussi à supplanter les verts et nous n'y avons sans doute pas gagné[43] ».

---

[41] Dupin (Jean), *Ma déportation*, non publié, 7 avril 2015. Ce texte du déporté sanclaudien m'a été remis par Mme Nelly Vaufrey.
[42] Rousset (David), *op. cit.*, pp. 167-168.
[43] Dupin (Jean), *op. cit.* p. 19.

Charles Mandelbaum, résistant juif qui fut déporté à Buchenwald par le convoi du 15 août 1944, et dont il sera question plus tard dans ce récit, a également parlé de l'aide qu'il a reçue des communistes allemands, sans laquelle il est certain qu'il n'aurait pas survécu. Enfin, dans un livre publié à la fin de la guerre et méticuleusement détaillé, Eugen Kogon, lui aussi déporté à Buchenwald, écrit : « Les services rendus par les communistes aux prisonniers des camps de concentration ne seront jamais trop appréciés[44]. »

C'est pourtant une opinion qui est loin de faire l'unanimité.

Avec l'appui des communistes allemands, s'est créé, en juin 1944, le Comité des intérêts français (CIF), organisation clandestine dont les actions touchaient l'ensemble des résistants à Buchenwald, comme le démontre clairement l'historien Olivier Lalieu dans son livre *La Résistance française à Buchenwald*[45]. La polémique qui perdure et que l'historien aborde avec prudence et circonspection, concerne les affectations des détenus dans les *kommandos* extérieurs, dont certains étaient extrêmement meurtriers, ce que les déportés apprenaient dès leur arrivée. Or, les listes de déportés destinés à ces transports étaient établies par le bureau de l'*Arbeitsstatistik*, dont les responsables étaient des détenus appartenant à la Résistance. Il leur était donc possible de manipuler les listes, comme l'avaient deviné Jean Lorge et Jean Dupin. Un repérage préalable des détenus ciblés dès leur arrivée au camp se faisait en effet dans le but de leur éviter certains convois et de consolider ainsi les effectifs des résistants[46].

Ces « sauvetages » n'étaient pas destinés à sauver des vies, rappelle aussi Lalieu, puisque les listes devaient contenir le nombre exact de détenus réclamés par les SS pour les transports. Il s'agissait donc d'une *substitution* de noms, « d'une vie remplacée par une autre[47] ». Mais ce choix impossible de sauver un prisonnier par le sacrifice d'un autre n'était rendu possible que par la terrible logique des camps. Pour l'historien, l'action des responsables du CIF sur la composition des listes restait de toute façon très limitée. Georges Dubus, comme une multitude d'autres détenus, ne figurait sur aucune liste de *Kommandos*, mais ne bénéficiait pas non plus d'un quelconque privilège.

---

44 Kogon (Eugen), *L'État SS*, Paris, Éditions de la jeune Parque, 1993, p. 345.

45 Lalieu (Olivier), *La Résistance française à Buchenwald*, Paris, Tallandier, 2012, pp. 134-183.

46 *Ibid.*, p. 190.

47 *Ibid.*, p. 206.

Il existait aussi une résistance quotidienne nullement organisée, due à des initiatives individuelles, impossibles à comptabiliser. Ainsi, les sabotages, dans les ateliers de fabrication d'armes de guerre de l'usine souterraine de Dora, ralentirent la production des missiles V2 destinés aux bombardements contre la population civile[48]. Jean Lorge parle dans son livre de la participation des détenus de Dora affectés à la construction des ailerons des fusées, « à un contre-effort de guerre de l'industrie allemande » qui consistait en des sabotages ponctuels, bien que très dangereux, car s'ils étaient découverts par les SS, les déportés risquaient la pendaison[49]. Jean Marion parle aussi des machines qu'on « laissait tomber en panne ».

Parmi ces initiatives, le « perruquage » avait lieu à assez grande échelle dans l'usine du *Kommando* de Schönebeck, à quelque 200 km de Buchenwald, où Jean Marion était affecté : « Il s'agit, écrit-il dans son livre, de détourner de la matière première pour faire des objets utiles à notre ordinaire[50]. » Au départ, l'un des déportés avait dissimulé des plaques d'aluminium et fabriquait des gamelles « pour que chaque déporté de notre baraquement en possède une[51] ». Mais rapidement, le perruquage devint plus « artistique ». Lors de ma visite à Saint-Claude, Jean Marion m'a montré avec fierté tous les objets qu'il avait confectionnés et qu'il avait réussi à conserver. Parmi eux, une magnifique tête de chien sculptée dans une pièce de métal dérobée dans l'atelier d'emboutissage du *Kommando Julius* (qu'il prononce à l'allemande, « Roulious »). Ces objets étaient souvent échangés avec les civils des ateliers contre des vivres, et les SS, conscients qu'ils pouvaient eux-mêmes profiter de ces productions clandestines, effectuaient des fouilles sans faire cesser ces activités. Mais pour Jean Marion, le perruquage était surtout une façon de lutter contre le désespoir.

C'était aussi une marque d'entraide entre les détenus qui purent profiter des avantages du troc d'objets ainsi confectionnés. Car la solidarité existait. Dans son livre, Jean Marion mentionne les deux communistes qui l'ont soutenu pendant son internement, et Henri Lacroix m'a confié qu'un prisonnier lui avait fait cadeau d'une paire de souliers en cuir, un véritable trésor pour qui devait se contenter des

---

[48] *Ibid.*, p. 264-65.
[49] Lorge (Jean), *op. cit.*, p. 62.
[50] *Ibid.*, p. 101.
[51] *Ibid.*, p. 96.

« claquettes » remises aux détenus à leur arrivée. Ces souliers furent pourtant volés quelques heures plus tard car, me dit l'ancien déporté en hochant la tête, « Il fallait mettre le pain dans la bouche pour qu'on ne le vole pas ». Jean Dupin se souvient aussi de l'infirmier anonyme qui sauva la vie d'un détenu en obtenant son affectation à un *kommando* autre que celui qui lui était destiné.

La fabrication de gamelles pour les camarades, le don de souliers, le partage, l'intervention en faveur d'un autre, ces actes de générosité, complètement anecdotiques et aléatoires, et donc sans valeur historique, ont-ils un sens, ou bien ne font-ils qu'alimenter de banals stéréotypes d'héroïsme arbitraire ? C'était, me disait Jean Marion, coupant court à toute discussion, non pas pour être généreux ou brave, mais « pour rester humain ».

Est-ce aussi pour rester humain qu'il y eut de rares actes de soutien venant des civils allemands lorsque les déportés étaient envoyés en *kommando* travailler dans les complexes industriels qui trouvaient de la main-d'œuvre gratuite parmi les concentrationnaires ? Je retiens une seule anecdote : un jour à Gandersheim, le civil allemand qui commande le groupe de détenus dont fait partie Robert Antelme s'approche d'eux. C'est un homme taciturne, la quarantaine. Soudain il s'adresse aux prisonniers et prononce un seul mot, « *Langsam* ». C'est tout, pas un sourire, pas un échange de regards, pas de connivence, rien. Il dit aux hommes de travailler *lentement*. Et cette scène est décrite par l'écrivain pour donner à lire la stupéfaction totale des détenus devant cet ordre : « ce qu'il venait de dire, explique Antelme, suffisait à l'envoyer dans un camp et à en faire un rayé comme nous, qui sommes ici pour travailler et crever[52] ». Le *Langsam* n'existe pas dans le camp. Il n'y a pas de travail lent, seul le temps est lent. Il y a l'attente, l'immobilité debout lors de l'appel, et puis il y a les cadences infernales du travail. Mais pas de *Langsam*.

Cela dit, aucun des Sanclaudiens que j'ai interrogés n'a mentionné l'existence d'un collectif de résistance à l'intérieur de leurs *kommandos*. Lors de notre entretien du 15 mai 2015, Henri Lacroix me dit qu'il n'a vu aucune organisation clandestine dans le camp. Ce témoignage vient conforter l'idée que la résistance à Buchenwald est restée un phénomène extrêmement marginal, comme le souligne Olivier Lalieu. L'historien affirme que « pour la grande majorité des

---

[52] Antelme (Robert), *op. cit.*, p. 62.

déportés, la résistance n'a pas existé[53] ». Pour Henri Lacroix, comme pour beaucoup d'autres, en effet, le quotidien du camp était ailleurs. Le vieil homme me sourit gentiment quand je lui demande alors comment il occupait son temps pendant les brefs moments d'arrêt du travail, accusant ainsi la naïveté d'une telle question : « on rentrait, on mangeait, on faisait un peu de toilette et on dormait. Pour reprendre des forces. La sagesse nous commandait de faire comme cela », me dit-il.

Je ne peux cependant me défaire d'un sentiment de malaise. Quand j'essaie d'en savoir davantage sur le sujet de la Résistance et de son organisation à Buchenwald, Henri Lacroix se tait. Il n'en dira pas plus sur ce sujet. Les autres aussi se ferment à mes questions. Je n'insiste pas et sur mon appareil enregistreur, j'appuie sur « pause ». Puis on passe à autre chose.

Mains sur un mur

À l'arrivée, les Sanclaudiens sont entassés dans le « camp des tentes ». C'est un emplacement en contrebas du petit camp, un camp dans le camp, qui sert de lieu de quarantaine « sanitaire » et de « centre de triage permettant, en fonction de nos savoir-faire, de nous répartir dans les commandos spécialisés » écrit Jean Marion[54].

Pour remédier au manque d'espace dans le petit camp, constitué lui-même de baraques qui sont en fait des étables à chevaux, cinq tentes sont installées, pouvant abriter chacune 200 hommes, soit 1000 personnes au total. Jean Lorge m'explique que l'on avait simplement déployé ces chapiteaux « comme des tentes de cirque ». Or, même ce camp de fortune est surpeuplé, et un rapport mentionné sur le site du Mémorial de Buchenwald parle de sept ou huit mille détenus dans le camp des tentes en été 1944.

Aucun aménagement matériel n'est prévu pour les arrivées massives comme celle du convoi du 12 mai. Jean Lorge me dit que sous les tentes, il n'y avait rien, ce qui rendait le terrain boueux et le couchage impossible. On y avait donc étalé des branchages pour ne pas s'allonger à même le sol : « Quelques jours après notre arrivée, me dit-il, il est

[53] Lalieu (Olivier), Musée de la Résistance et de la Déportation du Cher, http://www.resistance-deportation18.fr/?article184.
[54] Marion (Jean), *op. cit.*, p. 78.

tombé de la neige. On pataugeait là-dedans avec nos claquettes. Les maladies n'ont pas tardé. Tout était fait pour que l'on disparaisse le plus rapidement possible. »

Rien n'est organisé dans ce camp des tentes, absolument rien. L'entassement au *Waschraum* et à la fosse qui sert de latrines favorise les épidémies, pourtant redoutées par les Allemands et contre lesquelles on vaccine tout le monde. Et dans ces conditions, même le repos est impossible : « Nous devons dormir, écrit le Sanclaudien Roger Jourdain, faute de place, encastrés les uns dans les autres avec les jambes du voisin supérieur sous vos épaules et dans les reins les nœuds des fagots[55]. »

Cette mise en quarantaine, on l'a bien compris, est une épreuve destinée à briser les hommes. Dès le premier jour, on lutte contre la saleté, la boue permanente qui colle à tout, la désorientation. Et rien n'est anodin. Sur quels branchages on se couche, et près de qui, tout cela compte.

Je me demande si Georges Dubus a eu le temps de chercher un secours qui aurait pu être juste un regard, une main qui l'aurait tenu au bord du vide, ou s'il a trop vite sombré, incapable de suivre la cadence infernale des appels, des inspections, des coups, des hurlements, des réveils au pas de course, de l'épuisement général, quand tout lâche. Car lui, le jeune homme paisible aux yeux clairs est dévasté par la fatigue, la faim et la peur. La faim, qui le hante depuis Compiègne, la torture des heures lentes de l'attente, et la nécessité de se battre pour survivre, pour obtenir une gamelle, une « *miska* sale, écrit David Rousset, où des dizaines ont déjà mangé, et peut-être que l'un d'eux a pissé dedans[56] ».

Le premier jour ont lieu les démarches administratives. Tous les témoins racontent ce moment : une fiche d'entrée au camp est établie, qui comprend nom, prénom, date et lieu de naissance, profession, nationalité, numéro de matricule du déporté, motif de l'arrestation, et date d'arrivée au camp. C'est grâce à ces fichiers de l'administration concentrationnaire que j'ai pu retrouver les données concernant Georges Dubus, sous le numéro matricule 52187[57]. On demande aussi aux déportés le nom et l'adresse de la personne à prévenir en cas de décès. Bien évidemment personne n'est jamais prévenu. Cette

---

[55] Collectif, *Les Jurassiens*, *op. cit.*, p. 480.

[56] Rousset (David), *op. cit.*, p. 142.

[57] *Fichiers originaux d'entrée aux camps de Buchenwald et Mauthausen*, 1943-1945, Archives nationales, Paris 2009.

administration préposée à l'état civil est la *Schreibstube.* David Rousset explique qu'elle est aussi responsable de la fiche anthropométrique du prisonnier, de la mention des maladies, de leur durée, et des départs en transport, la répartition des prisonniers dans les *kommandos* de travail restant la tâche de l'*Arbeitsstatistik.*

Dans le camp des tentes, au milieu des ronces et des branchages, les détenus travaillent peu ou pas, sauf certains qui doivent accomplir des corvées, comme, par exemple, rapporter des cailloux depuis une carrière située près du camp. On y attend le « transport », et les rumeurs circulent qui ne servent qu'à alimenter la peur. Jean Lorge me raconte qu'à leur arrivée à Buchenwald, les anciens détenus les préviennent : « on vous souhaite de ne pas aller à Dora ». Car c'est de là, leur dit-on, qu'arrivent des camions remplis de cadavres destinés aux fours crématoires. Jean Hoen, dans son témoignage, raconte que ses camarades « ont vu décharger, d'un camion venant de Dora à l'entrée du crématoire plusieurs dizaines de morts et cela plusieurs fois par semaine[58] ».

Dora, camp satellite de Buchenwald jusqu'en octobre 1944, est un *kommando* meurtrier, dit-on aux Sanclaudiens : les détenus doivent creuser un réseau de tunnels qui s'étend sur des kilomètres et forme une énorme usine souterraine fabriquant les armes secrètes de guerre, comme les fusées V1 et V2. C'est en réalité un travail extrêmement pénible, surtout dans des conditions d'une rare brutalité, sans repos, presque sans nourriture, sans boire : « Ils mouraient d'épuisement » dit Jean Lorge. Entre août 1943 et avril 1944, les déportés de Dora ne sortent pas du tunnel : « ils dorment dans des « cases » formées de chevrons de six mètres de haut, sur 4 niveaux, avec 32 détenus par case » écrit Roger Jourdain. Chaque jour, le camion des morts fait l'aller-retour entre Dora et le KLB, et « Buchenwald fournit la main-d'œuvre à la demande[59] ».

Or, c'est bien vers Dora, « la mangeuse d'hommes », que beaucoup de Sanclaudiens seront transférés. Jean Lorge parle de la chance qu'ont eue les déportés de son *kommando,* qui étaient pourtant affectés au camp de Dora : « on est arrivés au bon moment, quand les tunnels avaient été creusés ». Il n'en reste pas moins que la mortalité est très élevée à Dora où 72% des déportés du convoi du 12 mai qui y travaillent

[58] Hoen (Jean), *op. cit.*, p. 179.

[59] Collectif, *Les Jurassiens, op. cit.*, p. 491.

trouveront la mort, contre « seulement » 15% à Bergen-Belsen[60]. Jean Lorge y est envoyé après un passage au camp de Wieda, et y restera jusqu'à la libération du camp. Il travaille à l'intérieur du tunnel où il est soudeur : « Encore de la chance, me dit-il, dans le tunnel la température était meilleure ! » Jean Lorge, à chaque étape de sa déportation, se dit vraiment fortuné, et me confie qu'il se sentait protégé. C'est un homme croyant, confiant dans ce qu'il voit comme son destin.

Parmi les Sanclaudiens, ceux qui sont « loués » aux entreprises locales bénéficient souvent de traitements un peu moins inhumains que ceux qui travaillent dans le camp. C'est le cas de Jean Marion, affecté à l'atelier de presse de Schönebeck. Les « spécialistes », c'est-à-dire les techniciens ou les ouvriers qualifiés, ont une meilleure chance de survie que les autres, et Jean Marion l'a su dès son arrivée. Le mari de sa grand-tante, arrêté à Lons-le-Saunier et déporté quelques semaines avant lui, a réussi à le retrouver au petit camp et l'a bien renseigné. Cet homme est un Russe blanc, interprète à l'hôpital, ce qui lui a permis non seulement de se déplacer dans le camp mais aussi d'avoir accès aux rations supplémentaires : « C'était un malin, me dit Jean Marion, celui qui dit "je vais m'en sortir". » Cet oncle connait bien le fonctionnement du camp : « Quand ils te demanderont, dis que tu es mécanicien » conseille-t-il à son neveu.

Jean Lorge n'a compris que trop tard son erreur quand on lui a demandé sa profession : « On aurait dû tous dire mécanicien, tourneur, mais étudiant c'était la pire réponse » me dit-il. C'est sûrement aussi cette « pire réponse » qu'a donnée Georges Dubus lors de son interrogatoire. Jean Lorge, comme de nombreux autres prisonniers du convoi du 12 mai, rejoint Dora au début du mois de juin.

La liste des déportés de ce convoi, que l'on trouve dans le *Livre mémorial* de la *Fondation pour la mémoire de la déportation*, reste incomplète, mais elle nous donne de précieuses informations. Depuis 1996, sa fonction est de « recenser tous les déportés partis de France, arrêtés par mesure de répression ». Ce livre mémorial permet en particulier de rechercher les listes de départ des transports vers les camps de concentration par date de convoi et aussi par camp de destination.

Sous le nom de Georges Dubus, il n'y a aucune indication de son parcours après l'arrivée au KLB. Il semble qu'il ait été parmi les 129

[60] Brière (Vanina), art.cit., p. 96.

Sanclaudiens qui sont restés au camp principal. J'en aurai bientôt la confirmation. En tout cas, personne ne l'a vu, personne, parmi les « rentrés », ne sait avec qui il était. Non, me répètent les anciens déportés, nous n'avons jamais croisé Georges Dubus, ni à Compiègne, où pourtant, les Sanclaudiens vivaient en communauté, ni plus tard dans le camp des tentes, ni dans les *kommandos*. Il est partout absent. On n'en garde aucun souvenir.

Je me tourne alors vers le journal intime d'Edith, cette correspondance à sens unique, adressée à Georges entre le 12 mai 1944 et le 1er juin 1945. J'y cherche la trace du jeune homme, une preuve de vie à un moment de son internement, j'essaie de trouver une présence cachée derrière des mots jetés sur le papier, une conversation rapportée, une rumeur. Mais Edith et Léopold, qui finissent l'année universitaire à Lyon alors que les raflés sanclaudiens sont déjà partis pour Buchenwald, ne savent rien.

Le 20 mai 1944, Edith croit que celui qu'elle appelle « mon grand mari chéri » est en Autriche, c'est du moins ce que lui a dit son père. Elle apprend aussi, et cette information est correcte, que « pour je ne sais quelle raison, vous avez été mis en quarantaine ». Le 28 mai, elle retourne à Saint-Claude avec son frère, espérant avoir des nouvelles fraîches, mais y passe quelques jours vides, distraite par la présence de plus en plus visible du maquis, qui est descendu à Saint-Claude. Le retour à Lyon, le 31 mai, est éprouvant. La milice a contrôlé ses papiers, et elle a eu très peur. L'été 1944 s'annonce triste.

Pourtant, le 6 juin à 11 heures du matin, l'information tombe, inexacte, et elle se précipite sur son cahier : « Mon amour chéri, ce matin un grand espoir - les Anglais ont débarqué au Havre. » Son journal s'arrête ce jour-là et ne reprendra qu'en octobre 1944. Edith, dans l'intervalle, a rejoint le maquis.

Jusqu'à la dernière entrée de son journal, datée du 1er juin 1945, elle attendra le retour de Georges, et le récit de ses sentiments est ponctué par les nouvelles de l'extérieur, les maladies, les soirées et les anniversaires, la guerre et l'avancée des Alliés. Le 3 mars 1945, elle écrit : « Les Boches évacuent les prisonniers, ils les font marcher à pied, c'est affreux. » Elle fait allusion à l'évacuation forcée des camps entre janvier et avril 1945, dont on commençait à parler autour d'elle en ce mois de mars. À Buchenwald, la « marche de la mort » débutera le 3 avril, et sera suivie par l'évacuation des *kommandos* annexes.

« Maintenant, écrit Edith le 8 avril 1945, je suis sûre que tu liras ces lignes. J'attends d'entendre que les prisonniers de Weimar sont délivrés. » Elle ne sait toujours rien des camps - celui de Buchenwald sera libéré quelques jours plus tard - ni en fait, de la déportation. Le 13 avril 1945, juste après la date anniversaire de la rafle de Saint-Claude, elle écrit :« Aujourd'hui m'apporte la nouvelle que Weimar est pris. Mon Jojo, tu es délivré. »

Dix jours plus tard, le 23 avril, elle prononce pour la première fois le nom du camp : « J'entends tous les jours le récit des atrocités de Buchenwald. » Mais elle n'écoute que les nouvelles à propos des déportés qui commencent à rentrer. Le lendemain, elle reçoit une lettre de Roger, le frère de Georges, et elle écrit dans son journal « un de tes copains est délivré, nous avons des nouvelles sûres de toi ». Dans sa joie, elle va cueillir un brin de muguet pour marquer la page.

Ce mot de Roger, Edith l'a gardé. Le « copain » dit avoir vu Georges « à Compiègne, puis à Weimar » et rapporte aussi qu'un autre Sanclaudien lui a confirmé avoir travaillé avec Georges dans le « commando de Rötha ». Si Rötha est effectivement une ville à quelque 90 km au nord de Buchenwald, aucun parmi la centaine de camps satellites et *kommandos* annexes établis à travers toute l'Allemagne et administrés par Buchenwald, ne porte ce nom. Roger s'est trompé. S'agit-il de Dora ?

Le 9 mai 1945, au lendemain de la victoire, Edith est encore à Saint-Claude, et a reçu des nouvelles par ceux des déportés qui rentrent et qu'elle nomme dans son cahier : Paul David, Maxime Cottet, le détenu qui prenait des notes sur son calepin, et Jacques Razurel, tous « méconnaissables ». Ces hommes ont fait partie des transports vers Dora, au début de leur détention, mais aucun n'a d'information exacte. À cette même date du 9 mai, Edith écrit à Georges dans son journal : « Tu as été malade puis déporté on ne sait où avec Estiot. Voilà tout ce que nous savons. »

Estiot, c'est Camille Estiot, un Sanclaudien arrivé à Buchenwald en même temps que Georges, et dont le numéro de matricule est très proche du sien. Les informations sur Camille Estiot ne concordent pas. Sur le site du *Livre mémorial*, sa date de décès est le 4 août 1944 à Buchenwald, mais d'autres données parlent du 3 juillet 1944 à Dora[61]. C'est auprès des archives de Buchenwald qu'il faut se renseigner.

[61] Collectif, *Les Jurassiens*, *op. cit.*, p. 618.

On y trouve le *Livre des morts*, *die Toten*, qui contient les données les plus fiables, m'explique Torsten Jugl, archiviste de Buchenwald, avec qui j'ai correspondu en novembre 2015. Les informations, m'explique-t-il, proviennent directement des listes établies par le médecin du camp. Camille Estiot est mort à Dora le 31 juillet 1944, cette troisième date est la bonne. Dans ce labyrinthe des données d'archives, pourrai-je trouver la trace de Georges ?

Je continue ma lecture, à la recherche de « preuves », ou du moins d'indices concordants. Je reprends la lettre de Roger qui est truffée de fausses nouvelles et d'incohérences. Ainsi il écrit « À Buchenwald, les Français jouissaient d'un régime de faveur ». La seule chose que nous apprend cette lettre est qu'elle est déformée par la rumeur et altérée par les espoirs de chacun.

Le 9 mai 1945, Edith s'interroge : « que ferons-nous si tu disparais sans que nous sachions quand et où tu as été ? » Le 19 mai, elle attend encore un télégramme comme celui que Jean Veyrat, frère de son amie Paulette, déporté à Dora, a envoyé à sa famille pour leur annoncer son retour, et qu'elle mentionne dans son journal. Chaque jour, d'autres déportés rentrent à Saint-Claude, et Edith se rend à la gare pour les accueillir en compagnie de Jeanne, la sœur de Georges, avec l'espoir de le voir descendre du train. Et pourtant, écrit-elle ce 19 mai, « j'ai l'affreuse pensée qui me serre le cœur, d'écrire peut-être à un mort ».

Depuis le 11 avril 1945, date de la libération du camp de Buchenwald, depuis les premiers retours, l'attente est insupportable et chaque jour referme un peu plus le petit créneau d'espoir. Les dernières entrées du journal d'Edith ne sont plus que des écrits circulaires. Elle imagine qu'il est le dernier à être parti, il en faut bien un, qu'un télégramme a été différé, qu'il a été retardé, son arrivée repoussée, le train raté. Chaque nouveau rentré lui rappelle son absence. Elle est allée chez Pierre Vincent qui est revenu le 2 mai, et elle a vu la joie des retrouvailles, mais quelques jours plus tard, elle n'ira pas chez Jean Veyrat, elle ne peut pas regarder tout ce bonheur, écrit-elle.

Joseph Vitorge s'affaire de son côté pour retrouver la trace de Georges. Depuis le 4 novembre 1944, il est à Paris avec Léopold, où ils vivent dans l'appartement des Delavenna, rue Léon Cogniet, dans le XVIIe arrondissement. Joseph attend de récupérer leur logement de la rue Milton, occupé par de nouveaux locataires. Il s'est présenté à l'hôtel Lutetia qui sert, depuis le 26 avril 1945, de centre de rapatriement pour les déportés, mais il n'a rien pu savoir sur le sort de Georges. Il décide alors de déposer un avis de recherche auprès de la Croix-Rouge. Le formulaire dactylographié est précis, administratif. On y demande le lien de parenté avec la personne recherchée, « fiancé de ma fille » dit Joseph, qui doit aussi décliner son identité, son âge, 58 ans, sa profession, lapidaire, et son numéro de carte d'identité. Le message de l'avis de recherche apparaît ensuite, après la question « dernières nouvelles reçues » et la réponse « aucune nouvelle directe ». Le texte, daté du 16 mai 1945, plein de ratures, semble avoir été tapé dans la précipitation :

> Demandons nouvelles de Dubus, Georges, de Saint-Claude (Jura). Déporté de Compiègne le 12 mai 1944 à Weimar Buchenwald, puis sans doute en *kommando* de travail. Prévenir M. Vitorge.

Le 24 mai, Edith note dans son journal : « Journée affreuse. Mlle Gros me dit que le bruit court qu'il est mort. » Elle refuse d'y croire : « Il y en a qui rentrent. Pourquoi ne rentrerais-tu pas, tu es aussi fort qu'eux. » Dans *Les Vitorge*, elle écrira : « À aucun moment je n'ai douté du retour de Georges. »

Le 1er juin 1945, Edith est partie à Bletterans, une commune près de Lons-le-Saunier, où elle vient d'être nommée professeur de sciences. C'est la dernière entrée de son journal : « Tu ne reviens pas », écrit-elle, lasse et pourtant incapable de ne pas espérer, car son dernier mot, comme pour se reprendre une fois encore, est tourné vers l'avenir : « Est-ce demain ? »

Elle n'attend plus que par habitude de l'attente.

Parmi les 80 hommes du convoi du 12 mai 1944 qui sont morts dans les trois premiers mois, on compte 11 Sanclaudiens. Tous sont des hommes jeunes, des montagnards robustes. Il y a ceux qui n'ont pas eu de matricule parce qu'ils sont décédés pendant le voyage, ou parce qu'ils ont été abattus à l'arrivée, avant même de devenir des *Häftlings*, des détenus. Ils sont une quinzaine.

Le premier Sanclaudien du convoi qui est mort dans le camp est Paul Reffay, matricule 51894, décédé le 4 juin 1944, à l'âge de 23 ans. Le *Livre mémorial* a catalogué son parcours. Le lieu de décès est marqué d'un point d'interrogation, et par conséquent son nom n'apparaît ni dans le *Livre des Morts* de Buchenwald, ni dans celui de Mittelbau-Dora. Le second Sanclaudien de la liste des morts est Georges Dubus, matricule 52187, décédé le 8 juin 1944, vingt-cinq jours après son arrivée à Buchenwald, soixante jours après son arrestation sur la place du Pré. Son décès fut enregistré à Buchenwald.

Il a donc sa place dans le *Livre des Morts* du Mémorial de Buchenwald. Sur l'écran de mon ordinateur, son nom apparaît en couleur ocre, sous l'inscription « *Die Toten*, 1937-1945, *Konzentrationslager* Buchenwald », surmontée par une image de plusieurs mains sur un mur, des mains jeunes, aux doigts écartés, paumes appuyées, écrasant la pierre grise, comme pour soutenir l'édifice. Il est là. Je touche son nom, Georges Dubus. Je sens ce que ces mains sur le mur ont senti, la pierre un peu rugueuse, chaude dans le soleil de l'après-midi.

Mais de quoi est-il mort ? Et où exactement ? Même la date de sa mort est douteuse. Dans le *Livre mémorial* de la *Fondation pour la mémoire de la déportation* je lis que Georges est décédé le 9 juin, et non le 8. Je suis tourmentée par ces questions, par ce banal « besoin de savoir » qu'expriment toujours les familles des personnes assassinées.

Georges était malade en arrivant, a dit un ancien déporté qu'Edith a rencontré après-guerre, et qui affirme avoir fait le voyage depuis Compiègne avec lui. Il est possible qu'il ait passé ses derniers jours au *Revier*, l'infirmerie, un « véritable mouroir » me dit Jean Marion. À l'arrivée au camp des tentes, les conditions sanitaires sont telles qu'une épidémie de dysenterie s'est rapidement déclarée malgré tout ce que fait l'administration du camp pour immuniser les détenus, car on vaccine avec des aiguilles souillées comme les rasoirs de la tonte *full-body*. Les symptômes de cette gastro-entérite sont extrêmement pénibles, provoquant fièvre intense, asthénie, diarrhées constantes. Il est difficile de surmonter cette maladie, « la plus redoutée de toutes », dit Jean Marion : « Chez les plus fragilisés moralement, c'est une épreuve qui conduit à une mort certaine[62]. » Or, avant même d'arriver au petit camp, avant même le « grand voyage » vers Buchenwald, certains déportés sont déjà fatigués par la maladie. Le régime alimentaire déplorable de Compiègne a brisé leur résistance, alangui leur volonté, endormi leur acuité intellectuelle.

Les premiers jours au camp, il n'y a pas d'abri, pas d'appui. Primo Levi a parlé de ce choc, de l'effondrement total du nouvel arrivé qui

[62] Marion (Jean), *op. cit.*, p. 88.

s'attend à trouver le soutien de ses compagnons d'infortune et ne trouve rien :

> Cette brusque révélation, qui se manifestait dès les premières heures de la captivité, souvent sous la forme d'une agression concentrique de la part de ceux en qui on avait espéré reconnaître les futurs alliés était si rude qu'elle suffisait à faire s'effondrer la capacité de résistance. Pour beaucoup, elle a été mortelle[63].

Est-ce ainsi, comme l'un de ces « naufragés », que Georges s'est laissé glisser vers la mort ? Dans la solitude du petit camp où il prend conscience que tout son être est en train d'entamer le dernier bout de sa vie, à quoi pense-t-il ? Ou bien la pensée est-elle déjà happée par la souffrance du corps qui s'enfonce dans la boue du camp, dans toute cette grisaille, une pensée qui n'est plus qu'une vague sensation où plus personne n'existe ?

Je reçois les réponses de Torsten Jugl, l'archiviste de Buchenwald. Brèves, formelles, elles sont apaisantes dans leur netteté administrative. D'abord, elles mettent fin aux rumeurs rapportées par le journal d'Edith et la lettre de Roger : Georges Dubus n'a jamais été ajouté aux listes des « transports », ni vers Dora, ni vers Ellrich, les plus meurtriers des *kommandos*, dont on était presque sûr de ne pas revenir. Il est resté au camp de Buchenwald, où il est mort. Sur la liste de la *Schreibstube* est noté son transfert : block 48 du grand camp. Une chance incroyable, tous le disent, qui augmente de beaucoup l'espérance de survie. Le grand camp est mieux organisé, les rations sont améliorées, le travail moins pénible que dans les *kommandos*. Oui, vraiment, c'est une chance extraordinaire.

Mais l'ordre de transfert est arrivé trop tard. Georges Dubus n'en a rien su, il était mort depuis quatre jours. Il n'a donc jamais quitté le petit camp sauf pour être transporté au four crématoire. Je sais par mes échanges avec l'archiviste Torsten Jugl toute la minutie avec laquelle l'administration du camp a tenu des registres impeccablement détaillés sur chaque prisonnier mort au camp, et ces notations si bien conservées, précises comme un acte de décès, peuvent rendre son identité à un homme sans sépulture, enseveli dans la cendre de milliers d'hommes.

---

[63] Levi (Primo), les *Naufragés et les rescapés*, *op. cit.*, p. 38.

La lecture du livre de Jean Hoen (son « reportage », comme il l'appelle) me renseigne sur le « parcours » du corps après la mort d'un détenu. Et son récit déconstruit la représentation « aseptisée » que donnent les archives des derniers jours de Georges et de sa mort. Hoen raconte comment les corps sont empilés les uns sur les autres, pêle-mêle, glissant et tombant de la voiturette qui sert à les transporter, et sont traités par les brancardiers comme de la « viande de boucherie[64] ». Ceux qui meurent au petit camp, comme c'est le cas de Georges, sont amenés dans une salle proche des latrines, qui sert de chambre mortuaire. C'est là que le corps de Georges est traité. D'abord entièrement dénudé, il est ensuite identifié grâce à son numéro de matricule :

> Sur le ventre ou sur une cuisse son numéro était inscrit avec un crayon spécial en chiffres d'au moins 10 cm de hauteur ; de cette manière, aucune erreur sur l'identité du défunt n'était possible. Arrivé au *Krematorium* le Kapo transcrivait sur un livre, tenu au jour le jour, les entrées dans son service[65].

Hoen continue son récit : « chaque décès donnait lieu à un rapport médical ». C'est un médecin, ou du moins un employé du service médical, qui constatera la mort de Georges et qui rédigera le PV. Georges, immatriculé à son arrivée, le 14 mai 1944, comme « prisonnier politique », est à nouveau inscrit, cette fois dans le livre des entrées à la morgue, vingt-cinq jours plus tard. La cause du décès est dûment notée : pneumonie du poumon droit et pleurésie.

L'archiviste Torsten Jugl m'explique comment le rapport du médecin est envoyé chaque jour à l'administration générale du camp qui, le lendemain, fait établir par le *Rapportführer* la liste des « changements » appelée *Veränderungsmeldung*, et sur laquelle apparaissent les noms des détenus décédés la veille. Cette procédure explique peut-être l'erreur de date dans le *Livre mémorial* de la *Fondation pour la mémoire de la déportation.*

Mais Torsten Jugl me parle aussi des lacunes. On ne peut pas savoir, par exemple, si Georges a vécu les derniers jours de sa vie au *Revier*, car aucune fiche de maladie (ou *Revierkarte*) à son nom n'a été

[64] Hoen (Jean), *op. cit.*, p. 177.
[65] *Ibid.*, p. 179.

préservée, ce qui n'a rien d'étonnant, surtout dans le petit camp. De toute façon, ce camp avait sa propre infirmerie, et il n'aurait donc pas été transporté au *Revier* du camp principal.

Le rapport médical, ce petit morceau d'information si précis, si clinique - le *poumon droit* - a soustrait Georges à l'anonymat. Mais l'archiviste me prévient : le médecin a pu aussi se tromper.

CHAPITRE 4

LA SAISON DU HAUT-JURA

« Mes quatre mois parmi les terroristes »

Au début du mois de juin 1944, Edith est à Lyon, où elle vient de passer ses examens de chimie, et Georges est en train de vivre ses derniers jours dans le petit camp de Buchenwald. Dans son journal, elle lui dit qu'elle s'apprête à quitter l'université où elle ne retournera pas : « pour l'instant, écrit-elle le 3 juin 1944, j'attends avec impatience notre départ pour Saint-Claude - quoi qu'il arrive nous serons toujours mieux là-bas, avec nos parents, avec ta famille ».

Le lendemain, dimanche 4 juin, elle passe la journée avec des amis à l'île Roy, à une dizaine de kilomètres de Lyon, où une petite plage est aménagée sur la Saône. Elle a apporté du papier et un crayon, et elle écrit une lettre à Georges pour lui raconter sa journée à rêver au bord de l'eau pendant que son amie d'enfance, Mathilde Katz, dort au soleil, et qu'elle entend les voix animées de Léopold et de Jacques, le frère de Mathilde, assis un peu plus loin à l'ombre. Il fait un temps splendide, la verdure les enveloppe, l'eau est claire et tranquille. Le calme du paysage apaise un peu l'anxiété continuelle dans laquelle Edith a vécu ces dernières semaines à Lyon. C'est une rare journée de paix. Dans quelques jours prendra fin sa vie d'étudiante.

Edith sait depuis le 19 mai que Georges ne sera pas libéré. Ce jour-là, de la fenêtre de leur appartement lyonnais de la rue Pailleron, elle regarde la chaussée étroite :

> Devant les deux boulangeries, devant la boucherie, il y a trois queues interminables. C'est triste, tu sais, de voir que nous en sommes arrivés là. Les Allemands passent en chantant sur la chaussée, entre deux queues qui se font face.

Un sentiment terrible de chagrin et de culpabilité la poursuit depuis l'arrestation de Georges : est-ce qu'il ne regrette pas à présent, de l'avoir écoutée et d'avoir choisi de la suivre à Lyon ? « C'est peut-être ma faute si tu es en Allemagne maintenant », écrit-elle. Une chose qui l'a profondément perturbée est qu'avant de quitter définitivement Lyon, elle a reçu un colis contenant les habits de Georges, qu'elle croit venir d'Allemagne. Aucun mot, aucune explication. Elle n'en comprend pas le sens. Elle s'imagine le pire. Bien plus tard, c'est Roger qui lui expliquera que ce colis fut envoyé de Compiègne. Mais aucune certitude n'existe sur l'origine de ce colis. Jusqu'au départ de Lyon, elle vivra dans un état de découragement et d'accablement : « comme c'est triste d'avoir 20 ans en 1944 » confiera-t-elle à son journal.

Dans sa dernière lettre écrite à Lyon, le 6 juin 1944, Edith annonce à Georges que Léopold et elle s'en vont : « tout est prêt pour notre départ, demain. À Saint-Claude nous attendrons avec impatience la fin de la guerre et ton retour. » Pourtant, ni elle ni son frère n'iront jusqu'à Saint-Claude. En arrivant en gare de Bourg-en-Bresse, les voyageurs pour la capitale de la pipe doivent changer de « tacot » comme dit Edith, et prendre le train vers Lons-le-Saunier. Mais ils resteront tous deux à Bourg-en-Bresse : Edith a une adresse, donnée par l'étudiante de Lyon avec qui elle distribuait les tracts de l'AS (Armée secrète), et elle a décidé de rejoindre le maquis. Son contact est dans le réseau des Forces françaises de l'intérieur, les « FFI », maquis de la résistance intérieure sous les ordres du Général Koenig, en poste à Londres.

En descendant du train, ce 7 juin 1944, elle n'a aucune idée de ce qui l'attend. Sa décision de rejoindre le maquis lui semble simplement une évidence. Mais elle n'en parle jamais dans son journal, jusqu'à la fin de la guerre. Georges n'y comprendrait rien, et surtout, c'est un risque inutile, en cas d'arrestation, dans le train. Elle ne sait même pas si ce contact est actif, et si on aura besoin d'elle. Pourtant, elle est déterminée. Elle vient d'apprendre que Georges est parti en Allemagne et elle sait qu'il ne reviendra pas avant la fin de la guerre, elle n'a donc plus rien à attendre à Saint-Claude. Ou ailleurs, car elle ne veut plus vivre à Lyon. Et en ce lendemain du débarquement des alliés, elle partage l'enthousiasme de tous les jeunes qui veulent se battre pour la libération du pays. C'est pour elle une question de survie, elle doit dire non au marasme qui la guette, à l'angoisse permanente subie depuis maintenant quatre ans, qui ne l'a jamais quittée. Au fond, elle et sa famille, sont depuis longtemps des résistants, depuis longtemps leur vie cachée est en elle-même un acte de résistance. Elle ne fait que continuer le combat.

Ce jour-là, par chance, Edith a immédiatement trouvé son contact et, à sa grande joie, les maquisards sont prêts à l'accepter dans leur réseau, mais il leur faut l'autorisation parentale, Edith n'étant pas majeure. D'accord, dit-elle, et on joint donc les parents. Joseph, l'idéaliste révolté, soutient immédiatement sa fille dans sa décision de rejoindre le maquis, et il arrive avec une valise d'affaires qu'Edith lui a demandé d'apporter. Goutia se laissera convaincre : après tout, Saint-Claude est une ville occupée par les troupes allemandes, et elle sait qu'elle n'a aucun moyen de protéger sa fille, pas plus que les parents de Georges n'avaient pu secourir leur fils lors de la rafle. Popol, lui, va être envoyé dans un hôtel des environs où il a obtenu un travail d'étudiant pour l'été.

Dans son récit *Les Vitorge*, Edith raconte :

> Le maquis du Haut-Jura était rattaché au Colonel Romans-Petit à Lyon et à son adjoint le capitaine Montréal. Ses points d'ancrage se trouvaient à Bourg-en-Bresse et Oyonnax dans l'Ain. Nous étions en relation avec des Français qui avaient rejoint le général de Gaulle à Londres. Notre organisation était militaire, nous avions localement pour chefs deux frères « baroudeurs », militaires de carrière, dont je n'ai jamais bien connu le passé. Le nom de guerre du capitaine qui était le « patron » était Chevassus, un homme un peu bourru, mais au demeurant courageux et efficace, et qui a toujours été amical et protecteur avec moi.
>
> Nous étions dispersés dans des villages de montagne entre l'Ain et le Jura.

Le chef, Chevassus, se nomme Maurice Guèpe. Il est en charge du maquis du Haut-Jura depuis avril 1944, remplaçant à ce poste le commandant Vallin. Chevassus, secondé par son frère, le lieutenant Lucien Guèpe, dit Durrafour, « dirigeait avec une clairvoyante sagacité tout le district de Haute Montagne » écrit Ariel Rayger dans ses souvenirs publiés juste après la libération, *Dix-huit mois de maquis dans le Haut-Jura*[1]. Lorsque Edith entre dans la clandestinité, le maquis du Haut-Jura vient d'être rattaché au groupement nord du maquis de l'Ain, sous le commandement de Noël Perrottot, dit Montréal, qu'Edith rencontrera quelques semaines plus tard.

Au PC de Chevassus, elle se retrouve avec une dizaine de personnes dont une femme, Annie, jeune pharmacienne d'une trentaine d'années, dont la sœur a été arrêtée et qu'Edith remplace. La présence des femmes dans le maquis est un sujet encore débattu, mais il est certain qu'elles eurent un rôle capital à jouer. Elles étaient principalement affectées aux différents postes de commandement et formées pour servir d'agents de liaison. Moins repérables que les hommes, elles pouvaient ainsi se déplacer plus facilement d'un camp à un autre, et leur présence dans les villes risquait moins d'attirer l'attention. C'est d'ailleurs à Saint-Claude qu'Edith était envoyée en mission. Ariel Rayger parle des tâches périlleuses de ces femmes agents qui accomplissaient de longs trajets pour remettre un pli ou faire parvenir un message. Malgré tout, les effectifs féminins restaient peu nombreux et Edith me dit qu'en dehors d'Annie, elle n'a jamais rencontré aucune femme dans le maquis du Haut-Jura.

Tous les maquisards portent un nom de guerre, celui d'Edith sera « Piaf », par référence à la célèbre chanteuse, mais on l'appellera toujours par son prénom, Edith. Elle me dit n'avoir jamais su l'identité véritable de ses camarades.

Aussitôt arrivée au PC, elle reçoit le grade de sous-lieutenant car, ayant le bac, elle entre automatiquement dans la catégorie des officiers de l'armée. Au camp, il y a aussi un médecin, le Dr Dupré, un homme de 35 ans, et Marcel, ancien cuisinier dans la marine, qui mijote des petits plats succulents et, à 50 ans, est le plus vieux du groupe, suivi par Chevassus et Durrafour, tous deux âgés d'une quarantaine d'années. Edith n'a pas encore 20 ans, elle est de loin la plus jeune. Elle entretient

[1] Rayger (Ariel), *Dix-huit mois de maquis dans le Haut-Jura*, Lons-le-Saunier, Éditions Arts et Littérature, sans date, p. 73.

avec les maquisards des relations amicales mais très hiérarchisées. Ici, on ne porte pas d'uniformes mais la discipline reste d'une rigueur toute militaire. Sa vie au maquis lui plaît, malgré le danger, malgré les conditions pénibles des camps, en pleine montagne. Le PC est le plus souvent hébergé chez l'habitant, ou dans des chalets d'alpage inoccupés mis à disposition par le réseau de paysans qui soutient le maquis. Parfois aussi, les maquisards s'installent dans des granges ou des « planques » en pleine forêt, des cabanes, comme celle qui a abrité le groupe d'Ariel Rayger :

> Une cabane de bois, construite au cœur d'un fourré, bien abritée de toutes parts par de hauts sapins sombres nous accueille la nuit. De jour, nous nous installons partout.
> Les cuisiniers s'affairent autour des marmites ; les hommes, une vingtaine, flânent de-ci de-là[2].

Edith est souvent mieux logée que les hommes. Ici, la proximité n'entraîne aucune promiscuité. À son arrivée, elle dort dans une chambre pourvue d'un matelas à même le sol et d'un sac de couchage. Sur une caisse qui fait office de table de nuit, ses camarades ont placé un bouquet de fleurs dans un pot à lait. Elle est heureuse. Elle a le sentiment qu'elle a quitté l'attente, les journées lentes, l'incertitude. Elle veut, plus que tout, sentir l'agitation d'une vie active. Et pour elle qui vient de passer de longs mois, suspendue dans le temps, à remplir les pages de son journal, le maquis est un espace de liberté.

Elle en sortira transformée. La jeune fille rêveuse deviendra une femme d'engagement et d'action. Elle sera toujours tournée vers les autres, curieuse de tout, d'un pragmatisme qui n'a pas affaibli l'idéalisme qu'elle tient de son père. Prévenante et compréhensive, arrangeante même, c'est une négociatrice hors pair. Sa douceur et sa grande sociabilité lui attirent toutes les sympathies et lui permettent d'exercer un certain ascendant sur son entourage. En fait, Edith aime l'autorité, parce qu'elle permet de marcher vite, de voir aboutir les projets, de faire avancer les causes, de contrôler et de corriger les parcours. Ici, elle n'a personne sous ses ordres, mais elle sait se faire entendre, gagner la confiance des autres et leur accorder la sienne.

---

[2] *Ibid.*, p. 74.

Son maquis étant sous l'autorité du « Service Périclès », l'école des cadres du maquis du Haut-Jura, elle reçoit une formation militaire, apprend le maniement des armes, et elle sera elle-même instructeur pour les jeunes recrues, les « bleus » comme elle les appelle.

Dans ses souvenirs, *Les Vitorge*, elle précise la mission du maquis du Haut-Jura telle qu'elle l'a comprise :

> C'était de préparer l'arrivée des troupes américaines qui remontaient par le sud. Pour cela nous devions gêner au maximum les déplacements de troupes allemandes et transmettre des informations sur leurs mouvements. Si possible nous devions aussi libérer et occuper des villages, et préparer la population civile à l'arrivée des troupes libératrices.

La responsabilité de son groupe, rappelle-t-elle, c'est le renseignement, la liaison et les « coups de main ». Ses missions à Saint-Claude servent à évaluer la composition des forces allemandes, à relever le nombre de camions qui ont été placés dans la ville, ainsi que leurs mouvements et leurs chargements.

C'est au moment de son arrivée au maquis qu'est mis en place le « plan vert », destiné au sabotage des infrastructures routières et ferroviaires, appellation qui devient vite, explique l'historien des maquis du Jura, André Robert, « un générique pour tous les sabotages[3] ». La guérilla est déclenchée dans l'expectative d'une libération imminente qui, malheureusement, sera retardée par un retour en force des troupes allemandes à la mi-juillet.

Le rôle d'agent de liaison consistait, au quotidien, à assurer les contacts avec les autres groupes. Edith transportait des documents à remettre aux différents chefs de camp, et devait se déplacer de nuit à travers la forêt, ce qu'elle n'aimait pas faire seule. Elle apportait des messages et des devises aux camps disséminés dans la montagne, chacun constitué d'une quinzaine d'individus. Elle dut aussi apprendre le morse, l'alphabet télégraphique qui permettait d'assurer la liaison radio avec Londres grâce à un poste à galène.

Dans son journal intime, Edith parle de ses « quatre mois parmi les terroristes » pendant lesquels elle en a interrompu l'écriture. Elle n'en reprendra la rédaction que le 11 octobre 1944. Au maquis, elle n'a écrit

---

[3] Robert (André), *op. cit.*, p. 220.

que deux courtes lettres à Georges, rédigées au crayon sur les feuillets d'un petit carnet. L'une d'elles est datée du 14 août 1944, au camp « Tahure ». Ce soir-là, écrit Edith, elle est seule à « garder le chalet ». Les autres sont partis « à la bagarre », et ne l'ont pas emmenée. Elle n'en est pas si attristée, car ce répit lui donne le temps d'écrire à Georges.

Si elle n'a pas participé à ce « coup de main », ce n'est pas parce que les femmes sont en retrait des affrontements militaires. Edith n'est pas exclue, elle participe au contraire à la lutte active, et rien ne permet de penser qu'elle représente un cas isolé. Dans *Les Vitorge*, elle explique :

> Nous organisions souvent des attaques contre les transports de troupes allemands. Embusqués derrière des rochers le long des routes sinueuses de montagne nous lancions des grenades contre les camions et autres véhicules de transport, puis nous nous dispersions rapidement dans la nature. La nuit il nous arrivait d'aller plastiquer des voies de chemin de fer ou des petits ponts de pierre. Il a même été question à un moment d'aller plastiquer le magnifique pont suspendu de Saint-Claude au-dessus de la Bienne. Heureusement il n'y a pas eu de suite à cette éventualité, cela aurait gêné aussi la progression des troupes de libération.
> Nous avons appris un jour qu'un train de ravitaillement pour les troupes allemandes était en route. L'une de nos équipes a réussi à plastiquer la voie de chemin de fer, le train a déraillé. Il n'y avait pas d'armes, mais des wagons d'oranges et de riz… Nous avons partagé ce trésor entre la population et nos troupes.

Pendant tout le mois de juin 1944, les maquisards sont en position de force, et les environs de Saint-Claude sont temporairement libérés. C'est la période où a lieu la montée au maquis, qui voit l'arrivée de nombreuses nouvelles recrues, ainsi qu'une augmentation des « réseaux de complicité » parmi les civils sur lesquels les maquis, qui ont besoin de ravitaillement et d'argent, pourront s'appuyer. Des actions importantes ont lieu en plein jour à Saint-Claude, comme les saisies d'argent (plusieurs millions de francs) à la Banque de France en échange de bons de réquisition, et l'arrestation de 42 miliciens par les maquisards[4]. C'est ainsi qu'Edith et ses camarades mettront la main sur les garde-robes de la milice de Saint-Claude. Edith a conservé

[4] *Ibid.*, pp. 232-233.

plusieurs photos qui la représentent en uniforme vert bouteille de milicien, arborant un grand sourire fièrement malicieux, une mitraillette entre les mains et des chaussures en cuir aux pieds.

Mireille Dalloz, feuilletoniste

De son action au maquis, Edith a gardé un autre document, inestimable pour ma compréhension de ce court moment de l'été 1944, son « feuilleton », un récit romancé de ses quatre mois au PC du maquis du Haut-Jura, intitulé *Souvenirs du maquis*, paru dans l'hebdomadaire communiste de Saint-Claude, *La Vérité*. Ce journal fut publié clandestinement à Saint-Claude de 1940 jusqu'à la libération de la ville en septembre 1944, puis ses derniers numéros parurent librement jusqu'en 1945, dernière année de sa publication.

Placés au « rez-de-chaussée », en « der » du journal, c'est-à-dire occupant tout le bas de la quatrième et dernière page, les *Souvenirs du maquis* bénéficient, par leur emplacement, d'une grande visibilité. Leur originalité est incontestablement qu'ils ont été rédigés « à chaud », à peine plus d'un mois après la liquidation du maquis, avant même que ne commence à être écrite la mémoire « héroïque » de la Résistance intérieure, avant la mise en place de son culte commémoratif, et avant la mise au jour des controverses et des querelles politiques qui n'en finiront pas d'alimenter son historiographie. On peut reprocher à ces *Souvenirs* leur « immédiateté », l'absence de perspective qui risque d'affecter négativement leur valeur documentaire ou historique. Il ne faut pas oublier cependant qu'il s'agit d'une fiction, même si la dizaine de livraisons, publiées entre le 28 octobre et le 23 décembre 1944, se présentent comme un témoignage de guerre de l'auteur, Mireille Dalloz, nom de plume dont Edith signe ses textes. Dans ces feuilletons, la mémoire a déjà été retravaillée pour son usage littéraire, et l'écriture est passée par le filtre esthétique et éditorial qui la nuance, et lui donne un certain recul.

Pour assurer l'anonymat des protagonistes, Edith change l'emplacement géographique de son maquis et situe son action dans les Alpes, Grenoble remplaçant Lyon comme centre urbain où la jeune étudiante a commencé son activité clandestine. Et puisqu'elle publie dans un hebdomadaire communiste, son maquis FFI est transformé en un maquis FTP, dirigé par le parti communiste. La brève histoire d'amour avec son chef de groupe est entièrement inventée, mais les événements qu'elle relate sont une première mise en récit de son existence récente, modulée et modifiée par les contraintes du support de publication et du genre littéraire auquel appartient le « roman-feuilleton ».

On doit tenir compte de la réception de ces livraisons pendant l'hiver 1944, qui a certainement joué un rôle dans leur rédaction : il existait une curiosité du public de l'époque pour les gestes valeureux des résistants contre les « Boches » comme sont toujours nommés les Allemands, et contre les « collabos », ainsi qu'une sympathie pour les idéaux de la Résistance : « c'est merveilleux de voir comme ces jeunes hommes sont unis » écrit Edith dans la première livraison du 28 octobre 1944, et elle les décrit bouillants d'impatience, prêts à tous les sacrifices, « criant de joie à la pensée de pouvoir enfin se battre, chasser définitivement le Boche qui souille leur chère patrie ».

L'instruction militaire est l'un des thèmes récurrents des feuilletons, et Edith donnera un long descriptif de la formation des recrues au maniement des armes et au dégoupillage des grenades. Elle observe les exercices de tir et les répartitions d'armes, de colts, de mitraillettes et de fusils mitrailleurs. Elle rend compte avec une grande précision des méthodes de guérilla, des plans d'attaque et de contre-attaque qui servent à valider la résistance armée aux yeux du public. Il s'agit de présenter le maquis comme une formation militaire, et les maquisards - accusés d'être des « terroristes » par le régime de Vichy - comme des « soldats sans uniforme » capables de libérer le pays par la force. D'ailleurs, le chef charismatique du maquis de l'Ain et du Haut-Jura, Romans-Petit, est un soldat de carrière qui « privilégie tout ce qui relève du militaire[5] », et Edith a souvent dit combien la culture de l'armée imprégnait son maquis. Elle décrit des groupes de combattants à la fois organisés et impétueux, absolument dévoués à la défense du territoire, recevant presque toujours l'accueil amical des civils, sauf bien sûr des sympathisants du régime à qui ils font payer cher leur collaboration avec Vichy.

---

[5] Le Goupil (Georges), « Débats stratégiques autour des maquis de l'Ain », in *La Résistance et les Français : lutte armée et maquis*, François Marcot éd., Besançon, Presses Universitaires de Franche-Comté, 1996, p. 242.

Pas un mot, dans ces *Souvenirs du maquis*, on le comprend bien, des scènes dramatiques dont Edith fut témoin et qu'elle relatera dans ses écrits plus tardifs. On est ici dans un récit idéalisé et les *Souvenirs* que publie *La Vérité* sont une représentation exaltée du maquis comme espace de liberté, de justice et d'humanité. C'est cependant un texte très détaillé, malgré sa brièveté - chacun des épisodes occupe le tiers d'une page de journal, soit environ 2000 mots par livraison - d'une grande précision descriptive, ce qui lui donne une certaine légitimité de témoignage.

Les lecteurs des *Souvenirs du maquis* sont les habitants de Saint-Claude qui, après avoir été victimes des sévices allemands en avril, puis encore en juillet 1944, ne sont peut-être plus aussi favorablement disposés envers le maquis. Il existe d'ailleurs une polémique à propos de la responsabilité du maquis, accusé par certains d'avoir mis en danger la population civile de la région après le déclenchement du « plan vert ». La fonction publicitaire des feuilletons, pour la rédaction de *La Vérité*, et par extension pour le Parti communiste du Haut-Jura, est donc de renforcer l'image positive du maquis FTP auprès du lectorat local, de défendre ses actions, de montrer le bien-fondé de ses stratégies.

Il est par conséquent impensable qu'il y soit fait allusion aux terribles représailles allemandes qui viennent d'avoir lieu, ni au « Massacre de Dortan » comme on appellera bien plus tard cet épisode douloureux de juillet 1944 dont Edith et son maquis furent, de loin, les observateurs impuissants. Edith, qui commençait à militer au Parti communiste au moment où elle rédigeait ses *Souvenirs* pour *La Vérité*, savait quelles étaient les contraintes auxquelles était soumis le journal, et avait conscience d'un nécessaire devoir de réserve.

Elle va donc privilégier dans son texte certains aspects du maquis - plus particulièrement l'entraide avec les civils et les sacrifices bien réels des maquisards. Chaque livraison s'attarde sur une action particulière : arrestation à son domicile d'un « collabo » par trois hommes de son groupe, un « coup de main » dans lequel un camarade trouve la mort, un bal au village organisé par le maquis, la vie dans les bois pendant l'offensive allemande, les « bouchons » posés sur les routes, une mission, et la jonction tant attendue avec les armées régulières.

Elle revient très souvent, dans ses feuilletons, sur les approvisionnements insuffisants des maquis, et en particulier la pénurie d'armes, alors que le nombre des civils qui rejoignent les maquis de haute montagne se multiplie :

> Les hommes ne sont pas tous armés. Nous avons surtout du matériel de récupération. Nous avons trouvé des armes de-ci de-là, enterrées ou cachées. Nous avons pris aux Allemands des fusils, des revolvers, quelques F.M [fusils-mitrailleurs], et même deux mitrailleuses. Mais l'armement n'est pas uniforme et cela est très gênant.

Dans la « vraie vie » du maquis, la carence de matériel est un problème majeur et des parachutages d'armes aux maquis de l'Ain ont été organisés par l'état-major FFI. Celui qui eut lieu dans la plaine près d'Izernore, au petit matin du 25 juin 1944, fut pour Edith l'un des moments les plus exaltants de sa vie au maquis. C'est une opération d'envergure, décrite par l'historien André Robert comme étant d'abord destinée aux bombardements de centrales électriques et de dépôts d'essences dans la région parisienne : 256 bombardiers B-17 et une centaine de chasseurs américains décollent de nuit de plusieurs bases anglaises. Parmi eux, certains avions sont destinés à des missions de parachutage :

> Un groupe de bombardiers se détache de la formation à l'aplomb d'Évreux. Il se dirige vers le sud de la France pour servir le maquis en armes, munitions et explosifs par le parachutage de 2077 containers répartis sur quatre objectifs et destinés à des équipes d'agents de réseaux SOE [Special Operations Executive] présents sur le terrain[6].

L'une de ces opérations sera réceptionnée près d'Izernore (Ain) par Romans-Petit et ses maquisards. Ce sont les fameuses « forteresses volantes » de la 8e Air Force. Edith raconte, dans *Les Vitorge*, qu'elle faisait partie du groupe chargé de recevoir les parachutes : « Nous avions allumé des feux autour du terrain, des groupes de protection étaient cachés dans le village, des camions réquisitionnés ou prêtés étaient prêts à partir. » Il s'agit de l'un des premiers parachutages de jour, qu'il fallait préparer avec soin, car les consignes de Londres étaient formelles, comme l'indique le récit du capitaine Paul, nom de

[6] Robert (André), *op. cit.*, p. 241.

guerre de l'américain Owen Johnson, agent des SOE chargé des parachutages, qu'Edith rencontra ce jour-là : « Il fallait pouvoir garder une zone de 30 km de rayon libre des Allemands et le garantir pour un minimum de 72 heures[7]. »

Lorsque Edith et les hommes de son groupe quittent leur cantonnement il fait encore sombre, c'est une nuit sans lune mais sans nuages, me dit-elle. Elle note la scène dans la troisième livraison des *Souvenirs du maquis*, datée du 11 novembre 1944 :

> Sur le terrain de parachutage, une belle prairie, une fraîcheur humide nous pénètre. Les montagnes se dessinent nettement à contre-jour, sur un ciel très clair. L'herbe est mouillée de rosée. Les 150 hommes sont là, appartenant aussi à d'autres groupes. Les avions américains sont annoncés pour 9 heures, et pendant que les hommes préparent le terrain, l'attente est interminable. J'ai rejoint avec S. et K. un groupe d'officiers. La fumée commence à monter des tas de bois que les hommes ont amassés autour du terrain. Ce seront des points de repère pour les pilotes qui, guidés par la radio, sauront quand larguer leurs parachutes. Nous sommes tous anxieux : 50 avions doivent arriver. Les Boches ne sont pas loin, il a fallu bouchonner les routes. Une vingtaine de camions attendent. Nous fixons le ciel dans toutes les directions : il nous semble continuellement entendre un moteur. Un moment, le bruit paraît grandir. Tous les regards sont tendus vers le ciel, tous les cœurs se remplissent d'allégresse. Trois escadrilles de 18 avions chacune se suivent. Ils tournent dans le ciel. Ils doivent repérer les feux, ils descendent chaque fois plus bas. Nous agitons les bras dans leur direction, ils nous voient certainement. Nous crions tous tant nous sommes heureux. Les avions passent au-dessus du terrain, cette fois ils sont très bas et font un bruit infernal.
>
> Brusquement une multitude de taches apparaissent et descendent lentement. Vague par vague, les avions lâchent leurs parachutes. Une pluie multicolore tombe du ciel. Le soleil disparaît maintenant derrière l'étoffe enflée.

Alors que les parachutes se dégonflent en se couchant lentement sur le sol, les avions ont fait demi-tour et ont pris de l'altitude, disparaissant bientôt, suivis de huit chasseurs. Sur le terrain, l'agitation est fébrile à présent, il faut faire vite. Le soleil est déjà haut dans le ciel et le pénible

---

[7] www.maquisdelain.org 31 mai 2006, p. 139.

travail du transport des « tubes » parachutés est à peine entamé. Dans son feuilleton du 11 novembre, Edith explique :

> Pour que le choc n'abîme pas le matériel, tout est entouré de coton, de caoutchouc, de pansements individuels. Les armes sont dans des sacs, démontées en partie, et entourées d'une épaisse couche de graisse. Les munitions sont dans des caisses métalliques. Les hommes trient tout cela et emportent la marchandise aux camions qui commencent leur transport. Ce travail dure plusieurs heures. Une fois les armes débarrassées, la récupération des parachutes commence.

Il faut se débarrasser au plus vite de ces objets encombrants. L'ordre venant de Londres est formel : les parachutes doivent être enterrés afin de ne pas laisser de trace, car l'étoffe en est facilement repérable et trahirait l'appartenance au maquis pour ceux qui auraient gardé la toile ou les cordes des parachutes. Cette consigne ne fut pas suivie, et Edith se souvient de la distribution de parachutes que chacun se disputait, car leur nombre n'était pas suffisant. Il faut dire que la voilure en était particulièrement appréciée : dans *Les Vitorge*, elle écrit que « la moitié des parachutes était en nylon, matière que nous ne connaissions pas encore, les autres étaient en coton très fin et très serré ». C'est alors qu'elle propose de « recycler » les parachutes et de les apporter à Saint-Claude :

> Une nuit nous les avons transportés et entreposés dans la cave de l'école dont Mme Dubus [la mère de Georges] était directrice. Goutia et elle y ont descendu la machine à coudre et elles ont organisé un atelier de couture. Elles ont confectionné des dizaines de chemises qui ont fait le bonheur des maquisards. Certes un œil averti aurait pu en reconnaître le tissu, mais la pénurie de vêtements et surtout la satisfaction d'avoir une chemise en parachute étaient telles que nous n'avons pas tenu compte du danger. Les cordons de parachute que presque tous ont voulu utiliser comme lacets de chaussures étaient autrement plus voyants !

Dans les containers, les maquisards trouvent des lance-roquettes, des « bazookas ». Edith n'en a encore jamais vu. Les parachutages contiennent aussi du ravitaillement, et une autre nouveauté américaine est parachutée avec les armes, le *corned-beef*.

Ces armes venues du ciel resteront dans le maquis FFI. Les maquis communistes, les FTP, ont fusionné avec les FFI en mars 1944, mais il existe des tensions, des passassions de pouvoir mal vécues, des rivalités internes. Selon André Robert, « les groupes FTP du Jura conservent une grande autonomie. Il faudra attendre la fin août 1944 pour que soit nommé un chef départemental[8] ». La distribution d'armes lors des parachutages, reste assez inégale, et Edith se souvient d'une rumeur probablement sans fondement, mais qui en dit long sur les antipathies locales et les sentiments anti-FTP de son maquis, selon laquelle un parachutage d'armes destiné aux FTP avait été lâché, par erreur ou volontairement, dans le lac de Clairvaux.

Dans le maquis comme ailleurs, la pénurie de vivres se fait aussi sentir, et les tickets de rationnement, utilisés en ville pour le pain, la viande, le sucre, le lait, les vêtements et les chaussures à semelle de bois sont insuffisants. De plus les pillages et rapines perpétrés par les troupes allemandes et surtout pas l'armée auxiliaire Vlassov, les fameux « cosaques », volontaires russes et polonais, ont largement réduit les stocks. Pourtant, Edith affirme n'avoir jamais vraiment souffert de la faim au maquis, dont l'approvisionnement clandestin était assuré par les paysans et les cultivateurs de la région. Mais certains étaient moins prompts à apporter leur aide aux résistants, souvent par peur des représailles, d'autres fois par soutien au régime de Pétain. Chez les paysans récalcitrants, les denrées étaient alors « réquisitionnées » d'office, parfois sous la menace, et échangées contre des « bons de réquisition » qui devaient leur permettre d'obtenir des remboursements à la Libération.

Edith, pendant ses missions, trouvait le gîte dans les fermes des environs, et elle garde le souvenir d'épisodes assez cocasses, comme le jour où, en route pour rejoindre le PC de Montréal, elle et Chevassus ont passé la nuit dans la grange d'un paysan. Au matin, se souvient-elle, ils étaient couverts de poux :

> Il a fallu que la paysanne qui nous hébergeait prépare des bains pour chacun de nous et que nous lavions tout notre linge avant de partir, pour le trouver sec à notre retour. Nous lui avons emprunté des vêtements, nous étions vraiment bizarrement accoutrés en arrivant au but de notre mission.

---

[8] Robert (André), *op. cit.*, p. 109.

Une autre fois, Edith et l'un de ses camarades sont partis en pétrolette sur les routes de montagne vers une fromagerie où ils ont réquisitionné une meule de gruyère entière contre un bon de réquisition. Edith rit encore aujourd'hui, lorsqu'elle me raconte le trajet de retour avec l'énorme roue de fromage en équilibre sur le guidon de la petite moto. C'était une entreprise dangereuse, ajoute-t-elle, car la milice ou les gendarmes pouvaient à tout moment surgir sur la route.

Souvent aussi, les maquisards passaient en Suisse pour se ravitailler. Dans *Les Vitorge*, Edith raconte :

> Nous étions aussi en relation avec des bergers suisses qui étaient en transhumance dans le Haut-Jura. La frontière passait par La Cure, un village où il y avait un hôtel qui avait une entrée en France et l'autre en Suisse. Les douaniers suisses qui y étaient installés nous connaissaient et nous laissaient ramener des pots de crème ou du fromage frais pour ravitailler le maquis.

Mais l'un des soutiens les plus importants pour les maquisards du Haut-Jura était sans aucun doute celui de la Fraternelle, dont fait état l'historien Jacques Canaud dans son livre *Le Temps des maquis* :

> Avec sa vingtaine de succursales, dispersées dans tous les villages de la région, elle fournira des produits alimentaires nombreux et divers aux maquis, et souvent gratuitement. On n'insistera jamais assez sur le fait que les maquisards [. . .] n'auraient pas pu survivre dans ces régions au climat hivernal très rude, sans les coopératives rurales[9].

Lorsqu'elle rejoint le PC du maquis, Edith observe surtout les déplacements permanents des groupes. Sur ordre de Londres, les maquisards se trouvent répartis en petites unités dispersées dans les villages environnants qui les hébergent[10]. Il s'agit de camps assez isolés les uns des autres, disséminés dans les bois touffus des montagnes jurassiennes, pas toujours bien encadrés et bénéficiant d'une certaine autonomie. La mobilité des maquisards sera une stratégie payante, car

---

[9] Canaud (Jacques), *Le Temps des maquis*, Clermont-Ferrand, De Borée, 2011, p. 116.
[10] Robert (André), *op. cit.*, p. 139.

elle leur évitera des pertes importantes, comme celles qui décimèrent le maquis du Vercors.

Il existait, me dit Edith, des « points de chute » connus, et bien sûr des réseaux de renseignements, ainsi qu'une organisation assez sophistiquée de relais entre les groupes, grâce aux agents de liaison. De plus, l'aide des techniciens des services des télécommunications (les PTT) permettait un contact permanent entre les groupements et leur commandant, Romans-Petit. C'est du moins ce que ce dernier affirme dans son livre publié en 1974, *Les Maquis de l'Ain* : « Je suis en communication instantanément non seulement avec les trois chefs de groupement (Nord, Sud, Ouest), mais avec nos correspondants dans les grandes villes ou aux principaux points de concentration[11]. »

D'un côté, le maquis du Haut-Jura est organisé par un système de cloisonnement et de dispersion des groupes, mais de l'autre, il existe, dans la région autour de Saint-Claude, une forte culture de solidarité et de désobéissance civile qui soude les maquisards d'un camp à l'autre, et qui les lie également à la population des villages et localités dont ils sont eux-mêmes issus et dont l'appui et la connivence sont essentiels. Un exemple en est le déménagement - raconté dans la livraison des *Souvenirs du maquis* du 25 novembre 1944 - d'une centaine d'hommes que l'état-major veut disperser, début juin, dans des villages de haute montagne, sur une cinquantaine de kilomètres en direction de Dortan. Edith décrit les camions transportant tout le matériel militaire, les « gazos », véhicules à gazogène qui permettent de pallier le manque d'essence. Des motos et voitures encadrent le convoi. Il règne une certaine confusion lorsque l'un des camions tombe en panne et qu'il faut envoyer un autre véhicule le dépanner :

> On vide le camion sur la place du village, les caisses sont descendues, quel désordre ! Tout le monde donne son avis, et aux maquisards se sont joints les villageois. S. [le chef du camp] est parti voir le camion en panne et personne n'est là pour mettre de l'ordre.

À la fin de cette journée, les paysans offrent leurs granges, et des chambres sont réquisitionnées, dont une pour Edith.

---

[11] Romans-Petit (Henri), *Les Maquis de l'Ain*, Paris, Hachette, 1974, p. 121.

Cet épisode décrivant un convoi FFI qui se déplace en plein jour montre également que les maquis étaient alors sortis de la clandestinité. Ariel Rayger se souvient aussi de cette période où l'action du maquis avait réussi à libérer le secteur : « Des PC s'organisent un peu partout ouvertement. Toute une armée d'agents de liaison nouveaux sillonne les routes, brassard tricolore à la manche[12]. » Edith aussi porte un gros brassard bleu blanc rouge avec la mention FFI - Maquis du Haut-Jura.

Son groupe s'est installé dans les communes de Dortan et de Lavancia, à la frontière des départements de l'Ain et du Jura, à une vingtaine de kilomètres au sud-ouest de Saint-Claude. Le PC de Chevassus est établi au château de Dortan et y sera abrité du 8 juin au 11 juillet 1944. Dans *Les Vitorge*, Edith parle de l'atmosphère estivale de la fin juin 1944 :

> Une rivière traversait la propriété du château, on y trouvait des truites et des écrevisses que Marcel se faisait un plaisir de nous préparer. Pendant quelques jours nous nous serions presque crus en vacances…

Elle évoque une scène qui les avait amusés : Marcel, le cuisinier du camp, attrapant les poissons avec des grenades qu'il plaçait dans l'eau. La bonne humeur régnait à Dortan, se souvient-elle, et les jeunes maquisards profitaient de l'accueil chaleureux de la population. Tous se réjouissaient de la progression des armées alliées qui arrivaient de l'ouest et du sud. Il était question de faire bientôt la jonction avec l'armée régulière.

En attendant, la connaissance du terrain et leurs mouvements extrêmement fréquents, leur stratégie de harcèlement et d'évitement des troupes allemandes avaient largement profité aux maquisards.

L'été meurtrier

La riposte allemande n'allait pas tarder. Elle visait l'anéantissement total des maquis de l'Ain et du Haut-Jura. La répression contre la population civile, jugée complice, fut sanglante. Entre le 6 et le 29 juin,

---

[12] Rayger (Ariel), *op. cit.*, p. 82.

raconte Patrick Veyret, environ 200 personnes sont exécutées dans l'Ain par les forces de répression allemandes, et la milice annonce à la population terrorisée que le département « est mis en état de siège à compter du 14 juin 1944[13]». Les arrestations par les miliciens se multiplient.

Quelques jours plus tard, le 9 juillet, commence la contre-offensive allemande, l'opération *Treffenfeld*, qui va durer jusqu'au 22 juillet. Ce nouvel assaut, moins connu à Saint-Claude que l'opération *Frühling*, lors de la grande rafle d'avril 1944, est plus meurtrier. Les deux opérations militaires sont construites sur le même modèle. Dans les deux cas, c'est la 157e division de la *Wehrmacht* qui sévit, accompagnée de la tristement célèbre « armée Vlassov ». Autre constante, nous rappelle André Robert, la présence de la Sipo-SD et de son chef à Lyon, Klaus Barbie[14]. Mais en juillet, les effectifs engagés pour combattre le maquis sont alors deux fois plus importants que pendant l'opération *Frühling*.

Un parallèle supplémentaire avec l'assaut d'avril 1944 est que le 10 juillet a lieu une rafle à Bourg-en-Bresse qui ressemble beaucoup à celle de Saint-Claude, elle aussi organisée par Klaus Barbie. Les trois cents raflés burgiens, également destinés à la déportation, seront cependant libérés. Mais Barbie, peu satisfait de cette issue, ne quitte pas les lieux sans avoir fait exécuter 25 personnes. Cette opération de « nettoyage » - c'est le mot que les Allemands utilisent - du mois de juillet 1944 n'a pas comporté autant de déportations de civils que l'opération *Frühling* du mois d'avril. Elle fut en revanche bien plus brutale à cause des représailles nombreuses et sanglantes contre la population.

Dès le 6 juillet, la rumeur d'une offensive allemande contre le maquis de Romans-Petit est confirmée. Le rapport, envoyé par celui-ci au général Koenig, commandant en chef des FFI, explique que :

> D'après les plans trouvés sur un officier, l'attaque allemande avait pour but de dissocier et de détruire les troupes des FFI du département. Les Allemands ont mis en ligne des effectifs globaux évalués à 35 000 hommes. Leur attaque s'est déclenchée par la mise en action simultanée de cinq colonnes dès le 11 juillet à la première heure, accompagnées

[13] Veyret (Patrick), *Histoire de la Résistance armée dans l'Ain*, Châtillon-sur-Chalaronne, Éditions La Taillanderie, 1999, p. 118.
[14] Robert (André), *op. cit.*, p. 245.

> d'artillerie, d'engins blindés et d'aviation de bombardement et d'assaut[15].

Si les chiffres ont été revus à la baisse - entre 8 500 et 10 500 combattants allemands selon Patrick Veyret[16] - un tel déferlement ne peut être contenu et le mot d'ordre adressé aux maquisards est clair : « faire le vide devant les troupes allemandes et harceler sans cesse les queues de colonnes[17] ».

C'est exactement ce que fera le groupe d'Edith qui, le 12 juillet, va quitter Dortan et se replier au sud vers la forêt d'Echallon, non sans avoir au préalable alerté la population de Dortan et de Lavancia de l'arrivée des troupes allemandes. La consigne est donnée aux civils d'évacuer en urgence. C'est ce qui a permis de limiter les pertes et probablement d'éviter un massacre similaire à celui d'Oradour-sur-Glane. La majorité des habitants se réfugie alors dans la montagne.

Malgré tout, c'est à Dortan, entre le 12 et le 21 juillet, que les pires atrocités sont commises. Edith se souvient qu'au moment du repli, le curé et quelques autres ont refusé de partir, et ils seront fusillés. Dès le départ des maquisards, les Allemands établissent eux aussi leur cantonnement au château, et le 17 juillet ils y ramènent une quinzaine de résistants arrêtés dans la région, qui seront torturés et tués[18]. Lorsque la *Wehrmacht* quitte Dortan le 21 juillet, le commandant allemand laisse devant le château un avis « à la population française », retranscrit par Romans-Petit dans son livre *Les Maquis de l'Ain* :

> Quoique ce château servait [sic] pour les terroristes comme forteresse et refuge, les troupes d'occupation l'ont conservé, considérant que c'est un monument d'une valeur culturelle très considérable[19].

On constate la cruelle ironie de ce geste, car Dortan, comme Lavancia, fut entièrement détruit. Les photographies de la ville en ruine sont impressionnantes : les maisons, incendiées jusqu'à la dernière, ne

---

[15] http://www.maquisdelain.org/index.php?r=article&id=33

[16] Veyret (Patrick), *op. cit.*, p. 121.

[17] Robert (André), *op. cit.*, p. 245.

[18] *Ibid.*, p. 250.

[19] Romans-Petit (Henri), *op. cit.*, p. 129.

sont que des murs effondrés, aucun toit n'existe plus, aucun logis n'est habitable.

C'est toute la région qui est mise à feu et à sang, et la colonne allemande avance avec son régiment de cosaques, semant la désolation sur la route qui descend de Lons-le-Saunier vers Thoirette. En chemin, la commune de Conliège est mise à sac, des habitants fusillés, une dizaine d'hommes pris en otages. Les villages d'Orgelet, puis de Moirans-en-Montagne sont incendiés, pillés, des femmes sont violées. À Charchilla, entre Orgelet et Moirans, 16 hommes sont fusillés, et là encore l'incendie dévaste tout[20].

Depuis le début de la contre-offensive allemande dans la région, le climat de terreur généralisée avait provoqué des flambées de violence chez les maquisards. Alors qu'il occupait encore le château de Dortan, dans les premiers jours de juillet, le groupe FFI auquel appartenait Edith fut animé d'une volonté brutale de vengeance. Juste avant leur repli devant l'avancée allemande, les maquisards attaquèrent un convoi ennemi, et firent quelques prisonniers. Ces soldats allemands furent conduits au château et y furent exécutés. Edith a relaté cet épisode en 1999 :

> En principe les maquisards ne faisaient pas de prisonniers, cela n'entrait pas dans leurs attributions. Néanmoins, au cas où nous en ferions, nous avions reçu l'ordre de les garder jusqu'à l'arrivée des armées dites régulières, auxquelles nous devions les remettre. Sans doute craignait-on, non sans raison, à l'état-major, des réactions de vengeance comme celle que nous avons eue.
> Nous ne nous considérions pas comme des terroristes, mais comme des soldats libérateurs et la justice expéditive n'entrait pas dans nos principes d'éthique. Toutefois, les maquisards étaient fortement hostiles aux Allemands qui sévissaient dans la région, ils les considéraient comme des criminels et non pas comme des soldats. Certains ont exigé d'exécuter « nos » prisonniers sur-le-champ.
> Nous avons tenu une réunion houleuse, où se sont affrontées deux conceptions antagonistes sur la manière de régler les crimes de guerre. J'étais de ceux qui étaient contre l'acte de sauvagerie qui a été commis et pour un jugement devant une véritable cour de justice, mais nous étions minoritaires. Les prisonniers ont creusé leurs propres tombes avant d'être fusillés, et Chevassus a exigé d'épargner un polonais qu'il a gardé comme ordonnance. Puisque nous avions enfreint les ordres,

[20] Robert (André), *op. cit.*, pp. 247-249.

> c'était à mes yeux une énorme erreur de garder ce témoin. Il a été remis aux Américains quand nous avons fait la jonction avec les armées régulières. Je me suis souvent demandé ce que seraient devenus ces soldats encombrants quand nous avons affronté le retour en force de l'armée allemande.

Edith a conservé un portefeuille ayant appartenu à l'un de ces soldats exécutés. Le portefeuille est vide, sauf une autorisation pour une entrée au *Wehrmachtbordell*, valable jusqu'au 22 août 1944. Cette « pièce à conviction » a accompagné Edith pendant toute sa vie, au fond d'une vieille valise. Elle ne peut pas m'expliquer pourquoi elle l'a gardée.

Dans le maquis du Haut-Jura, l'épisode des exécutions de Dortan n'est pas un cas isolé si l'on en croit le témoignage que rapporte Patrick Veyret dans son livre *Histoire secrète des maquis de l'Ain*. Il fait allusion à un « camp clandestin de prisonniers allemands capturés par les FFI de Romans-Petit ». Il cite le capitaine Owen Denis Johnson, celui-là même qu'Edith avait rencontré dans son PC, qui aurait dit, après avoir visité ce camp sur invitation de Romans-Petit le 7 juillet 1944 :

> [Les prisonniers allemands] paraissent totalement abattus, mais on le comprenait mieux en sachant que la nouvelle politique du maquis était d'exécuter trois Allemands pour chaque maquisard torturé ou tué par les nazis. La veille, 57 Allemands avaient été fusillés, conformément à cette politique[21].

Les prisonniers exécutés à Dortan par les maquisards du groupe d'Edith, selon ce qu'elle en sait, étaient des soldats de l'armée Vlassov, dont les actes de violence commis contre la population locale étaient bien connus des résistants. Leur condamnation à mort n'en est cependant pas mieux justifiée. Ce type d'exécution sommaire entre dans le cadre de ce que l'historien Henry Rousso appelle l'épuration « sauvage » ou « extrajudiciaire », dont la période la plus active se situe

---

[21] Veyret (Patrick), *Histoire secrète des maquis de l'Ain : acteurs et enjeux (1942-1944)*, Châtillon-sur-Chalaronne, Éditions de La Taillanderie, 2010, p. 238.

entre juin et septembre 1944 alors que les combats dans les maquis étaient au plus fort[22].

C'est en tout cas un aspect de l'histoire des maquis qui reste un sujet délicat, difficile à aborder, soulevant encore de nombreuses polémiques. La controverse assez récente, dans le village de Coussay-les-bois (Vienne), prolonge le débat. Là, le 20 juin 1944, un groupe de trois maquisards a été fusillé par les Allemands devant la population rassemblée de force. Le 9 septembre, 17 prisonniers allemands seront à leur tour exécutés par les maquisards, en représailles. En 2009, le fils de l'un de ces prisonniers allemands a demandé à la municipalité, dans un esprit de paix et de réconciliation, d'ériger une plaque commémorant les soldats allemands fusillés. Dans un premier temps, il reçoit l'accord du maire, mais essuie un refus sans appel du conseil municipal, qui cède à une violente opposition de la part des habitants[23]. L'affaire est close, pour le moment. Lorsque je raconte cette anecdote à Edith, sa réaction est immédiate : la population a eu raison, affirme-t-elle, on ne peut pas commémorer les soldats allemands. La *Wehrmacht* était complice des nazis. Puis elle réfléchit, elle hésite : « Il est trop tôt » conclut-elle, le visage fermé.

Après le « décrochage » du 11 juillet, le groupe d'Edith ne passa pas plus d'une nuit dans chaque refuge. Cette fois, il ne s'agissait plus de poser des embuscades ou de jeter des grenades sur les camions, mais de fuir. Les attaques aériennes étaient venues en renfort des troupes allemandes, et Edith a gardé le souvenir précis d'un bombardement en terrain découvert alors que les avions chasseurs descendaient sur elle en piqué.

Pendant ces marches à travers les sentiers de montagne, les conditions de vie devinrent de plus en plus pénibles et Edith se souvient des moments où, écrit-elle, « nous n'avions plus de ravitaillement, nous étions fatigués et inquiets. Notre groupe d'une dizaine de personnes se déplaçait en permanence, dormant le jour et circulant la nuit ». En voyant les paysans qui fuyaient eux aussi, mais dans le sens contraire au leur, la panique l'avait saisie. Vers quelle mauvaise destination se dirigeait-elle ? Le face-à-face avec un détachement allemand aurait été catastrophique pour elle et ses camarades, épuisés et incapables de se défendre. Edith écrira à propos de cette longue marche nocturne : « Je

---

[22] Rousso (Henry), « L'épuration en France : une histoire inachevée », in *Vingtième siècle* 1992, 33, nº 1, pp. 78-105.

[23] *Libération*, 30 avril 2010.

me souviens d'une nuit où nous nous tenions tous par les épaules pour monter le cours d'un torrent à sec en cette saison, et je me suis endormie en marchant. »

Le mois d'août sera donc un temps de constante circulation dans la montagne, à attendre l'arrivée des Alliés. Edith a repris ses missions de renseignement et les liaisons radio, toujours sous les ordres de Chevassus, mais son groupe se plaint d'être coupé des centres de décision. Les maquisards supportent mal l'affrontement direct avec les Allemands surtout pendant les bombardements aériens et les manœuvres de l'artillerie ennemie toute proche. Trois de leurs camarades ont été tués dans des échanges de tir, un quatrième est mort en sautant du camion devant tous les autres, me raconte Edith, car son arme s'est accidentellement déchargée et la balle est entrée sous le menton. Encore une petite bulle de violence qui s'accroche à la mémoire.

C'est pendant ces jours de repli du maquis qu'Edith va être témoin d'un autre épisode de la guerre sauvage que livrait l'armée ennemie aux résistants comme aux civils. Elle le raconte dans *Les Vitorge* :

> Les Allemands nous recherchaient, ils fouillaient les villages et les habitations isolées. Un jour alors que nous étions cachés après une nuit de marche, chacun contre un arbre, dans la montagne au-dessus d'une ferme où l'on nous avait refusé du lait et de l'eau, nous avons entendu arriver des soldats de l'armée Vlassov. Puis nous les avons vus sortir de force la fermière et sa fille, et les violer. Nous ne pouvions pas leur porter secours, nous entendions les pierres rouler en direction de la ferme et nous avions peur d'être repérés. Les soldats sont repartis, nous avons soufflé, il était environ midi et nous nous sommes partagé un peu de rhum et de sucre, seul ravitaillement dont nous disposions à ce moment-là.

Cette sauvagerie s'ajoute à toutes les autres, les exécutions, les photos des maquisards torturés, la rafle du 9 avril 1944. Mais comment se remet-on d'avoir été témoin d'un viol qu'on appellerait aujourd'hui une « tournante » ? Edith m'en parle avec réticence, que dire de plus ? Ces moments de pure brutalité sont incrustés, comme encapsulés, dans une narration de combat armé. J'y vois une façon de désamorcer l'impact délétère que pourraient prendre ces souvenirs si on les désolidarisait de leur contexte militaire.

Toujours est-il que le maquis n'aurait pas tenu longtemps devant l'assaut des troupes allemandes lourdement équipées et supérieures en nombre et en logistique. Romans-Petit lui-même note « l'insuffisance de l'entraînement de certaines unités[24] » qui, dans l'assaut des derniers mois de l'occupation, se fit cruellement sentir. Les maquis étaient-ils véritablement « dépassés » ? Certains historiens revoient « à la baisse » leur impact. Leur rejet de la « légende dorée » de la Résistance s'appuie sur une révision des chiffres et un questionnement de la « doxa gaullienne ».

Dans son livre *Histoire de la Résistance*, Olivier Wieviorka fait un bilan qui relativise ce que les historiens ont toujours avancé comme des évidences. Par exemple, pour ce qui concerne le rôle des réfractaires au STO, il montre que les jeunes « requis », dont 300 000 se sont rendus en Allemagne, ne s'engagèrent pas en masse dans les maquis[25]. Minorée aussi est la force militaire de « l'Armée des ombres » : les maquis ont pu efficacement ralentir l'avancée des troupes ennemies lors de la contre-offensive allemande mais, selon Wieviorka, « avec ou sans la Résistance, les Alliés auraient débarqué et remporté la victoire[26] ».

Cette vision n'est pas incompatible avec l'idée que pouvait se faire un maquisard de base comme Edith de son rôle actif dans la libération du territoire. Par le fait d'avoir risqué sa vie dans un refus total de l'idéologie nazie et de la collaboration vichyste, elle voulait, comme le dit aussi Olivier Wieviorka « montrer aux yeux du monde que des esprits libres refusaient les fatalités de l'ordre nouveau[27] ». Edith n'a donc jamais douté du rôle central que joua le maquis dans la libération du Jura. La ville de Saint-Claude, indifférente aux enjeux historiques, conserve dans son Musée de la Résistance et dans sa Maison du Peuple, les images de son identité : la rafle d'avril, les maquis, la Fraternelle, les corporations, grande fresque populaire de son passé solidaire, dont elle est fière.

J'interroge Edith sur les dissensions qui pouvaient exister au sein de son groupe, et sur les différences d'ordre politique ou religieux parmi ses camarades. Les maquisards étaient conscients qu'ils étaient avant tout une unité combattante et à l'intérieur de leurs groupes, peu importaient, me répond-elle, les opinions et les appartenances. Il

---

[24] Romans-Petit (Henri), *op. cit.*, p. 121.

[25] Wieviorka (Olivier), *Histoire de la Résistance*, Paris, Perrin, 2013, p. 116.

[26] *Ibid.*, p. 498.

[27] *Ibid.*, p. 112.

existait un silence de convenance, entretenu par le sentiment que la solidarité effaçait les différences. On ne parlait donc pas des Juifs dans son maquis, m'assure-t-elle. Bien sûr, les maquisards n'ignoraient pas l'existence d'une déportation raciale, et connaissaient les mesures antijuives du régime de Vichy, dénoncées par les journaux communistes clandestins. Mais c'était un contexte lointain. Et de plus, à ce moment-là, on ne pouvait imaginer l'existence des chambres à gaz, même si, comme le rappelle Renée Poznanski, le message d'Hitler sur l'anéantissement prochain de « l'élément juif » était largement diffusé dans la presse d'occupation[28] que d'ailleurs les maquisards ne lisaient pas.

Au maquis, les tâches quotidiennes, les soucis du combat et de la survie, du ravitaillement, des cantonnements de plus en plus aléatoires occupaient suffisamment les esprits, on ne pensait guère à autre chose.

Après le mois d'août, l'opération *Treffenfeld* terminée, les groupes de l'Ain et du Haut-Jura ne connaîtront plus d'autre attaque militaire de cette envergure. À présent, les maquisards ont repris leurs positions antérieures, et renouvelé les sabotages et les embuscades dont le but restait principalement de bloquer les communications de l'occupant.

La fin du maquis

Lorsque finalement la jonction avec la première armée s'effectue et que, le 4 septembre 1944, le secteur est libéré, commence la période de la liquidation du maquis. Edith n'est pas rentrée tout de suite à Saint-Claude, retenue au PC par les tâches administratives comme la mise à jour des registres et des listes nominatives que lui remet sa hiérarchie, travail important car ces registres permettront plus tard aux résistants de faire valoir leurs droits. Elle est aussi chargée d'informer les familles de maquisards tués au cours d'une action. Elle garde encore en mémoire la dernière lettre qu'elle a écrite à une mère qui vivait dans la commune d'Embrun, dans les Hautes-Alpes, pour lui annoncer le décès de son fils dans l'assaut du fort des Rousses le 15 août, quelques jours

[28] Poznanski (Renée), *Les Juifs en France pendant la Seconde Guerre mondiale*, Paris, librairie Arthème Fayard/Pluriel, 2012, p. 349.

avant la libération du secteur. C'était un très jeune maquisard, lui aussi rattaché au PC, avec qui Edith s'était liée d'amitié.

Il reste enfin tout le travail de restitution et de compensation à préparer. Le Bureau de liquidation du maquis du Haut-Jura est ouvert à Saint-Claude au 2, rue du Pré, et les bons de réquisition y sont « régularisés », comme l'annonce le journal *La Vérité.* La presse locale publie chaque semaine des avis aux propriétaires de biens et de véhicules réquisitionnés, les invitant à se faire connaître des responsables.

Lorsque le maquis est dissous, à la mi-septembre, Edith rentre enfin à Saint-Claude. C'est la période des défilés de la Libération, dans les rues des villes et des villages. Pourtant, la libération de tout le territoire est encore loin et, en décembre 1944, la ville étant toujours sous couvre-feu, on ne peut se déplacer en dehors du département sans laissez-passer ou ordre de mission. Le Comité départemental de libération (CDL) sort de la clandestinité et devra s'occuper de la reconstruction du département. C'est le début de l'épuration qui vise, avec ses tribunaux d'exception et parfois ses jugements expéditifs, les personnes ayant collaboré avec l'occupant.

À Saint-Claude, Edith se plaint dans son cahier du manque d'efficacité du CDL. Ce sentiment doit être assez généralisé, car les journaux ne font qu'attiser le mécontentement, dans un climat social extrêmement tendu. Un article de *La Vérité* du 28 octobre 1944, dénonce par exemple l'existence de « brebis galeuses » de « traîtres », d'agents de Vichy « camouflés », et parle d'une « cinquième colonne » dont les pouvoirs publics doivent se débarrasser au plus vite. Un entrefilet également publié dans *La Vérité*, le 2 novembre 1944, en dit long sur l'exaspération des Sanclaudiens devant une justice jugée trop lente à châtier les « collabos » et les profiteurs que l'Occupation a enrichis :

> Que le comité agisse avec énergie et sans perdre une minute : toute la population sera avec lui pour punir les traîtres les « âpres-au-gain » qui ont comblé les occupants, sans oublier les spécialistes du marché noir et de la « valise[29] » [. . .] Tout ce monde est connu de tous et nous aurons prochainement bien des choses à dire sur lui.

[29] Il s'agit des « voyageurs » qui, valises en main, partaient s'approvisionner dans les campagnes pour ensuite revendre la marchandise au marché noir.

Edith se lasse rapidement de ces velléités de vengeance qui agitent les habitants de Saint-Claude, et elle se méfie de toutes ces menaces de justice populaire. Elle a pris la décision de ne pas accepter l'engagement dans une carrière militaire qui lui était proposé (ou plutôt promis) pendant la jonction entre les FFI et l'armée régulière. De toute façon, elle perdait son grade d'officier, et un retour à la vie civile convenait mieux à ses ambitions et à ses convictions politiques. Elle sera « démobilisée » à la fin de l'année 1944.

Le 11 octobre, elle ouvre à nouveau son journal : elle reprend ses « habitudes civiles » écrit-elle. Pendant plusieurs semaines, elle remplit ses cahiers, voit régulièrement les parents Dubus et Jeanne, la sœur de Georges. Léopold parle de rentrer à Paris avec son père pour reprendre ses études et récupérer l'appartement de la rue Milton, pendant qu'Edith cherche des suppléances comme institutrice vacataire près de Saint-Claude. Pour l'instant, les trois jeunes gens s'activent à *La Vérité*. Léopold y compose des affiches et Jeanne et Edith rédigent des chroniques sportives et littéraires : « Nous sommes promus journalistes » écrit Edith, enchantée d'être un auteur publié. Le soir, les parents jouent à la belote et les jeunes ont retrouvé goût au banjo. Edith, inlassable, a repris ses lettres d'amour adressées à Georges.

La fin de la guerre est pour bientôt, et elle s'impatiente. Elle vit mal cette période de la Libération qui est loin d'unir les Français, et elle s'intéresse de plus en plus à la politique : « Ceux qui sont les plus sincères et qui se donnent avec le plus de cœur à leurs idéaux, ce sont les communistes, et je suis attirée par leurs idées et leur organisation » écrit-elle dans son journal.

Pendant tout l'automne 1944, elle a encore des raisons d'attendre avec grand espoir le retour de Georges, car les informations les plus rassurantes - et les plus fausses - circulent sur le camp de Buchenwald, relayées par la presse écrite. Dans le journal *La Vérité*, la livraison des *Souvenirs du maquis* du 18 novembre doit être déplacée, parce que le numéro 14 consacre toute sa dernière page aux « captifs jurassiens ». L'article confond, dans un prodigieux étalage d'ignorance, le *stalag 7*, camp de prisonniers de guerre où se trouvent encore de nombreux Sanclaudiens, et le camp de concentration de « Weimar » (on ne dit pas encore Buchenwald). L'article est truffé d'erreurs les plus invraisemblables, et prend les demandes de la Croix-Rouge pour un fait accompli : les « déportés » - terme qui recouvre, dans la terminologie de l'époque, aussi bien les soldats prisonniers, les jeunes du STO partis en Allemagne, que les détenus politiques et raciaux des camps nazis - sont tous bien portants, peut-on y lire, l'alimentation suffisante, la vie sociale des détenus agrémentée de distractions.

Enfin, pour la première fois, on commence à recevoir des nouvelles des camps. Une brochure circule, intitulée *Nous accusons*, qu'Edith se force à lire. Cette brochure, publiée en 1943 par le Front national, mouvement de résistance créé à l'instigation du PCF, est parue avec le sous-titre « Le calvaire des martyrs de la Résistance », plus d'un an avant de parvenir jusqu'à Edith. La publication cite des témoignages de tortures infligées aux résistants incarcérés dans les prisons françaises. Mais *Nous accusons* parle également des déportations et Edith espère y trouver des détails sur l'incarcération de Georges. Ce qui est remarquable est à quel point le génocide juif passe au second plan dans ce texte :

> Depuis quelques mois, les déportations massives de prisonniers se sont accélérées ; il ne s'agit plus seulement de Juifs ou de patriotes dont l'affaire relève de la justice allemande : ceux qui sont arrêtés par la police française, incarcérés dans des prisons françaises et condamnés par des tribunaux français, sont, eux aussi, expédiés, par fourgons, vers le IIIe Reich[30].

Une longue description des conditions inhumaines du camp d'Auschwitz est donnée, basée, dit l'ouvrage, sur des témoignages de première main, absolument indéniables. Dans l'introduction, les auteurs avouent que « les difficultés d'information et le soin minutieux que mettent les bourreaux à effacer toute trace de leurs crimes, ont singulièrement compliqué notre tâche et appauvri notre documentation[31] ». C'est un dossier cependant assez bien informé, surtout par contraste avec l'article du 18 novembre de *La vérité*. Mais la particularité du camp d'Auschwitz est totalement ignorée : « De Auschwitz, comme des autres camps d'outre-Rhin, nous apprenons périodiquement que des Français ont été exécutés.[32] »

---

[30] Collectif, *Nous accusons : le calvaire des martyrs de la Résistance*, Paris, Imprimerie du Front national de lutte pour la liberté et l'indépendance de la France, 1943, p. 42.
[31] *Ibid.*, p. 7.
[32] *Ibid.*, p. 46.

Dans son journal, Edith parle des « atrocités allemandes » que sa lecture de *Nous accusons* lui a fait découvrir, mais elle ne s'arrête à aucun détail, elle exprime simplement sa peur de savoir Georges maltraité. On dirait qu'elle est elle-même victime de cet amalgame qui, après la Libération, lui a donné, ainsi qu'à sa famille, une idée « globalisante » de la guerre alors que, dans la presse, toutes les victimes des nazis sont rassemblées sous la même bannière. Renée Poznanski parle de « la confusion voulue, imposée à coup d'affiches de propagande, entre le prisonnier de guerre, le requis du travail, le déporté politique et le déporté racial[33] ».

Edith, dans ses écrits, répète le mot « incertitude ».

Elle reste optimiste et ne veut pas quitter la région avant le retour de Georges. Le 1er décembre 1944, elle est nommée institutrice aux Mouillés, petit hameau à une soixantaine de kilomètres de Saint-Claude, où elle a la charge d'une classe unique, comme c'est souvent le cas dans les écoles communales à la campagne, des enfants de 6 à 14 ans. Dans ce petit village isolé, d'accès difficile, elle est logée chez des paysans qui l'accueillent bien, mais la pauvreté est partout, la saleté aussi.

Le dimanche, elle rentre à Saint-Claude chez sa mère, restée seule dans leur appartement de la rue Voltaire depuis que Joseph et Léopold sont à Paris. La guerre se poursuit, la victoire est lente à venir, et Edith s'enfonce dans la tristesse et l'abattement. Son journal n'est plus qu'une longue plainte, qui contraste avec l'optimisme militant de ses *Souvenirs du maquis*, dont la dernière livraison date du 23 décembre 1944. Ses écrits sont ainsi des compositions à deux voix, celle, effervescente, de la journaliste-romancière, et celle, morose, de la diariste. Sa mélancolie est telle qu'elle en tombe malade, son corps se couvre de rougeurs douloureuses, elle s'alite. « Mon chéri, écrit-elle, l'espoir diminue. » L'année se termine dans le découragement.

Entre janvier et juin 1945, Edith sera embauchée en tant que professeur suppléant dans l'académie de Lons-le-Saunier, et le cours complémentaire de Bletterans sera son dernier poste. Depuis qu'elle a quitté le maquis, huit mois plus tôt, elle n'a cessé d'attendre Georges, ou plutôt de préparer son deuil de Georges. Dès que son trimestre à Bletterans sera terminé, Edith a décidé de quitter définitivement Saint-

---

33 Poznanski (Renée), *Propagande et persécution : la Résistance et le « problème juif », 1940-1944*, Paris, Fayard, 2008, p. 486.

Claude, et le 1er juin 1945, elle met un point final à son journal. Elle et Goutia partent rejoindre Joseph et Léopold à Paris.

Un fond d'espoir persiste. On attend toujours une réponse à la recherche lancée par la Croix-Rouge en mai 1945 et, de retour dans la capitale, Edith ira même à l'hôtel Lutetia, voir si par hasard elle pourrait trouver des anciens détenus qui auraient croisé son fiancé, on ne sait jamais. Pourtant, à ce moment-là, elle a déjà reçu l'avis de la mort de Georges.

Autour d'une restitution de piano

À leur arrivée à Paris, au début du mois de novembre 1944, Joseph et Léopold se sont installés au 10 rue Léon Cogniet, chez les Delavenna, l'appartement de la rue Milton n'ayant pas été libéré par les locataires installés là par les autorités de collaboration. Ils se demandent où leurs meubles ont été transportés, et ce que sont devenues toutes les possessions de la famille.

L'opération de « nettoyage » des logements des Juifs s'est faite selon une procédure décrite dans la *Mission d'étude sur la spoliation des Juifs de France* conduite par Annette Wieviorka et Florianne Azoulay[34]. Dès 1940, des équipes d'intervention allemandes s'occupent de la saisie des appartements et de leur contenu. En 1942, la *M-Aktion* « l'action meubles », est mise en place. C'est une sorte de vol civil au cours duquel, de façon répétée et systématique, les logements sont placés sous scellés, et les « mobiliers juifs » sont enlevés, puis acheminés vers une destination inconnue. On imagine que bien peu de ces meubles ont été recouvrés par l'État et que parmi les objets récupérés, bien peu furent redistribués à leurs propriétaires. Mais en novembre 1944, Joseph a tous les espoirs d'une restitution immédiate et entière de son patrimoine.

D'abord, dès le mois d'août, une ordonnance prévoit que les biens confisqués pourront être rétrocédés à leurs propriétaires. Puis, le 14 novembre, deux autres ordonnances sont promulguées, concernant la

---

[34] Wieviorka (Annette) et Azoulay (Florianne), *Le Pillage des appartements et son indemnisation, mission d'étude sur la spoliation des Juifs de France*, Paris, La Documentation française, 2000.

« réintégration de certains locataires », et « la remise en possession, de plein droit, des biens, droits et intérêts qui n'ont pas été liquidés[35] ».

Plein de confiance et inconscient de l'ampleur du pillage généralisé des biens des Juifs, Joseph écrit immédiatement une lettre au Commissariat général aux Questions Juives - le Service de restitutions n'existe pas encore - datée du 25 novembre 1944 :

> Je vous serais reconnaissant de me laisser pénétrer dans le local où sont déposés les meubles retirés des appartements par les Allemands afin de voir si je puis reconnaître les miens. Mon appartement, situé au 9 rue Milton, a été pillé et vidé au début du mois de juillet 1943.

Cette lettre est accompagnée d'un inventaire rédigé à la main, précis, minutieux, pièce par pièce, des meubles meublants, des « objets mobiliers », des bibelots, du linge de maison, tout ce dont Joseph et Goutia peuvent se souvenir, « sous réserve, écrit Joseph, d'avoir oublié d'en noter ». La liste est longue : parmi les centaines d'objets recensés, on trouve un appareil photo à plaque, une importante batterie de cuisine, des meubles de salle à manger, des armoires, des tapis, des nappes brodées, des vitrines chargées de toutes sortes de vaisselle et de cristal, des tableaux, des sièges et des sofas, des bibliothèques remplies de livres « de littérature française » est-il précisé, un piano Gaveau, et au beau milieu de tout cela, une collection de cornes de cerf.

Bien sûr, le Commissariat général aux Questions Juives, ce même organisme administratif qui a été responsable de l'arrestation et de la déportation de leurs amis juifs, n'a pas donné suite à cette demande. Joseph pense-t-il que les Allemands ont mis ses biens au garde-meuble ? Il est en tout cas convaincu que s'il existe une procédure, elle sera appliquée en sa faveur.

Les Vitorge n'ont jamais rien retrouvé. Pour le piano Gaveau, volé comme le reste du mobilier, ils feront appel au Service des restitutions. Sur les 8000 pianos signalés disparus en 1945 dans le département de la Seine, environ 2000 sont récupérés[36]. Ils sont exposés dans différents locaux, en attente d'identification. Le spolié doit, avant de se présenter,

---

[35] Laloum (Jean), « La restitution des biens spoliés », in *Les Cahiers de la Shoah* 2002, 1, n° 16, p. 19.

[36] Wieviorka (Annette), *op. cit.*, p. 34.

fournir une description exacte de l'instrument qu'il recherche. C'est Léopold qui sera délégué par la famille : il se rend au Palais de Tokyo avec la ferme intention de retrouver leur bien, et là, parmi tous les pianos entreposés, il en « reconnaît » un. Ce n'est pas un Gaveau, mais il est suffisamment ressemblant. C'est le nôtre, dit-il.

Pour récupérer l'appartement, on entame une action en justice. En général, la réintégration des locataires dans les logements dont ils ont été évincés sans leur consentement, même si elle est prévue par l'ordonnance du 14 novembre 1944, n'est pas facile, car certaines contestations en freinent souvent l'application. Les Vitorge, toujours hébergés chez les Delavenna, feront appel, et devront attendre plusieurs mois avant de retrouver leur appartement de la rue Milton.

Les lieux, d'une saleté repoussante, sont envahis par les puces. Il faut tout désinfecter au crésyl et nettoyer les sols à la paille de fer. Les enfants s'y mettent avec entrain, trop heureux d'être chez eux, en plein dans l'animation parisienne de la Libération.

Pour Joseph et Goutia, approchant la soixantaine, la vision de cet appartement vide a été la première secousse d'une série d'effondrements. C'est une chose de voyager « léger » lorsqu'on fuit la persécution, c'est même un devoir de ne rien accumuler, de ne rien garder, car les objets encombrent, ils laissent des traces, et ils facilitent les trahisons. Mais à présent, comment vivre dans cette vacuité, dans ces pièces nues ? Tout est à reconstruire.

CHAPITRE 5

LES GARDIENNES DU SOUVENIR

Edith me disait en me remettant son journal, ses mémoires, ses notes et ses feuilletons : « les mots nous consolidaient, nous solidarisaient et pour pérenniser la mémoire à long-terme, nous sommes devenues les gardiennes du souvenir. » Elle parlait des trois femmes dont les récits sont venus s'ajouter au sien pour compléter et élargir la fresque familiale des déplacés : Gisèle, Jacqueline et Henia. Les deux premières appartiennent à la famille d'Edith, à son cercle rapproché, à son histoire. Henia, dans cette géographie féminine, vient d'un ailleurs familier à Edith, elle est l'autre qui lui ressemble.

Gisèle : la vie discrète des archives

En juin 1940, au début de l'Occupation, les Vitorge avaient pris de l'avance et se trouvaient déjà au Grau-du-Roi, dans le Gard. Leurs amis ne tardèrent pas à suivre le mouvement vers le sud : les Zak et leurs enfants, Sonia et Bernard, se sont dirigés sur Toulouse. Les Judin sont partis vers l'Auvergne. Les Horenstein, la famille d'Olga-la-rouquine, se sont réfugiés à Nice où ils ont retrouvé les Vitorge. Les Bezalel ont eux aussi quitté - très temporairement - la capitale.

Pour les Szmerlis, sans ressources depuis la mobilisation du père en août 1939, partir n'était pas concevable. Mme Szmerlis et ses deux filles, Gisèle et Nana, étaient donc restées dans leur appartement de la rue Condorcet, cherchant un peu partout le soutien d'amis ou de connaissances qui restaient introuvables, en attendant le retour du soldat Szmerlis.

Devenir Georges

Gisèle et sa sœur Nana n'ont jamais quitté le IXe arrondissement de Paris, ni pendant la guerre, ni après, et Gisèle vivait encore dans l'appartement de ses parents au 53 rue Condorcet, au moment de sa mort, en 2007. Sombre et silencieux été comme hiver, ce logement est devenu un véritable musée au fil du temps. Le mobilier, les lits, le papier peint décoloré, la vaisselle, les beaux verres de cristal, tout est conservé comme avant-guerre, à la même place. On y prend le thé au citron, servi dans une fine porcelaine de Limoges. Gisèle est devenue une vieille dame élégante, mince et droite, toujours habillée avec soin et sobriété, souriante et légèrement triste. Elle est toujours un peu en retrait dans la grande maisonnée bruyante d'Edith et d'André où elle participe silencieusement à toutes les fêtes, et où elle a passé presque tous ses dimanches après-midi pendant une trentaine d'années.

Un matin de novembre 2007, Gisèle a essuyé sa tasse du petit déjeuner, a laissé ses clés et des instructions sur la table du salon, et s'est rendue à l'hôpital où elle a été admise, comme prévu, et où, quelques jours plus tard, elle est décédée, comme on s'y attendait. Ni sa sœur Nana ni elle n'ayant eu d'enfants, la famille Szmerlis s'est éteinte.

Gisèle a pourtant veillé à sa postérité. À sa mort, ses « archives » m'ont été remises. Il s'agit de lettres, de documents administratifs, d'extraits d'état civil, rangés dans des enveloppes brunes, numérotées, classées, et d'un petit cahier contenant un très court récit de vie, probablement interrompu par la maladie. Ces papiers personnels sont plus bavards que ne l'était Gisèle.

Son oncle maternel, Jankel Grinhaus, qu'on appelait simplement « Oncle », fut l'immigré « en chef » de la famille. Ce rôle, joué par Joseph dans la fratrie des Vitorge, n'était pas toujours dévolu à l'aîné, c'était le plus débrouillard, le mieux préparé, qui partait le premier. Cet immigré de « première ligne » devait surtout posséder des qualités de pionnier et d'entrepreneur et un sens de l'aventure, car il lui incombait de prendre en charge le reste de la famille, souvent nombreuse, après son implantation en France.

Jankel Grinhaus quitta donc sa ville natale de Bialystok où son père était un modeste artisan dans l'industrie du textile, et il arriva en France à la même époque que Joseph Vitorge. Il fréquenta lui aussi la société des diamantaires du IXe arrondissement et devint négociant en pierres fines. Une fois installé, il fit venir ses parents qui s'adaptèrent très mal à la vie française. Contrairement aux parents Vitorge, qui purent retrouver une communauté à leur goût en Belgique, les parents Grinhaus s'en retournèrent à Bialystok.

Jankel invita alors sa sœur Eda à le rejoindre à Paris, à la fin de la Première Guerre mondiale, et c'est en train Pullman qu'elle fit le voyage vers la capitale, luxe bien rare, à l'époque, dans les familles immigrées, mais qui montre combien, en quelques années, Jankel avait connu la réussite. Il s'était lié d'amitié avec Joseph Vitorge, son confrère lapidaire, et c'est ainsi qu'en 1920, Goutia a fait la connaissance d'Eda.

Les jeunes femmes se voient souvent et deviennent bientôt amies. Goutia, qui est mariée depuis une décennie et n'a toujours pas d'enfants, est de quatre ans plus âgée qu'Eda. Elle adore faire découvrir Paris à la jeune fille, l'amène au Louvre, aux cours de la Sorbonne et au marché Saint-Pierre, admirer les tissus.

Eda n'a pas rencontré Gerszon Szmerlis par hasard, car lui aussi est un immigré de Bialystok, ami de la famille. C'est Joseph Vitorge qui, le 24 mai 1923, signera leur *Ketouba*, le contrat de mariage religieux. Le couple s'installe alors dans un petit appartement du IXe arrondissement, près de leur ami Rachmiel Zak, lui aussi marié à une jeune femme de Bialystok, dont les deux enfants, Bernard et Sonia seront les compagnons de jeux d'Edith, de Léopold, d'Anna et de Gisèle. C'est une sorte de « petit Bialystok » que reconstruisent ces couples, les Zak, les Szmerliz, les Vitorge et les Lew. Rachmiel Zak est tailleur au 16 rue Clauzel, et c'est dans le même immeuble que Gerzson Szmerlis, qui se fait à présent appeler Georges, ouvre son atelier de maroquinerie.

Comme nombre de ses amis, y compris Joseph, il ne connaît rien au métier qu'il a choisi. Pourtant, dès son installation rue Clauzel, il s'avère être un façonnier en maroquinerie très compétent. Il se lance alors dans la confection de sacs à main de luxe. Et de façon inattendue, les commandes affluent. Pendant toute la période prospère des années 1920, Georges se retrouve ainsi à la tête d'une entreprise de maroquinerie haut de gamme, qui compte les Galeries Lafayette parmi sa clientèle.

Les Szmerlis se sont installés dans l'appartement de la rue Condorcet et ont acheté tous les meubles au propriétaire, une dépense insensée mais qui leur donne un intérieur « français » et bourgeois, dont ils raffolent. Lorsque naissent leurs deux filles, Nana et Gisèle, ils se joignent aux vacanciers des stations balnéaires proches de Paris, parmi lesquels ils retrouvent les Vitorge.

Leur prospérité sera de courte durée : l'effondrement des valeurs à la bourse de New York, le 29 octobre 1929, le « Jeudi noir », va provoquer une crise économique sans précédent, ayant pour effet la faillite de nombreuses petites entreprises, parmi lesquelles celle de Georges Szmerlis. En 1931 il ferme son atelier. Le loyer de l'appartement de la rue Condorcet est élevé, et la maladie de sa fille aînée Nana, une scoliose très handicapante, épuise les maigres ressources de la famille. Si les Szmerlis continuent de se joindre aux amis qui se retrouvent sur la plage de Berck pendant tout l'été, c'est surtout parce que Nana y est envoyée en rééducation. Même le lycée Lamartine, que fréquentent toutes les petites filles dans leur cercle d'amis, représente une dépense importante, qui demande des sacrifices.

Georges est à présent sans emploi. Au début, il a réussi à se faire embaucher chez un maroquinier, un certain M. Ribac. Puis, ce sont pour lui les années noires. Sans diplômes ni compétences professionnelles en dehors de la maroquinerie, il se voit contraint à des travaux de couture à domicile qui ne lui assurent pas de revenus suffisants. Enfin en 1936, écrit Gisèle, « Papa est devenu ouvrier d'usine ».

C'est sûrement, pour cet ancien chef d'entreprise à la tête d'une affaire prospère, un déclassement blessant, qui est vécu comme un cruel échec personnel. Le défaut d'argent, les économies forcées, sont à présent le quotidien de la famille Szmerlis, et la petite Gisèle ressent d'autant plus ces privations que ses amis, les Zak, les Bezalel, les Katz et les Vitorge n'ont pas les mêmes soucis. La hantise de la pauvreté est l'une des préoccupations les plus fréquemment mentionnées à la fois dans le journal de Gisèle et dans les lettres de son père Georges, pendant sa mobilisation. Cette écriture à deux voix témoigne des difficultés de cette famille soudain plongée dans une précarité que ne connaît aucun de leurs amis.

Heureusement, « Oncle » vient à la rescousse. Jankel Grinhaus, en tant que chef de la famille « élargie », a le bras long. Un beau-frère, Lazare Baïkowski, possède une société spécialisée dans le gaz comprimé et les soudures, les établissements Oxcom. L'entraide est un devoir dans la culture familiale de ces Juifs d'Europe de l'Est, et tout est mis en œuvre pour que Georges soit pris en charge. Il est bientôt embauché comme manutentionnaire dans l'usine de Lazare, à La Plaine Saint-Denis. Il entrera ensuite, juste avant la guerre, dans les ateliers de l'entreprise Aïvaz, implantée à Suresnes, qui fabrique des pièces métalliques pour l'industrie aéronautique.

Le 25 août 1939, l'ordre de mobilisation générale est donné et les réservistes, dont Georges Szmerlis, sont appelés. Des affiches sont placardées sur tous les murs des communes, précisant que « le premier jour de la mobilisation générale est le samedi 2 septembre 1939 ».

Le soldat Szmerlis

Citoyen exemplaire, Georges, qui approche de la cinquantaine, ne profite même pas du sursis de temps accordé aux mobilisés les plus âgés : il se présente à l'appel dès que l'ordre est donné. Le 3 septembre 1939, affecté au camp militaire de Satory à Versailles, il entame une correspondance avec sa famille. La première lettre est assez insouciante et parle de permission à la fin de la semaine. Georges indique qu'il a « bon moral ». S'il ne peut plus quitter sa caserne quand bon lui semble, c'est que, dit-il, « maintenant nous sommes en état de guerre, et on ne doit pas sortir sans masque ». Les lettres écrites sur des feuilles de papier quadrillé arrachées à un cahier, sont longues, rédigées avec application par un homme qui prend son temps. La majorité de la correspondance échangée entre le soldat et sa famille a disparu, sauf les lettres du mois de juillet 1940, 19 au total, toutes conservées.

Le 26 juin 1940, Georges envoie à sa femme Eda une carte postale pour lui donner sa nouvelle adresse au dépôt militaire de Séméac, près de Tarbes, dans les Hautes-Pyrénées. Il est affecté à la 22e section du COA, l'intendance de l'armée. Il est préposé à « l'habillement » et doit réceptionner les uniformes des soldats déjà démobilisés. Dans ses lettres, il parle peu de ses activités, sauf pour raconter son désœuvrement. Il ne s'inquiète que de sa démobilisation qui est promise pour bientôt.

Et surtout, il s'ennuie. Son régiment ressemble plus à une villégiature qu'à un cantonnement militaire.

Dans sa correspondance avec sa femme et ses filles, il s'inquiète du rationnement à Paris et des ressources dont elles disposent. Nana le rassure : elles sont restées à Paris et mangent à leur faim bien qu'il faille attendre des heures pour avoir sa ration de lait devant la crémerie de la rue Bochart de Saron. De plus, elles ont enfin reçu l'allocation militaire qu'elles attendent depuis des mois, et même quelques arriérés.

De quoi la famille a-t-elle vécu entre septembre 1939 et juillet 1940, alors que Georges ne touchait plus son salaire d'ouvrier ? Eda a-t-elle perçu une aide de la Caisse de compensation, équivalent des allocations familiales ? Rien ne permettrait de le savoir, si ce n'est une lettre que le gérant d'Oxcom, la société de son ancien employeur Lazare Baïkowski, adressa à Eda le 18 octobre 1939 :

> En raison de la mobilisation de votre mari, la Caisse de compensation ne paie plus l'allocation pour charge de famille.
> Notre Direction a décidé, pour compenser cet avantage que vous ne recevez plus, de vous allouer mensuellement la somme de Frs :150, pour chacun de vos enfants.

Rien n'obligeait cette société à accorder une aide financière à la femme de son ex-salarié, et c'est un exemple de l'entraide qui pouvait exister dans la famille élargie et entre les membres de cette communauté. Dans les lettres échangées entre Georges et sa famille en juillet 1940, il n'existe aucune mention de cette subvention d'Oxcom à Eda Szmerlis. Il est probable que les paiements furent suspendus car Lazare, comme tous les autres, avait quitté Paris. Oxcom, entreprise juive, allait de toute façon cesser son activité.

Georges est en pleine panique. Il attend la démobilisation qui n'arrive pas, il sait sans jamais y faire allusion, sans peut-être en être pleinement conscient, que sa famille est vulnérable. Et puis il y a les rumeurs à propos de la naturalisation. Il met un mot à Eda le 26 juillet 1940 :

> Un de nos camarades, un Tchécoslovaque naturalisé français dit qu'il aura du mal à retourner à Paris parce que les autorités allemandes ne

reconnaissent pas les naturalisations. Moi, personnellement, ça me laisse sceptique, mais on entend tellement de choses ici.
Renseigne-toi, je crois que Bezalel doit le savoir.

La réponse de sa femme ne tarde pas, mais Eda ne sait pas non plus à qui s'adresser et ne fait que propager des bruits :

> À propos de la naturalisation je pense que c'est des bobards. Je viens de demander à une dame qui m'a dit qu'on ne reconnaissait pas les naturalisations faites de moins de 10 ans, donc aucune inquiétude pour toi.

On voit bien qu'Eda et son mari sont tellement terrifiés de perdre leur nationalité française et tout ce que cela implique pour eux, qu'ils se raccrochent à n'importe quel ouï-dire qui fait rapidement le tour des quartiers, et qu'Eda croit ou fait semblant de croire afin de trouver un peu d'apaisement. Dans les faits, la loi « portant sur la révision des naturalisations obtenues depuis 1927 » vient d'être promulguée quelques jours plus tôt, le 22 juillet, et les citoyens visés étaient tout particulièrement des familles juives comme les Szmerlis, les Vitorge et leurs amis. Voilà donc une information vraie, qui passe pour fausse.

Mais la grosse affaire qui occupe le temps et l'activité de toute la famille Szmerlis, pendant ce mois de juillet 1940, est celle des *certificats de travail.* Georges est absolument persuadé qu'il ne pourra être démobilisé que s'il obtient cette attestation qui lui permettra de rentrer dans la zone occupée et de rejoindre Paris. Il demande à sa femme de se documenter auprès de ses anciens employeurs.

Ce qu'il cherche, à travers cette demande de certificat de travail, c'est aussi d'être rassuré qu'il pourra retrouver un emploi. Il donne des instructions à Eda. Il faudra demander à Ribac, son ancien patron maroquinier, et bien sûr à Lazare. Mais le dernier employeur de Georges est la société Aïvaz, c'est donc à elle qu'il faut s'adresser en priorité. Eda et Nana se mettent immédiatement en route. Eda court à Suresnes où l'usine Aïvaz est fermée, puis chez Ribac, puis chez Lazare, et partout, elle trouve porte close : « maintenant, presque personne n'est à Paris » répond Nana à son père, un peu agacée par toutes ces démarches inutiles.

Eda a enfin réussi à contacter Aïvaz, mais là encore, elle échoue, car l'entreprise n'a aucune intention de lui donner ce certificat, renvoyant la demandeuse devant la *Kommandantur*. Alors, face à ce mur d'indifférence, devant le silence obstiné des autorités, exaspérée par les refus et les désistements, elle renonce. C'est elle-même qui « fabrique » un certificat : « je soussigné Mme Szmerlis, déclare pouvoir héberger mon mari et subvenir à ses besoins ». Pour lui donner une apparence officielle, Eda fait signer et tamponner cette déclaration par le commissaire de police, à la date du 27 juillet 1940.

-Voilà ton certificat, dit-elle à son mari.

Peine perdue, on arrête tout. Le 28 juillet, Georges annonce à sa famille qu'il sera démobilisé dans quelques jours : « ce n'est donc pas nécessaire d'obtenir un certificat de travail ».

Eda devrait être soulagée, et pourtant elle ne l'est pas. Cette course au certificat et aux papiers bien oblitérés, cette obsession administrative, n'est pas une simple réaction de panique naïve à une situation de crise. Elle vient d'un irrépressible sentiment de dépossession. Les démarches épuisantes, qui n'ont jamais eu de sens, qui sont entreprises dans l'urgence et dictées par la peur témoignent, à travers la trentaine de lettres échangées en juillet 1940, de la désorientation complète de cette famille manquant d'informations fiables, sentant s'écrouler les barrières de protection, et se déliter autour d'elle la société civile et ses institutions.

À sa démobilisation, Georges est déclaré inapte au travail et l'allocation militaire n'est pas suffisante pour assurer les revenus du foyer. Par chance, Nana a trouvé un petit emploi de bureau et elle participe à l'entretien de la famille. Malgré tous les interdits imposés aux Juifs, comme celui d'exercer sa profession, de faire ses courses aux mêmes heures que les autres, d'avoir un téléphone, de sortir après le couvre-feu, les Szmerlis, comme les autres Juifs qui vivent en zone occupée, se débrouillent. Ils veillent à bien respecter les ordonnances, ils sortent en plein jour dans les rues de Paris, étoile jaune correctement attachée au vêtement, bien visible, comme le veut la loi. Et quand les postes de TSF sont interdits aux Juifs, en mars 1942, ils déposent le leur, avec sa caisse et son antenne, au commissariat de police.

« Nous n'avons jamais été inquiétés », précise Nana. Des décennies plus tard, Gisèle a confié à Edith sa conviction que sa famille bénéficiait d'une protection. Un policier, que Nana connaissait par son travail, peut-être un résistant, leur a accordé son aide, a veillé à leur sécurité, discrètement mais assidûment. Il ne s'est pas manifesté à la Libération et il ne fut plus jamais question de lui. Lorsque, à la fin de sa vie, on parlait de cette époque-là, Gisèle, pudique, disait simplement que sa famille avait eu de la « veine ». Elle devait alors penser à ceux que la chance n'avait pas touchés, ses amis les Bezalel.

Les joueurs de « Szmébé »

Il existait, entre Georges Szmerlis et Abraham Bezalel, et entre leurs familles respectives, une amitié très forte, « indéfectible » écrit Gisèle dans son petit cahier. C'est pendant l'été 1934, sur la plage de Berck, que les Bezalel sont entrés, par hasard, dans le cercle des familles Zak, Szmerlis, Katz et Vitorge. Abraham Bezalel et sa femme Anna viennent eux aussi de « Russie » et avec leurs deux enfants, Alexandre et Rachel, ils sont immédiatement accueillis par le petit groupe de vacanciers.

Georges Szmerlis et Abraham Bezalel partagent une passion pour les jeux de cartes qui les rapproche dans une connivence de co-équipiers pendant les parties de belote du dimanche, au bois de Saint-Cloud. Ils inventent même, se souvient Gisèle, une variante de ce jeu de cartes qu'ils appellent, en prenant la première syllabe de leurs deux noms, le « Szmébé ». C'est entre les deux hommes une amitié solide, qui va durer une dizaine d'années.

Un peu plus âgé que Georges, Abraham Bezalel - qui aura 55 ans en 1940 - est un homme imposant, râblé, expansif, qui parle fort et sans ambages, et qui peut donner l'impression d'une certaine fatuité. Gisèle, qui n'a que 12 ans au début de la guerre, le surnomme *le fou.* Mais « Bezalel », comme tout le monde l'appelle, est aussi un homme généreux, fidèle à ses amis, serviable. Georges Szmerlis n'a pas le bagout de son partenaire de belote. Il est réservé, anxieux, l'air toujours préoccupé. Mais lui aussi fait une place importante à l'amitié. Bezalel l'a sûrement aidé pendant les années difficiles, après sa faillite, et dans les lettres que Georges écrit à sa famille, c'est souvent sur lui qu'il compte, comme sur un aîné : « Bezalel doit savoir » ou encore « Bezalel va s'en occuper » dit-il souvent à sa femme Eda.

Les Bezalel avaient tout d'abord émigré en Allemagne, avant la Grande Guerre, et leurs deux enfants sont nés à Berlin. La décision de quitter l'Allemagne très peu de temps après la naissance de leurs enfants fut probablement prise au moment de la crise financière de 1923. En s'établissant à Paris, dans une ville et une culture dont ils ne savaient rien, les Bezalel avaient pourtant fait un choix qu'ils devaient penser avantageux, et en 1927, ils adoptent la nationalité française. Ils connaissent mal les us et coutumes de leur nouveau pays, parlent un français approximatif, mais ils se sentent enfin chez eux.

Abraham, comme tous ses amis, s'est établi à son compte. Il est « artisan façonnier », fabricant et réparateur de machines à coudre. Dans une économie où le prêt-à-porter n'est pas encore très développé, son carnet de commandes est bien rempli et sa petite entreprise de service ne tarde pas à prospérer car c'est un technicien apprécié par les tailleurs et les couturiers parisiens, y compris certaines grandes maisons. Pour développer son affaire, il a embauché quelques techniciens et a ouvert une boutique de machines à coudre au 11 de la rue Louis Blanc, près de l'hôpital Saint-Louis. Goutia fait souvent appel à lui pour l'entretien de sa machine à coudre et toujours obligeant, il vient la dépanner, rue Milton.

Edith se souvient bien des vacances sur la côte d'Opale, après l'arrivée des Bezalel dans leur cercle familial. Rachel, plus âgée qu'elle de quatre ans, semblait un peu étrange, taciturne. C'était une jolie fillette très brune, assez replète, au visage souvent fermé. Lors du dernier séjour balnéaire du petit groupe à Fouras, en 1939, Rachel suivait la bande d'adolescents qui se bousculaient sur la plage. Elle avait encore des allures d'enfant et restait toujours collée à son frère Alexandre, un grand garçon de 18 ans, grégaire et sympathique, qui flirtait avec Olga-la-rouquine, la meilleure amie d'Edith, au grand dam de Gisèle. On disait de Rachel, toujours un peu absente, qu'elle n'était pas tout à fait « normale ». Les Bezalel et les Szmerlis avaient cela en commun, le handicap d'un enfant, et c'est peut-être aussi ce qui les a rapprochés.

Pendant près de deux décennies, après son installation dans la capitale, la famille Bezalel a vécu très confortablement dans le XIXe arrondissement, au 5 rue Euryale Dehaynin qui donne sur le bassin de la Villette. Un peu moins bourgeois que celui de la rue Condorcet, le quartier est cependant sympathique, avec ses immeubles coquets, pourvus de petits balcons à chaque étage. La proximité du canal lui donne une atmosphère aérée et tranquille. Les Bezalel se plaisent dans ce coin vert de Paris, pas trop loin de leurs amis du IXe arrondissement.

Les enfants ne fréquentent pas les mêmes lycées, mais se retrouvent souvent, surtout le dimanche. Parfois on va chez Goutia, qui garde en réserve un strudel, un cake marbré ou un gâteau au fromage. On fait une consommation incroyable de thé qu'on boit à la russe, en plaçant sur la langue un morceau de sucre qu'on laisse fondre sous le palais.

À la déclaration de guerre, ces rituels de société ont pris fin. Les Bezalel, comme les autres, ont quitté Paris. On sait, par une lettre de Nana, que le 13 juin 1940, lorsque Eda Szmerlis et ses filles se sont rendues chez eux, les Bezalel étaient déjà partis. Ils rentreront précipitamment à Paris quelques jours plus tard et le 10 juillet, Nana écrit à son père : « Figure-toi que Bezalel et sa famille sont de nouveau à Paris car on les a forcés de revenir ». Quel sens donner à cette phrase ? On aura un indice de ce qui a pu se passer dans une lettre que Bezalel a écrite, le 18 juillet 1940, à son ami Georges Szmerlis, encore retenu dans son cantonnement militaire.

Bezalel parle d'un contrôle pendant le voyage, au cours duquel l'un de ses ouvriers, qui se trouvait dans la voiture familiale, a été arrêté, ce qui les aurait peut-être contraints à rentrer à Paris. On n'en sait pas plus et la lettre n'est pas claire. Bezalel, cependant, n'est pas inquiet, il est même assez satisfait, le ton enjoué de sa lettre semble en tout cas l'indiquer : « ici rien ne manque, écrit-il, sauf le partenaire pour un Szmébé ». Pour Bezalel, en ce début de l'occupation allemande, la situation est loin d'être aussi difficile que pour la famille Szmerlis. Dès le mois de juillet, beaucoup de Parisiens sont eux aussi rentrés. Il a vite repris ses occupations et a retrouvé sa clientèle : « je viens de rouvrir mon magasin, écrit-il à son ami, et le travail ne manquera pas ». Bezalel ou l'optimiste.

L'affaire Bezalel

Toutefois, pour les Bezalel et les Szmerlis, la vie parisienne sous l'Occupation est une suite de vexations et de brimades dont ils doivent s'accommoder. Même s'ils veillent à bien respecter les ordonnances antijuives, celle du 29 mai 1942 qui impose le port de l'étoile jaune est subie avec un mélange de rage impuissante et d'angoisse. Ce qui reste incompréhensible pour ces Juifs qui ont si peu conservé les traditions d'une religion qu'ils ne pratiquent pas, est cette étiquette infamante. Ce qu'on leur a volé, ce n'est pas le droit d'être juif, disent-ils, c'est celui de ne pas l'être.

Une chose est certaine, ils sont tous « en règle », ils n'ont rien à craindre de ce côté-là, et cela les rassure. Les Bezalel se sont présentés au commissariat, lors du recensement des « ressortissants juifs » en octobre 1940. Leurs déclarations ont été enregistrées, leurs cartes d'identité marquées du cachet « Juif ». Ils ne savent pas que ces relevés d'identité vont servir à organiser avec précision toutes les rafles qui s'échelonneront de 1941 à 1944. Quant à Alexandre, il est impossible de savoir s'il a participé au recensement, le fichier de la préfecture de Paris ayant été détruit après la guerre.

La nuit du 15 au 16 juillet 1942, alors que la police commence à boucler certains quartiers de Paris en prévision de l'arrestation de plus de 12 000 personnes juives, hommes, femmes et enfants, les Bezalel restent chez eux. Inconscients de la gravité des événements, ils se croient à l'abri, puisque de toute façon, on arrête les Juifs étrangers et qu'eux sont français. Pourtant, il suffit de consulter le fichier des entrées à Drancy pour s'apercevoir que l'écrasante majorité des personnes arrêtées lors de cette rafle du Vel d'Hiv étaient, comme eux, des Français naturalisés. En fait, ni les Szmerlis, ni les Lew, ni les Bezalel, qui vivaient à ce moment-là à Paris, ne figuraient sur les listes des équipes d'arrestation simplement parce que leurs arrondissements n'avaient pas été désignés comme des quartiers « prioritaires ».

Les journaux officiels sont bien sûr muets, tout le monde chez les Bezalel et leurs amis est sain et sauf, et l'on passe à autre chose. Cette autre chose, c'est la survie dans une capitale où s'abat sur les Juifs une terrible détresse financière.

Depuis le début de l'Occupation, les autorités allemandes et le gouvernement de Vichy ont institué une mesure drastique de spoliation des entreprises juives, les grandes comme les petites. La société Oxcom, l'ancien employeur de Georges Szmerlis, est victime de cette *aryanisation* économique, au même titre que les grandes maisons comme les Galeries Lafayette, ou les petits commerces, boutiques et ateliers appartenant à des Juifs. En 1942, Oxcom est mis en vente et la concurrence est féroce entre les acheteurs. Lazare Baïkowski, le propriétaire, est tout simplement dépossédé de son entreprise. Une société du nom de L'Air Liquide, qui deviendra après-guerre le groupe multinational Air Liquide, spécialiste des gaz industriels, s'est portée acheteuse de cette « affaire juive » qui sera finalement liquidée[1].

Abraham Bezalel va à son tour tomber sous le coup de l'aryanisation économique. Rattrapé par son propre succès, le petit commerce de machines à coudre se retrouvera parmi des milliers d'autres, victime de la politique de rapine des biens juifs mise en place par le régime de Vichy, que l'on a pu appeler à juste titre la « solution économique finale ».

En 1997, le Premier ministre Alain Juppé chargea un groupe de chercheurs d'évaluer « l'ampleur des spoliations » et d'établir « un inventaire des biens accaparés sur le sol français » dans le cadre de cette procédure d'aryanisation. Dans le rapport de mission, le terme *aryanisation* est défini comme « un néologisme importé d'Allemagne nazie et adopté par Vichy qui désigne la liquidation ou le transfert de chaque "entreprise juive" à un aryen[2] ». Le but en est clairement énoncé : « supprimer définitivement l'influence juive dans l'économie française[3] ». Les comptes en banque des entrepreneurs juifs sont bloqués, les sociétés juives devront être vendues ou liquidées, et le solde des opérations est consigné à la Caisse des dépôts et consignations après prélèvement de commissions, taxations et honoraires des « administrateurs provisoires ». Les fonds en surplus sont versés à l'Union générale des Israélites de France (UGIF), créée par Vichy en 1941, dont le rôle est de représenter les Juifs auprès des pouvoirs publics.

La Direction de l'aryanisation économique et du contrôle des administrateurs provisoires, placée sous l'autorité du Commissariat général aux questions juives (CGQJ) est chargée de ces mesures économiques de spoliation. Car ce vol à grande échelle est organisé dans le plus strict formalisme juridique : « si ce qui touche à la déportation relève du non-droit, ce qui touche à la spoliation relève du droit le plus scrupuleux[4] ».

Nommé à la tête de chaque entreprise déclarée juive, l'administrateur provisoire, appelé aussi « commissaire-gérant », est

---

[1] Rochebrune (Renaud de), *Les Patrons sous l'Occupation*, Paris, Odile Jacob, 2013, p. 524.

[2] Matteoli (Jean), *Mission d'étude sur la spoliation des Juifs de France : rapport général*, Paris, La Documentation française, 2000, p. 180.

[3] *Ibid.*, p. 43.

[4] *Ibid.*, p. 50.

l'exécutant des opérations d'aryanisation des sociétés juives : il prend en main leur gestion afin de procéder à leur vente ou à leur liquidation ainsi qu'à leur radiation du Registre du commerce. L'administrateur provisoire, payé par des prélèvements sur l'entreprise qu'il gère[5], doit rendre des comptes à son administration, mais on peut imaginer tous les débordements d'un tel système.

L'administrateur du commerce d'Abraham Bezalel se nomme Louis Rinville. Il habite un bel immeuble de la rue Saint-James à Neuilly-sur-Seine, tout près du bord de Seine, à la lisière du bois de Boulogne. On ne se sait pas quel est son métier, mais c'est de toute évidence un notable. Les administrateurs, écrit André Kaspi dans son ouvrage *Les Juifs pendant l'occupation*, « doivent être de bons français, aryens, [...] manifester un certain militantisme, montrer des dispositions favorables à l'égard de la puissance qui les nomme[6] ». Le « bon Français » Louis Rinville est un homme occupé, car il est responsable de 21 « affaires juives », parmi lesquelles figurent principalement de petits artisans, mais aussi un propriétaire d'immeuble, une entreprise de publicité, une association russe d'entraide aux immigrés, et le Cabaret Mimi-Pinson[7].

On ne sait pas à quel moment Louis Rinville s'est présenté devant Abraham Bezalel au 11 rue Louis Blanc, afin de liquider l'affaire de machines à coudre installée dans le local qui portait sur la devanture l'affiche jaune « entreprise juive ». D'ailleurs, ce n'est pas seulement le « magasin » comme l'appelle fièrement Bezalel, qui est visé, mais aussi l'appartement de la rue Euryale Dehaynin, qui sert d'adresse officielle à l'entreprise. Ce domicile est donc lui aussi mentionné dans la liste des biens à aryaniser figurant au bottin des spoliés, malgré l'exemption, accordée par la loi, pour les locaux servant d'habitation aux intéressés (loi du 22 juillet 1941)[8]. Bezalel, qui n'a plus le droit d'exercer son activité commerciale, se trouve ainsi dans une précarité extrême. A-t-il réussi à négocier avec Rinville de continuer ses activités pendant quelque temps comme artisan-façonnier travaillant « en chambre » et donc sans contact avec le public, comme l'ordonnance antijuive du 26 avril 1941 l'y autorisait ? Cela est possible. Mais cet arrangement, s'il a existé, fut de courte durée.

---

[5] *Inventaire des archives du CGQJ*, Paris, Archives nationales, 1998.

[6] Kaspi (André), *Les Juifs pendant l'Occupation*, Paris, Seuil, 1997, p. 119.

[7] *Bottin des Administrateurs provisoires*, CDJC, cote MDXXXVI-9BA-2 336.

[8] *Bottin des Spoliés*, CDJC, cote MDXXXVI-9BS-1 187.

Une note administrative datée du 6 février 1943 provenant de l'Union générale des Israélites de France, a été conservée dans les archives. Elle accompagne une lettre d'Abraham Bezalel qui a malheureusement disparu du dossier, mais la note d'accompagnement en donne l'objet : « requête de Monsieur Bezalel, artisan façonnier, qui veut connaître ses droits ».

La raison de cette lettre est probablement le conflit qui l'oppose à son administrateur. Gisèle parle de rapports « difficiles » entre Abraham Bezalel et Louis Rinville. Ils étaient en fait exécrables. Et la demande adressée à l'UGIF n'a sûrement pas eu le résultat qu'attendait l'artisan juif. Était-il conscient du péril que représentait une telle démarche auprès de cet organisme ?

D'un autre côté, pourquoi Bezalel aurait-il craint quoi que ce soit de la part d'une institution comme l'UGIF en laquelle il avait pleinement confiance et qui elle-même encourageait les Juifs à respecter la légalité ? Croyant vivre encore dans un État de droit, il n'est pas absurde qu'il ait voulu obtenir des éclaircissements sur sa situation de commerçant.

L'UGIF a transmis la lettre de Bezalel à sa hiérarchie administrative, qui l'a remise au Directeur général de l'aryanisation économique. Elle n'eut d'autre résultat que d'exaspérer l'administrateur.

Après sa lettre de réclamation, la situation s'est rapidement détériorée pour Bezalel, à tel point que l'artisan façonnier a fini par porter plainte contre Rinville au commissariat de police de son quartier. Celui que la petite Gisèle appelait *le fou* venait de commettre une seconde et irréparable erreur de jugement.

Comment doit-on comprendre cette plainte déposée au commissariat de police dans le contexte d'un régime antisémite qui avait déjà exclu, stigmatisé, spolié et terrorisé la population juive de Paris, et alors que se multipliaient les arrestations et les déportations raciales ? Il est certain que Bezalel était très mal informé, mais il l'était suffisamment pour avoir pris la précaution d'envoyer son fils en zone libre et il n'était pas si naïf. Un décalage semble avoir existé pendant ces cinq premiers mois de 1943, une perte de sens qui a poussé Bezalel vers le conflit ouvert avec son liquidateur.

Le 16 mars 1943, soit un peu plus d'un mois après la lettre de Bezalel à l'UGIF, Louis Rinville se met en contact avec le Contrôle des administrateurs du Commissariat général aux questions juives. Sa lettre a été conservée dans le dossier d'archive. Elle est tapée à la machine sur papier à en-tête :

> Messieurs,
> Je vous confirme mon rapport verbal au sujet du Juif Bézalel (Russe naturalisé le 6 décembre 1927).
> Ce dernier me crée toutes sortes de complications dans l'exercice de ma mission, refus de me donner les clés, refus de me donner ses documents comptables, plainte au commissariat de police du quartier de l'hôpital Saint-Louis, plainte au Comité d'aryanisation, menaces de chantage.
> En plus Bézalel ne cesse ses insultes, ses sous-entendus et ses menaces de règlement de compte à mon sujet. Tout ceci par devant le commissaire de Police ci-dessus nommé et par devant Me Mingasson, huissier, 10 bd Sébastopol.
> Ses menaces ne me font pas peur mais il me serait pénible d'en venir aux mains pour me débarrasser de cet *énergumène.* J'aimerais bien dans ce cas, avoir l'aide de la police aux questions juives.
> Sur votre avis, je me suis rendu à la P.Q.J. [Police aux questions juives] rue Greffulhe. Ces derniers ne peuvent intervenir d'aucune façon dans ce cas et m'ont conseillé d'intervenir auprès de :
> M. Permyeux [*sic*] de la Police judiciaire aux affaires juives.
> Je vous donne cette adresse afin d'intervenir vous-mêmes auprès de ce dernier. Sans aide il ne me sera pas possible de continuer ma mission sans risquer de « coup dur ». Cela à toutes fins utiles.
> Veuillez agréer…

Le « Permyeux » auquel Rinville fait référence dans sa lettre est le commissaire Charles Permilleux qui, à partir de la fin 1942, dirige le Service des affaires juives de la direction de la police judiciaire, un « service répressif » spécialisé dans les enquêtes de dénonciation, les arrestations et le transfert à Drancy de personnes en état d'infraction aux ordonnances antijuives[9].

Quelques semaines après la lettre de Rinville au CGQJ, Abraham Bezalel, sa femme Anna et leur fille Rachel sont arrêtés. Le 25 mai 1943 ils sont transférés au camp d'internement de Drancy où Bezalel reçoit le numéro matricule 21369[10]. Apparemment, Rinville a été entendu.

---

[9] Berlière (Jean-Marc), *Le Monde des polices en France (XIXe-XXe siècles)*, Bruxelles, Éditions Complexe, 1996, p. 183.

[10] C.D.J.C., cote F/9 5680. Cette date est rajoutée à la main dans le Fichier familial et le Fichier individuel de la Préfecture de police de la Seine sous la cote F/9 5634.

Pendant leur séjour d'un mois à Drancy, les Bezalel sont en contact par courrier avec leurs amis Szmerlis et avec leur fils Alexandre qui est à Lyon, chez leurs amis les Katz. Georges Szmerlis écrit aux détenus, leur donne des nouvelles et envoie des colis. Les Bezalel en ont reçu au moins un, le 12 juin, et Abraham en remercie ses amis dans une lettre postée le 17 juin, trois semaines après son arrivée au camp. C'est une lettre écrite sur un petit morceau de papier sali de la taille d'une carte postale, rédigée au crayon. L'écriture est si resserrée et fine, les lignes si rapprochées que la lecture en est laborieuse.

On sent à travers toute la lettre l'affolement du détenu qui craint pour sa famille qu'il sait malade et dont il est d'ailleurs séparé dans les installations du camp : « nous manquons de pain, de graisse, de tout, de tout » écrit-il à son ami Szmerlis. Il le charge d'aller se renseigner sur les colis qui n'arrivent pas, il s'inquiète de ses comptes, de ses dettes, des robes commandées à la couturière qu'il faudrait aller chercher - sans essayage, précise-t-il pour plaisanter - du courrier qu'il faut ramasser, « en attendant ».

Bezalel continue de se conduire en patron d'entreprise, organisant le suivi de ses affaires courantes. Dans la dernière ligne de sa lettre, il parle de recevoir une « prime en rentrant », qui lui permettra de payer ses créanciers.

Loin d'être le délire d'un homme abattu ayant perdu tout sens de la réalité, la lettre de Bezalel est un véritable ordre de marche, convoquant tout le réseau de ses connaissances, amis, voisins, hommes de confiance, fournisseurs ou associés, personnel de service, à qui il donne des instructions précises sur les démarches à entreprendre. C'est un monde construit, raisonnable, maîtrisé qui remplit l'espace surchargé de sa lettre aux Szmerlis, sans trous, sans blancs, sans ratures. Le fou, ce n'est pas Bezalel.

La dernière lettre que les Szmerlis recevront de Drancy a été postée le 24 juin 1943. Il y est question d'un départ imminent pour la « destination inconnue », et Bezalel y exprime son inquiétude à propos des dettes qu'il a accumulées. Il demande à ses créanciers « de l'indulgence à mon égard, car c'est un cas de force majeure ». Rachel ajoute un mot de son écriture hésitante. Sur la ligne réservée à l'adresse, elle met : Déportée de Drancy.

Les Szmerlis ont envoyé de l'argent aux Bezalel, et Gisèle a conservé le récépissé du vaguemestre du camp, daté du 30 juin 1943. Au dos du coupon on lit : « L'interné étant transféré sans adresse nous vous renvoyons le montant du mandat avec déduction des frais d'envoi. » Le transfert sans adresse, terminologie de la catastrophe.

Les Bezalel font partie du convoi n° 55 à destination de Auschwitz-Birkenau. Dans le *Calendrier de la persécution des Juifs de France*, Serge Klarsfeld consacre une page à ce convoi parti de la gare du Bourget-Drancy le 23 juin 1943, à 10 heures, avec 1002 Juifs[11]. Une particularité de ce transport est qu'il contient beaucoup d'enfants, environ 160 mineurs de moins de 18 ans, et des bébés qui vont être arrachés à leurs mères à l'arrivée.

Tout me porte à croire que la famille Bezalel a fait partie des personnes gazées à leur arrivée. Les archives du Musée national de Auschwitz-Birkenau sont silencieuses. L'archiviste m'écrit qu'il n'a rien trouvé : « we have searched partially saved documentation. Unfortunately, there is no information about Bezalel Abraham, Anna and Rachel[12]. » Les différents sites de la mémoire de la Shoah comme le Mémorial de Yad Vashem à Jérusalem, donnent comme date de leur décès le 28 juin 1943. Mais aucun document ne peut le confirmer. On ne dispose d'aucune information après l'arrivée du convoi, le 25 juin.

Parmi les papiers que Gisèle a conservés sur la famille Bezalel, on trouve une lettre qu'Alexandre a adressée aux Szmerlis le 24 juin 1943, le lendemain de la déportation de ses parents et de sa sœur. Ensuite, Gisèle et sa famille ne recevront plus aucune nouvelle de lui. Quelques indices ressurgiront, mais il faudra pourtant se résigner : sur Alexandre, les archives sont lacunaires et parfois même fausses.

Chercher Alexandre

Toute sa vie adulte, Gisèle Szmerlis n'a cessé de penser à ce grand garçon de huit ans son aîné que, petite fille, elle admirait et dont, adolescente, elle était amoureuse. Après son arrestation à Cannes, pendant l'été 1943 - on n'a jamais retrouvé la date exacte - Alexandre Bezalel disparaît. Elle l'a recherché avec détermination mais avec

---

[11] Klarsfeld (Serge), *Calendrier de la persécution des Juifs de France : septembre 1942-août 1944*, vol 3, Paris, Fayard, 2001, pp. 1542-43. D'autres sources donneront un chiffre un peu plus élevé.

[12] Biuro ds. Byłych Więźniów, Musée d'Auschwitz-Birkenau, ref. I-Arch-BBW.525.2837-39.2016.

discrétion, car elle n'en a parlé qu'à Edith et à leur amie Suzanne Vence. Elle l'a recherché sans cesse, jusqu'en 2007, année de sa propre mort. En avril 2007, comme pour donner une sépulture à l'ami perdu depuis plus de soixante ans, elle a rempli une feuille de témoignage qui a été ajoutée à la base de données des victimes de la Shoah, consultable sur le site du Mémorial de Yad Vashem. Cette fiche contient partout des points d'interrogation. Adresse inconnue, destin inconnu.

La base de données du Mémorial de Jérusalem indique qu'Alexandre Bezalel, né le 10 septembre 1921, fut déporté à Aurigny par le convoi 641 du 12 août 1943. Pourtant, il n'existe aucune trace de son passage dans ce camp de détention peu connu des îles anglo-normandes, à une douzaine de kilomètres des côtes françaises. De plus, demande Gisèle, comment Alexandre, s'il a été déporté à Auschwitz, est-il venu d'Aurigny ? Pour le comprendre, il faut savoir qu'entre Aurigny, camp de « délestage » et Drancy, camp de « triage », les transferts étaient fréquents[13]. Il est donc possible qu'Alexandre ait effectivement été embarqué vers Aurigny comme le dit le fichier du Mémorial de la Shoah. Et qu'il ait ensuite été transféré à Drancy, et déporté vers Auschwitz.

Mais ce que veut Gisèle, c'est une certitude.

Elle possède les deux lettres, celle d'Alexandre, datée du 24 juin, et celle de son père Abraham Bezalel, postée de Drancy le 23 juin, toutes deux adressées aux Szmerlis. Les correspondances se croisent, et les parents de Gisèle servent en quelque sorte de « boîte à lettre » car ils peuvent plus facilement faire passer les messages. Alexandre s'inquiète pour la santé de sa sœur et de sa mère au camp de Drancy. De leur côté, les Bezalel ont chargé les Szmerlis d'avertir leur fils : « Dites à Alex svp de s'installer au plus vite chez son oncle. Nous n'avons pas du tout envie de le voir. » Ce message « codé » est celui d'un père qui veut alerter son fils du danger auquel il s'expose s'il rentre à Paris.

De son côté, Alexandre écrit qu'il va bientôt quitter sa résidence actuelle chez les Katz, à Lyon, et qu'il ignore encore sa prochaine adresse. Il ajoute : « Je suis appelé dans le courant de juillet pour le Service du travail obligatoire. » Ce qu'Alexandre est en train de dire aux amis de ses parents, est qu'il va devenir réfractaire au STO. Par

[13] Luc (Benoît), *Les Déportés de France vers Aurigny*, Marigny, Éditions Eurocibles, 2010, p. 58.

l'intermédiaire des Szmerlis, le fils et le père s'échangent ainsi des messages à mots couverts que ni l'un ni l'autre ne recevra jamais.

Alexandre était peut-être déjà dans un réseau clandestin à Lyon. On sait en tout cas qu'il a rejoint la Résistance sous le nom de Jacques Vidal. Il retrouvera son ami Léon Waksman à Saint-Gervais, une petite commune de Haute-Savoie alors sous occupation italienne. Léon y a rencontré une jeune fille, Suzanne K., qu'il épousera à la fin de la guerre et avec qui il prendra le nom « Vence ». C'est elle, Suzanne Vence, qui fut témoin de l'arrestation d'Alexandre.

Il est probable que cette arrestation a eu lieu au mois de juillet, mais Suzanne n'en est pas certaine. Le nom d'Alexandre ne figure sur aucun des registres des entrées à Drancy, sur aucune liste des convois pour Auschwitz.

Gisèle ne renonce pas. Les archives officielles auront peut-être la réponse qu'elle cherche. En 2003, elle sollicite le ministère de la Défense. Elle doit même faire une demande de dérogation afin d'obtenir la communication de « documents non encore communicables ».

Au Service des archives, elle ne peut rien photocopier ni reproduire. Mais elle recopie à la main tous les documents qu'elle consulte. Avec discipline et obstination, elle écrit, inlassablement, sur des feuilles volantes, les numéros de tous les fichiers, des lettres, des mentions officielles, elle note les dates, les titres, les abréviations incompréhensibles, cherchant un sens dans ce fatras administratif.

Ce qu'elle trouve est décevant, décourageant : en mai 1947, est établi un « acte de disparition » sous le numéro 44154, pour le « non-rentré » Alexandre Bezalel, « déporté racial », arrêté sous le nom de Jacques Vidal. Cet acte de disparition est établi par le tribunal de première instance de la Seine. Puis en 1951, une note du procureur de la République annonce que le tribunal de la Seine a « déclaré constant le décès de Bezalel Alexandre ». Le voilà mort pour de bon.

Gisèle a réussi à se faire envoyer par la mairie du XIXe arrondissement l'acte de décès d'Alexandre qui fut établi en 1948 et rectifié en 1951. Alexandre est « dit décédé en septembre 1943 à Drancy ». Mais le « dit décédé » n'est pas mort à Drancy, ce que Gisèle n'a jamais su. L'information qu'elle cherchait désespérément est publiée au *Journal officiel* (JORF) le 6 mai 2003 et provient du secrétaire d'État aux anciens combattants. La mention « mort en déportation » est ajoutée ainsi que la rectification « décédé le 1er

septembre 1943 à Auschwitz (Pologne) et non en septembre 1943 à Drancy (Seine)[14] ».

Si la date et le lieu de décès donnés par le *Journal officiel* sont corrects, Alexandre a été transféré à Auschwitz au plus tard par le convoi n° 58 du 31 juillet 1943, car il n'y eut aucun transport au mois d'août 1943. Et s'effondrent alors toutes les autres hypothèses, en particulier celle d'un passage par le camp d'Aurigny.

Pour connaître les détails de l'arrestation d'Alexandre, je rends visite à Suzanne Vence. C'est une petite femme volubile et encline à la plaisanterie. Elle porte de grosses lunettes à monture violette, ses cheveux blancs coupés court encadrent un visage souriant. Elle m'accueille, pendant l'été 2011, dans un bel appartement du IXe arrondissement, meublé avec goût.

Ils étaient tous à Cannes, me dit-elle, un petit groupe de cinq jeunes gens, elle-même, son frère aîné Lazare, dit Loulou, son fiancé Léon Waksman, leur amie Odette, et Alexandre. Un jour, ils s'arrêtent dans un café en rentrant du cinéma. C'est en sortant du café que les choses se précipitent. Suzanne et Léon marchent ensemble, traînant un peu derrière les trois autres. Soudain, un soldat Allemand s'approche du couple et lui demande ses papiers. Léon tergiverse assez longtemps pour détourner l'attention de l'homme en uniforme et, profitant de ce moment de distraction, les deux jeunes gens s'échappent en courant.

Mais il est trop tard pour Odette, Loulou et Alexandre. L'Allemand a braqué son arme sur eux, et ils seront emmenés au poste, un hôtel réquisitionné par la police allemande. Odette, qui assiste à mon entretien avec Suzanne, me raconte comment elle a tenu la dragée haute à ses geôliers, et qu'à force d'argumenter, elle a réussi à se faire libérer.

Dans l'hôtel-prison Loulou a entendu qu'Odette serait relâchée et il décide alors de s'évader : « dès qu'on peut, on file », dit-il à Alexandre. Mais celui-ci n'est pas partant. Il préfère aller rejoindre sa famille à Drancy, dit-il à son ami. Pense-t-il que ses geôliers vont l'aider ?

L'occasion inespérée va bientôt se présenter aux deux jeunes hommes. La surveillance s'est relâchée, ils sont dans un couloir, une porte est ouverte.

- Tu viens Alexandre ?

Sans attendre la réponse, Loulou se dirige lentement vers la porte de sortie. Il n'entend pas son ami derrière lui, il sait déjà qu'il ne le suivra

---

[14] *Journal officiel de la République française*, 105, 6 mai 2003, p. 7865, texte n° 45.

pas. Il franchit la porte sans se retourner et personne ne fait attention à lui. Il est libre.

Ni lui ni Alexandre ne verront la fin de la guerre. Loulou, qui a rejoint le maquis, y sera tué lors d'une avancée allemande, en 1944. Alexandre, s'il était dans le convoi du 31 juillet 1943, partait ce jour-là avec un millier de Juifs.

Les démarches de Gisèle ne sont pourtant pas restées vaines. Avant de disparaître elle-même, elle a donné à Alexandre une existence posthume : grâce à elle, il a sa place sur le Mur des Noms, au Mémorial de la Shoah à Paris, à côté de son père Abraham, de sa mère Anna et de sa sœur Rachel.

Jacqueline : Maman, une femme merveilleuse

Le *talès* et le petit-gris

Goutia Vitorge aimait la vivacité et le caractère bien trempé de Mme Vierny. Elles avaient toutes deux un goût prononcé pour la couture et elles pouvaient passer de longs moments ensemble au marché Saint-Pierre, à la recherche de ce qu'elles appelaient des « chiffons », des *shmatès*. Dans la génération de leurs enfants, Edith et Léopold étaient proches de Jacqueline, la fille de Mme Vierny qui, en tant que belle-sœur de leur cousine Charlotte, était aussi devenue une cousine. Bien plus tard, dans les années 1960 et 1970, lorsque Edith et son mari André recevaient tout le monde dans leur grande maison de Bagnolet pour le déjeuner du dimanche, Jacqueline prenait place à table, et amusait l'assemblée en déclamant des phrases incompréhensibles en russe tout en soulevant sa magnifique chevelure rousse.

La plus jeune des femmes de la génération d'Edith dans le cercle familial, Jacqueline est aussi celle qui a gardé le plus d'attachement à la langue et à la culture russes, et elle racontait l'histoire de ses parents à grand renfort d'accent slave et d'amples gestes. Dans les années 1980, c'était encore une belle femme, dont le travail de costumière à l'ORTF, l'ancien Office de radiodiffusion et de télévision française, lui donnait un côté « artiste » très apprécié dans la famille. Elle arrivait chez Edith vêtue de costumes chamarrés taillés dans de magnifiques tissus, dont l'élégance n'était pas compromise par l'extravagance des formes et des couleurs.

Lorsqu'elle parlait de la vie « *ex*-traordinaire » de sa mère, Jacqueline s'exprimait toujours comme si elle était sur scène, recréait les dialogues, criait pour mieux rendre les « engueulades », adoptait tour à tour les mimiques de tous ses personnages. Les « r » roulaient dans sa bouche pour signaler sa russification. C'était sa fierté, son héritage.

Ses parents, des « Russes juifs » disait-elle, venaient d'Ukraine, autre région, comme la Biélorussie, appartenant à l'Empire russe. Sa mère, Elizabeth Katinsky, était née à Kiev, son père, Maurice Vierny, à Odessa. Leur parcours était très semblable à celui de Joseph et de Goutia Vitorge, et ils s'étaient aussi installés à Paris en 1911, dans la communauté russophone juive.

Née en 1929, Jacqueline était la benjamine d'une fratrie de trois enfants. Son père était joaillier, et c'est dans le milieu des diamantaires que se rencontrèrent les deux familles, les Vitorge et les Vierny. Comme beaucoup d'artisans, Monsieur Vierny travaillait « en chambre », et s'était constitué une belle clientèle parmi les grandes marques parisiennes, dont Cartier. Pendant la guerre, ne pouvant plus exercer au grand jour, il chargeait Mme Vierny de vendre ses créations dans le quartier. La crémière, la fruitière et la teinturière étaient ses nouvelles clientes.

Comment les Vierny vinrent en France, Jacqueline ne l'a jamais su. Mais qu'importe. Car l'histoire de leur traversée, c'est l'aventure emblématique du *talès*.

Les parents de Jacqueline arrivèrent à Paris habillés pour le froid du grand Nord. Mme Vierny portait son magnifique manteau de petit-gris, une fourrure d'écureuil très prisée dans les années 1900. Au moment du départ, à Kiev, la mère de Mme Vierny avait insisté pour que sa fille emporte dans ses bagages le *talès* de son père, son châle de prière :

Jacqueline se lève et raconte pour la énième fois l'histoire du *talès*.

- Prends le *talès* (accent mis sur la première syllabe) de ton père !

- Qu'est-ce que je ferai avec le *talès* de Papa ? Je vais en France, c'est la république, c'est la liberté ! Qu'est-ce que tu veux que je fasse avec le *talès* ?

À Paris, elle portait chaque hiver son manteau de petit-gris et lorsque la doublure commença à s'effilocher, Mme Vierny découvrit le *talès* de son père cousu dans l'intérieur de son manteau.

Jacqueline lève les bras, contente du succès de son anecdote. C'est une histoire qui aura toujours une résonnance particulière, parce qu'elle raconte l'éternel *languissement* de l'immigré pour cette partie de lui-même qui est à la fois dans l'ailleurs qu'il a laissé derrière lui, et au fond de son être, cet autre soi qui n'est pas lui, sa doublure.

Le traversin de Mme Judashkin

Mme Vierny qui avait rejoint les Vitorge à Sanary pendant l'été 1941, rentra à Paris avec Jacqueline à la fin des vacances. Les Vierny occupaient un appartement au 5e étage du 64 boulevard de Strasbourg, dans le Xe arrondissement, que M. Vierny n'avait aucune intention de quitter.

À l'étage inférieur vivaient leurs amis les Judashkin. Le 16 juillet 1942, par mesure de sécurité, les deux hommes, M. Vierny et M. Judashkin, s'étaient prudemment cachés dans une chambre de bonne, car toute la maisonnée avait été prévenue des arrestations à venir, qu'on croyait à tort ne concerner que les hommes. Mme Judashkin avait rejoint Mme Vierny dans son appartement.

Quand deux hommes inconnus sont entrés dans le vestibule de l'immeuble, Mme Vierny a entrouvert sa porte et a entendu qu'ils sonnaient chez la concierge, qui n'a pas hésité à dénoncer la famille : « Au 5e étage, il y a des Polonais chrétiens, mais à côté, les Vierny, c'est des Juifs. »

Pas un moment à perdre, dit Jacqueline, « Maman a mis Mme Judashkin à la place du traversin et elle a refait son lit avec Mme Judashkin comme traversin. C'était bien, car elle était toute petite. » Puis, raconte Jacqueline, Mme Vierny a accueilli les deux inspecteurs en bloquant l'entrée de son appartement et en poussant de hauts cris : « Ici, hurlait-elle en roulant les « r », tout le monde est français ! » Alertée par tant de vacarme, la petite bonne Raya, qui vivait au 6e étage, est sortie sur le palier. On lui demande ses papiers et, sur sa carte d'identité, Jacqueline, qui a 11 ans, voit le cachet rouge identifiant les Juifs, et elle sait immédiatement ce que cela signifie. Les policiers, contents d'avoir trouvé une Juive à arrêter, sont repartis sans jamais pénétrer dans l'appartement où Mme Judashkin était en train d'étouffer sous l'édredon.

Malgré le drame de l'arrestation de Raya, qui n'est jamais revenue de déportation, on retient la petite victoire de Mme Vierny, qui a transformé un épisode tragique de la guerre en anecdote cocasse. Ce que Bezalel contestait par la colère et l'indignation, Mme Vierny le fait par l'audace et la provocation.

Face au Dr Montandon

L'arrestation de Raya et cette visite des deux policiers l'ont cependant terrifiée. Elle décide alors d'envoyer Jacqueline loin de la capitale chez des amis qui vivent en Normandie et de passer à l'action. Mme Vierny a un plan qui est bien plus ambitieux que les précautions de survie, elle veut tenir tête au système. Elle ne va pas se protéger en se cachant, comme Sonia-la-grande dans son grenier, ni en se déplaçant d'un domicile à l'autre, comme l'ont fait ses amis les Vitorge, mais au contraire en confrontant l'agresseur.

Son but : prouver que ni elle ni ses enfants ne sont juifs. Prouver qu'être juif ne peut pas être « décelé » comme une sorte de « défaut » racial. Elle s'engage dans une entreprise extrêmement imprudente, car pour obtenir la *preuve* de ce non-sens qu'elle veut pousser dans ses retranchements les plus absurdes, il lui faudra faire une demande au Commissariat général aux questions juives (CGQJ). Seul Bezalel s'est attaqué au monstre, et il a payé de sa vie.

La première démarche de Mme Vierny est l'obtention d'un certificat de catholicisme orthodoxe qu'elle va chercher dans la communauté de Boulogne-sur-Seine, la même ville où, une trentaine d'années plus tôt, Joseph Vitorge a été accueilli par les anciens anarchistes de Bialystok. Après 1917, une nouvelle vague d'immigrés est arrivée, cette fois des Russes blancs, et c'est là que Mme Vierny, dont le russe est la langue maternelle, va chercher de l'aide. Le doyen de l'église patriarcale, le père Michel Belsky, accepte de lui fabriquer un certificat de catholicisme attestant qu'elle « appartient dès sa naissance à la religion catholique orthodoxe ».

Il lui faut à présent le *certificat de non-appartenance à la race juive* et pour cela, elle doit passer devant le célèbre Dr Montandon. Ce médecin, professeur d'anthropologie, se targue d'une méthode « scientifique » en matière de race, et a publié en 1940 une brochure intitulée *Comment reconnaître le Juif*[15]. Pendant l'Occupation, il est employé par le CGQJ pour pratiquer des « visites raciales » afin de constater si le client appartient au « type *juiffu* ». En juin 1943, Madame Vierny se présente donc devant l'homme de science, pour une consultation qui lui sera facturée.

Quelques jours plus tard, elle reçoit une lettre signée du commissaire aux Affaires juives, Louis Darquier. Cette lettre lui apprend que « l'examen ethno-racial vous a été favorable ». Quel succès ! Mme Vierny jubile d'avoir si bien répondu aux colles du Dr Montandon. Mais, poursuit le commissaire, « il ne m'est pas possible de vous délivrer un certificat de non-appartenance à la race juive ». Preuves insuffisantes.

Cependant Darquier, « par présomption favorable », la dispense des mesures de police imposées aux Juifs. Mme Vierny se demande si cette lettre ambiguë et évasive pourrait protéger sa famille face à un policier zélé. La situation ne s'est jamais présentée.

Au moment de mes entretiens enregistrés avec elle, en juillet 2009, Jacqueline a 80 ans. Elle n'a de sa mère que ses souvenirs de petite fille, car Mme Vierny est morte d'un cancer alors que Paris vivait les moments d'euphorie de sa libération. « Maman était une femme merveilleuse », me répète-t-elle en soupesant fièrement tous les papiers qui documentent la « non-appartenance » de sa mère.

Henia : L'échappée belle

Les voyageurs de Nancy

Henia Jagla ne rejoignit que tardivement, il y a une dizaine d'années, le cercle des « gardiennes du souvenir », les femmes qui, autour d'Edith, m'ont confié leurs témoignages et leurs écrits. Au cœur de cet espace féminin, Henia reçut l'écoute bienveillante que nous accordons à ceux qui habitent dans notre proximité affective.

---

[15] Montandon (Georges), *Comment reconnaître le Juif*, Paris, Nouvelles Éditions françaises, 1940.

Edith et Henia paraissent toutes deux traverser leur âge sans s'y arrêter, toujours dans l'élan et dans l'engagement. Elles ne se connaissent que par mon truchement, et pourtant je les vois proches, semblables, fortes sous leur fragilité, partageant les mêmes convictions, tournées vers le monde. Leur espérance de vie étant depuis bien longtemps dépassée, elles ont la longévité de l'espérance.

Pendant nos rencontres, Henia est toujours accompagnée de l'une ou l'autre de ses petites-filles, Patricia et Christel, qu'elle appelle toutes deux « bibiche ». Lorsque je lui rends visite, en février 2009, je remarque une photo sur le mur du salon : elle me présente ses parents.

Arrivés en France en 1923, Léon et Perel Jagla, d'origine polonaise, s'installèrent à Nancy avec leur fils Henri et leur petite fille Henia, née quelques mois plus tôt en Allemagne. Deux autres enfants, Isidore et Anna, naquirent en France. La famille, apatride comme celle de Joseph Vitorge, vivait dans un quartier proche du centre-ville et de la synagogue de Nancy : « tout ça tournait autour des épiceries juives » me dit Henia, car tout le monde - y compris ses oncles, tantes et cousins - était pieux et observait la *cacherout*.

Henia garde le souvenir de l'école, dans les années 1930, seul espace de mixité avec les Français où, comme Edith, elle eut à subir les commentaires xénophobes de ses camarades de classe. À la maison, elle entendait d'autres discours qui n'étaient pas plus rassurants. Les Juifs allemands fuyant leur pays étaient de plus en plus nombreux à Nancy et ces nouveaux arrivés racontaient les vitrines brisées des commerces juifs et les mesures d'exclusion qu'ils appelaient des *pogroms*. Et ce mot - si chargé d'émotions terrifiantes chez les Juifs de l'Est - redoublait la peur des Nancéiens.

Par conséquent, à l'arrivée des Allemands en juin 1940, personne ne protesta lorsque la ville organisa, comme s'il s'agissait d'une mesure de protection, le transport des Juifs vers la Gironde. La famille Jagla fut expédiée avec environ trois cents autres personnes dans la région de Libourne, où on les plaça dans les communes avoisinantes. Ces déplacements surveillés, qu'ils prenaient pour un « exode », n'étaient qu'un prélude à l'internement.

Seul le grand frère Henri n'avait pas rejoint la famille en Gironde, car il s'était engagé dans la légion étrangère et ce n'est qu'après la guerre qu'Henia le retrouva. Dans le village de Galgon, où les Jagla avaient été installées, les Juifs de Nancy eurent quelques mois de relative tranquillité, entourés par une population plutôt bienveillante.

Ce répit prit fin en juin 1941, avec l'arrivée des Allemands dans le village. C'était le désespoir me dit Henia.

La première mesure répressive prise par les autorités d'occupation fut de faire recenser les Juifs de Galgon. Puis, cette population fut acheminée dans le département de la Vienne, à Saint-Pierre d'Excideuil, près de Poitiers. Dans ce village où tous les réfugiés vivaient en résidence forcée, Henia, Isidore, et Anna partageaient un petit logement de deux pièces avec leurs parents.

Le 15 juillet 1941, c'est à nouveau, pour la troisième fois, le déménagement. Henia se souvient bien de cette date parce que la veille, jour de la Fête nationale, elle est allée danser au village avec ses cousins et amis. Ce sera la dernière fois.

À six heures du soir, des camions entrent dans Saint-Pierre d'Excideuil. Les soldats allemands se précipitent, poings en avant, hurlant « *Schnell*, pas de temps à perdre ». On prend quelques affaires, on s'active, on part. Ils sont au total 151 adultes et 158 enfants, tous des Juifs recensés, comme la famille d'Henia. Ils montent dans les camions, direction Poitiers, à une cinquantaine de kilomètres. On arrivera vers huit heures du soir devant des baraquements entourés de barbelés. Il a plu, il y a de grosses flaques d'eau partout, et on marche dans la boue.

L'espace s'est ainsi replié : d'abord une semi-liberté à Galgon, puis un semi-emprisonnement à Saint-Pierre d'Excideuil, puis enfin, c'est la détention à Poitiers. On passe de l'assignation à résidence à l'internement dans une sorte de durcissement de la politique antisémite du régime de Vichy qui se répercute dans toutes les actions administratives, au niveau régional et départemental, jusque dans les communes. Les réfugiés deviennent des « indésirables » et enfin des « exclus ». C'est une rafle *grand filet.* Personne ne prend la mesure de ce rétrécissement des surfaces, de cette réduction du mouvement. Puis de l'immobilité.

Le camp de la route de Limoges

Ce camp de Poitiers, dit « de la route de Limoges », a été construit en 1939 pour les réfugiés républicains espagnols, mais ce 15 juillet 1941, ce sont les Tziganes - on les appelle les « nomades » ou encore les « Romanichels » dans les rapports officiels - qu'y trouvent les Juifs de Saint-Pierre d'Excideuil. Ils sont environ cinq cents vivant derrière un grillage, séparés des autres internés de ce « centre de séjour surveillé » comme on appelle le camp de Poitiers. Les photos des baraquements montrent une dizaine de bâtisses en bois, tout en longueur, alignées les unes à côté des autres, entourées d'une clôture de barbelés de plus de deux mètres de haut.

Dans son livre intitulé *Un camp de concentration français : Poitiers 1939-1945*, l'historien Paul Lévy parle des conditions de vie désastreuses à l'intérieur du camp, où plus d'une centaine de personnes sont entassées dans chaque baraque[16]. À leur arrivée, les Juifs sont pris en charge par les gendarmes français qui ont remplacé les Allemands et qui n'ont absolument rien prévu pour les recevoir, ni nourriture, ni lits, ni savon.

C'est la faim dont Henia se souvient, qu'on essaie de satisfaire en mangeant des trognons de chou. Les jeunes se portent volontaires pour la « pluche », afin de pouvoir manger un peu plus, mais on tombe malade d'avaler ces mauvais légumes crus. La petite Anna, qui a neuf ans, est souffrante, elle ne supporte plus la soupe aux choux indigeste qui est servie chaque jour aux internés. Henia compare les conditions de détention. Les Juifs sont assurément mieux traités que les Tziganes. Ceux-là, me dit-elle, personne ne s'en occupait.

Le secours est arrivé grâce à l'intervention du rabbin Elie Bloch, qui organise des collectes parmi la population de Poitiers avec l'aide d'un ecclésiastique, le père Fleury, aumônier des Tziganes du camp. Il parvient à améliorer l'ordinaire des internés[17] et à organiser, dès la fin 1941, la sortie de quelques enfants du camp, dont Anna, la petite sœur d'Henia, qui est placée dans une famille d'accueil.

Derrière le sauvetage de la petite fille, il y a une organisation juive, La Mère et l'Enfant, qui regroupe plusieurs œuvres sociales, et qu'on appelle plus familièrement le Comité Amelot[18]. Ce comité, affilié à l'Union générale des Israélites de France (UGIF), est cependant administré de façon semi-clandestine et ses dirigeants se méfient de l'UGIF, organisme contrôlé par le gouvernement de Vichy.

---

[16] Lévy (Paul), *Un camp de concentration français : Poitiers 1939-1945*, Paris, Sedes, 1995, pp. 85-86.
[17] *Ibid.*, pp. 106-107.
[18] *Ibid.*, p 226.

L'assistante sociale de la Croix-Rouge, Marcelle Valensi, qui appartient secrètement au Comité Amelot, est envoyée en mission officielle au camp de Poitiers vers la fin de l'été 1941 et va s'employer, avec le rabbin Bloch, à faire sortir les enfants. À la fin de l'année 1941, elle réussit à extraire une soixantaine d'enfants du camp de Poitiers, dont Anna Jagla. La priorité est donnée aux orphelins, mais Anna est une enfant chétive, souvent malade. Elle m'a elle-même raconté que pendant son séjour au camp, elle était conduite régulièrement à l'hôpital de Poitiers, seule entre deux gendarmes, comme une prisonnière. En remettant Anna entre les mains de l'assistante sociale, ses parents savaient que leur séparation était sa seule chance de survie. Ce qu'ils ne savaient pas est qu'ils ne reverraient jamais leur petite fille.

Pour Henia et son frère, pas question de sortir du camp. À 17 et 18 ans, ils ne peuvent prétendre à un hébergement en famille ou en foyer, réservé aux moins de 14 ans.

La vie s'organise au camp de la route de Limoges, malgré l'insalubrité, la gale qui touche l'immense majorité des internés, le manque de tout. Lorsqu'il fait beau, les femmes font un peu de cuisine improvisée dehors, notamment quand elles peuvent recevoir des colis et acheter des vivres. Un oncle qui vit dans le Jura envoie régulièrement de la nourriture aux Jagla. Les fêtes juives sont préparées avec soin, selon les mêmes rituels que les années précédentes, bien que les règles alimentaires aient été assouplies. Pourtant, les entraves et les privations sont incessantes. Le soir de *Yom Kippour*, les gendarmes ont fait sortir tout le monde des baraques, pour un appel. Ces petits actes d'humiliation, Henia les connaît bien, elle retient leur valeur punitive, leur dessein malveillant.

Le Sanatorium des Pins : une prison sous les arbres

Au total, la famille Jagla a vécu huit mois dans le camp de la route de Limoges. Les convois vers Auschwitz via Drancy ne commenceront pas avant juillet 1942, et c'est donc sans grande appréhension, lorsqu'un transfert est annoncé, le 12 mars 1942, qu'une centaine de Juifs quittent Poitiers pour leur nouvelle destination, un sanatorium situé dans le village de Lamotte-Beuvron, dans le Loir et Cher, à plus de 200 km de la région poitevine.

Ce Sanatorium des Pins, qu'on a longtemps appelé le Centre médical des Pins, est devenu, en 2013, l'Institut médical de Sologne. Ainsi, même son nom désolidarise l'établissement de santé de son sinistre passé, et personne ne peut savoir qu'il était un lieu d'internement de Juifs sous l'occupation allemande. Il existe cependant, depuis 2005, une discrète plaque gravée à la mémoire des familles juives qui y furent internées.

C'est grâce aux travaux de chercheurs encadrés par le Groupe de recherches archéologiques et historiques de Sologne (GRAHS) que l'on peut avoir des détails précis sur le fonctionnement de ce « centre »[19].

La raison de l'ouverture du camp de Lamotte-Beuvron était purement stratégique, écrit l'historien Simon Ostermann, « les réseaux routiers et ferroviaires plaçaient le Loir-et-Cher en connexion étroite avec la région d'Orléans et les camps de concentration de Pithiviers et Beaune-la-Rolande[20] ». Mais personne, et surtout pas les internés, ne pouvait deviner que l'installation de Juifs dans ce sanatorium était surtout prévue pour faciliter leur déportation.

Pendant son séjour dans cet établissement entièrement géré par les autorités françaises, Henia avait tout le loisir de s'y promener dans une relative liberté de mouvement. On peut dire qu'après le taudis du camp de Poitiers, « Lamotte-Beuvron était un palace[21] ». Le logis principal était un bel immeuble en pierre et les « pensionnaires » étaient confortablement logés. Les Jagla, qui étaient à présent au nombre de quatre personnes, la petite Anna étant restée dans sa famille d'accueil, étaient bien installés dans une chambre grande et claire, avec une salle de bain attenante. Les repas étaient servis au réfectoire et le « château » était entouré d'un beau parc délimité par un mince grillage.

Pourtant, ce centre de parcage de Juifs n'avait rien d'une aire de tourisme. Il n'y avait ni douche ni eau chaude. Le linge n'était pas remplacé, la nourriture restait insuffisante, et les enfants n'étaient pas scolarisés. Le préfet de l'époque, Jacques-Félix Bussière, était responsable de l'administration du camp de Lamotte-Beuvron. Selon Simon Ostermann :

---

[19] Auger (Frédéric) et Delétang (Henri), « 1939-1943 : les années sombres du Sanatorium des Pins, un devoir de mémoire », in *Bulletin du GRAHS* 2004, 26, n° 4.

[20] Ostermann (Simon), « Le centre d'internement du Sanatorium des Pins de Lamotte-Beuvron (novembre 1940- juillet 1942) », in *Bulletin du GRAHS* 2004, 26, n° 4, p. 91.

[21] *Ibid.*, p. 97.

> Son attitude vis-à-vis du camp de Lamotte-Beuvron fut représentative d'une bureaucratie d'État considérant les Juifs comme une foule d'assistés condamnés, à plus ou moins brève échéance, à disparaître de son domaine de compétence[22].

Malgré ces graves insuffisances, les internés aiment ce parc ombragé où ils connaissent un certain bien-être depuis maintenant presqu'un an : « On pourrait rester tranquillement ici et y attendre la fin de la guerre », disent-ils. Le Sanatorium des Pins est en réalité un piège mortel, et personne ne soupçonne le leurre.

L'attente paisible, le calme et l'inactivité des détenus ne convient pas à tout le monde, et Henia commence à sérieusement s'ennuyer : « j'en ai eu marre d'être enfermée » me dit-elle lorsque je lui demande comment l'idée de partir lui est venue. Elle y avait déjà pensé dans le camp de Poitiers mais la surveillance y était constante, l'enceinte trop bien protégée. Pour elle, s'échapper du camp est simplement une opportunité à saisir. Rien d'autre ne dictait ce projet d'évasion.

Au sanatorium de Lamotte-Beuvron, il n'existe ni barrières renforcées, ni miradors, et l'installation de barbelés et de postes de surveillance est jugée trop chère par la préfecture. De plus, le personnel est peu nombreux, une dizaine de gardiens pour un périmètre de 1700 mètres : « Il y avait des coins où je me baladais toute seule » me dit Henia, et c'est pendant ces promenades que l'idée d'une évasion a mûri. Lorsque je revois Henia, en juillet 2017, la vieille dame au sourire éclatant me répète en pesant bien ses mots : « c'était la faim, et surtout l'envie de liberté ».

Henia restait allongée dans l'herbe pendant des jours, à se faire bronzer comme sur une plage et à lire le roman *Autant en emporte le vent*, dont l'héroïne refuse toutes les entraves et tous les interdits. Un jour, elle a repéré un endroit. Elle s'est baissée près de la bordure du parc, et elle a soulevé le grillage. Elle replie son index, pour me montrer la facilité du geste. Ici, on peut dégager un passage sans effort et se glisser sous la clôture. Henia appelle son amie Rosalie Joskowitz, qu'elle connaît depuis Nancy, et qu'elle a retrouvée au sanatorium. Elle partage avec elle sa découverte.

---

[22] *Ibid.*, p. 111. Ce fonctionnaire de l'État pétainiste sera arrêté deux ans plus tard pour « faits de résistance », et déporté.

Alors les deux jeunes filles commencent à organiser leur projet d'évasion. Il faut choisir une date et le bon moment de la journée. Le 27 juin 1942 est un samedi, et elles ont choisi ce jour-là. Il y a trois appels par jour au camp de Lamotte-Beuvron. Entre les deux derniers appels, il y a environ six heures de battement. Le mieux est de partir en fin d'après-midi, au moment où la surveillance se relâche, en tout cas avant le souper, qui est servi à 18 heures.

La fugitive

Ce n'est pas la première fois qu'a lieu une évasion : deux détenus ont déjà tenté de s'enfuir. Il s'agit des frères Gonsiorek, âgés de 19 et 20 ans, qui seront repris en Charente, et seront plus tard déportés. Mais Henia ne sait rien de cette fuite ratée.

Pendant les jours qui ont précédé son départ, elle a demandé à son frère Isidore de partir avec elle et Rosa, mais il n'a pas voulu : « je ne pars pas avec des filles » a-t-il répondu, comme si c'était même envisageable. Il se targue d'avoir son propre plan d'évasion avec ses propres copains. En tout cas, il ne fallait rien dire aux parents et, on va le voir, Isidore ne les a pas trahies.

Pourtant, la mère d'Henia a des soupçons. Le comportement impatient de sa fille, depuis quelques jours, n'est pas habituel. Le matin du 27 juin, Mme Jagla trouve sous un lit la valise préparée par sa fille et l'interdiction parentale est sans appel : ce départ n'aura pas lieu, il faut y renoncer.

Henia n'a toutefois aucune hésitation. Elle va désobéir à ses parents et prendre le risque de partir les mains vides. Elle me dit combien elle aurait voulu emporter avec elle les photographies qu'elle avait cachées dans la valise. Mais le vrai risque - elle en a peut-être le pressentiment - est de rester sous les arbres du grand parc, dans l'attitude passive qu'ont adoptée les internés, engourdis par des illusions de quiétude.

Il existe bien, malgré tout, une certaine appréhension dans le camp et, depuis quelques semaines, les demandes de libération se succèdent. Le 8 avril 1942, le frère d'Henia, Isidore, a d'ailleurs écrit une lettre au préfet lui demandant sa remise en liberté[23]. Cette demande ne sera pas approuvée, et Isidore ne sera jamais libéré.

Le jour du départ, Henia porte une blouse comme celles des paysannes qui font les moissons et elle a noué un foulard autour de ses cheveux. Rosa et elle traversent ainsi les champs, se mêlant aux ouvriers agricoles et, entre le village de La Motte-Beuvron et Orléans, elles vont parcourir 38 km cette après-midi-là, une marche longue et épuisante.

Lorsqu'elles arrivent saines et sauves à la gare d'Orléans, c'est le couvre-feu. Elles sont à présent éreintées et affamées, le repas de midi est bien loin, dans une autre vie. Henia a emporté tout juste assez d'argent pour acheter un billet de train pour Rosa et pour elle, direction Poitiers. À côté, sur le quai, des gens mangent des pêches. Ils leur en offrent. Henia me raconte l'anecdote parce que cette image des donneurs de fruit et le goût des pêches sur un quai de gare se sont figés dans sa mémoire, un moment d'émoi intense, que j'entends encore dans les petites brisures de sa voix.

L'idée de retourner à Poitiers n'est pas ce qu'on a fait de plus intelligent, me confie Henia. Tout le monde la connaît, là-bas, y compris la police. Mais c'est là que vit la sœur de Rosa, fiancée avec un jeune homme de la ville. Et puis on ne les cherchera sûrement pas à Poitiers.

En fait, on les cherche partout. Cette évasion, suivant de près celles des frères Gonsiorek, a fait l'objet d'un procès-verbal qui arrivera sur le bureau du préfet quelques jours plus tard. Les trois gendarmes responsables de la surveillance en ont laissé un compte rendu détaillé :

> Procédant à l'appel des internés juifs, nous avons constaté l'absence des nommées Jagla Hénia et Joskowicz Rosalie. N'ayant pu obtenir auprès de leurs parents et des autres internés aucun renseignement sur ces fugitives, nous avons immédiatement alerté la brigade locale de Lamotte-Beuvron qui a aussitôt diffusé par téléphone leur signalement aux brigades limitrophes. [...]

---

[23]Archives départementales, EZ42613. Ce document est inclus dans un ouvrage intitulé *Ville de Lamotte-Beuvron*, préparé et imprimé en l'honneur de Henia Jagla en 2017 avec l'aide du GRAHS et des Archives départementales. L'ouvrage n'a pas été publié. Le 30 avril 2017, le maire de Lamotte-Beuvron rendait hommage à Henia Jagla dans une cérémonie de commémoration devant la « plaque du souvenir », à l'entrée de l'ancien sanatorium.

> Un avis de recherche N° 189/2 en date de ce jour a été adressé aux services des Diffusions à Versailles[24].

Ils interrogent tout le monde, le père d'Henia, Isidore, le père de Rosalie et sa sœur. Tous répètent qu'ils ignoraient complètement ces projets d'évasion et donnent de fausses déclarations pour faire traîner l'enquête. Le procès-verbal de gendarmerie montre que des moyens particulièrement importants sont mis en place pour retrouver les deux fugitives comme s'il s'agissait de dangereuses criminelles dont le signalement est diffusé dans tout le département. Il y aura aussi des mesures punitives contre les deux pères de famille, qui seront incarcérés deux semaines dans le local disciplinaire du camp de Poitiers.

Non loin de là, Henia et son amie ont échappé aux poursuites. Elles sont hébergées dans la famille du fiancé de Rosa, qui paie un passeur pour leur faire franchir la ligne de démarcation. Henia se penche vers moi : « passer la ligne de démarcation, c'est vraiment impressionnant ». Je lui demande pourquoi. À cause du silence, me dit-elle. Ne pas parler, ne pas faire de bruit en marchant, respirer le moins possible parce que même cela, la respiration, c'est bruyant. Se faire repérer, c'est la mort leur a dit le passeur, ils tirent à vue, les Boches.

Elles marchent sur des kilomètres, lentement, à petits pas, en compagnie du passeur. Et puis soudain, il leur dit : « Voilà, vous avez juste le chemin à traverser, mais une fois passées, il faut courir au moins sur un kilomètre, parce qu'ils peuvent vous rattraper. » Alors les deux jeunes filles prennent leurs jambes à leur cou, et elles courent sans se retourner, elles sentent déjà la liberté qui leur lèche le visage. Enfin, elles s'arrêtent, c'est fini, elles sont libres, elles ne pensent qu'à leur joie. Dans cette zone « nono » c'est bien la liberté, non ? Cette ligne qu'ont franchie Suzanne Vence, Mme Vierny, et aussi Jacquot Lew, Henia en a gardé un souvenir lumineux. Elle me confie : « vous savez, je n'ai jamais ressenti une telle émotion. La liberté ! »

Les jeunes filles ont l'intention de se rendre à Brive-la-Gaillarde, où vit l'oncle de Rosa, qui les reçoit à bras ouverts, et Henia reste quelques jours à se reposer. Mais elle sait qu'elle doit quitter son amie et qu'elle ne peut pas demeurer chez l'oncle, qui lui achète son prochain billet de train. Elle aussi a un oncle qui vit dans le Jura, à Lons-le-Saunier, celui-

---

[24] *Ibid.*, Gendarmerie nationale du Loir-et-Cher, 6 juillet 1942.

là même qui leur envoyait des colis au camp de Poitiers. En fait, Henia est bien plus attirée par Toulouse, où se sont installés des Juifs de Nancy, amis de sa famille. Ce sera son prochain point de chute. Elle connaît les risques de ces voyages sans papiers ni bagage, mais elle sent aussi le danger de s'attarder trop longtemps.

Lorsqu'elle arrive à Toulouse, les gens n'en reviennent pas. Comment a-t-elle fait pour s'évader du « camp » ? Elle est reçue, choyée, mais là aussi, elle se rend vite compte qu'il est difficile de s'incruster chez des gens qui eux-mêmes ont du mal à trouver de quoi nourrir leur famille. On lui donne de l'argent et un billet aller simple pour Lons-le-Saunier.

En été 1942, les Allemands ne sont pas encore arrivés dans la petite ville jurassienne, et Henia retrouve avec plaisir son oncle, sa tante et sa cousine Dora. Mais même dans sa famille, Henia est de trop. Son oncle est en relation avec un certain Zimmermann qui place les jeunes sans papiers, et l'on fait appel à lui. Il connaît une ferme, une « planque » du maquis où l'on peut se cacher, pas très loin, à Moirans, en pleine Montagne du Haut-Jura, à 20 km de Saint-Claude où Edith et sa famille arriveront quelques mois plus tard. Henia prendra le train pour se rendre à Moirans, et quelqu'un viendra la chercher à la gare.

Seule et sans moyens, elle a fait ce que tous les Juifs font dans la zone sud, bouger en permanence, avec toujours un peu d'avance, comme les Vitorge, d'un déménagement à l'autre. Sans y avoir réfléchi, Henia sait que sa survie dépend de ces déplacements.

Et elle a raison, car les poursuites continuent. Le préfet du Loir-et-Cher fait remonter l'information sur son évasion en adressant une lettre au Chef du gouvernement à Vichy, datée du 1er juillet 1942, signalant que « L'Israélite JAGLA Hénia, née le 25 janvier 1923, de nationalité polonaise, internée au camp de Lamotte-Beuvron, s'est évadée le 27 juin écoulé[25] ». Henia, est recherchée dans toute la France par la police et la gendarmerie françaises. On ne peut que s'étonner devant cet acharnement pour retrouver une jeune fille qui n'a aucun antécédent judiciaire et n'appartient à aucun mouvement de résistance. Le zèle des représentants de l'ordre est sans limite.

Celui qui se présente pour accueillir Henia à la gare de Moirans est un résistant du nom de Charles Mandelbaum. Henia se met à rire aux éclats en évoquant la scène : « C'était mon mari ! Le coup de foudre ! »

---

[25] *Ibid.,* Archives départementales.

Ses deux petites-filles lui demandent alors de me raconter sa rencontre avec son futur mari. Elle devient plus volubile, le visage éclairé par le souvenir hilarant des sept kilomètres qui séparaient la gare de Moirans de la ferme où elle allait se réfugier, qu'elle a parcourus à pied, en compagnie de ce jeune homme drôle à en pleurer : « on n'a pas arrêté de rire pendant les sept kilomètres ! »

La ferme, c'est pour la première fois depuis le début de la guerre un espace de vie qui n'est ni une résidence forcée ni un lieu d'internement. La forêt jurassienne, avec ses chemins dissimulés dans le flanc de la montagne, est un abri idéal, et des refuges y sont installés un peu partout par les maquisards. La vie n'est pas pour autant facile à la ferme, il faut travailler, chercher du ravitaillement. Elle va y rester environ six mois. Juste le temps d'une idylle avec Charles Mandelbaum.

Mais bientôt les choses commencent à se compliquer, car Henia est enceinte. Elle ne pourra pas rester très longtemps cachée, et elle a donc besoin de papiers. Par les réseaux de résistance, Charles connaît une femme à Lons-le-Saunier, qui pourra lui en fournir. Il suffira à Henia de se présenter chez elle munie d'une photo d'identité.

Le 15 janvier 1943, elle prend le train pour Lons. Sa prise en charge a été organisée, y compris l'escale à l'hôtel où elle passera la nuit avant de se rendre à l'adresse indiquée. C'est en ce même mois de janvier 1943 qu'à Saint-Claude, la famille Vitorge, descendue à l'hôtel à son arrivée dans la ville des diamantaires, recevait la visite du « flic » dont ils ont acheté le silence.

À six heures du matin, on frappe à la porte de sa chambre.

-Vous êtes bien Mademoiselle Jagla Henia ?

- Oui

- Vous êtes en état d'arrestation. Suivez-nous.

Henia demande le motif de son arrestation et les policiers le lui donnent : évasion d'un camp de concentration. Est-ce bien le mot qu'ils utilisent ? Henia le confirme. C'est elle-même qui a donné l'alerte lorsqu'elle s'est présentée à l'hôtel. Elle a commis la même erreur que les Vitorge à leur arrivée à Saint-Claude, quand ils ont rempli une fiche de police.

Henia est amenée au commissariat de police. Pour éviter toute nouvelle évasion, elle est attachée à un gros anneau fixé au mur de la salle où on l'a installée. Un anneau ? Oui, me répète Henia, attachée à un anneau. Cette fois, c'est vraiment la prison.

Charles et l'oncle jurassien sont venus la voir, sans grand espoir de la faire libérer. Cette arrestation est d'autant plus dévastatrice qu'elle va être emmenée dans un camp lointain, à environ 900 km de Lons-le-Saunier, dans le but de l'isoler complètement. Enceinte et seule, Henia sait que ses camarades résistants ne pourront pas la sauver. De Lons, elle est transférée, sous solide escorte policière, au camp de Gurs, à une cinquantaine de kilomètres à l'ouest de Pau, là où était interné le correspondant espagnol d'Edith, juste avant la guerre.

À l'autre bout de la France, précise Henia.

Gurs : un camp dans la boue

Au camp de Gurs comme à Poitiers, les détenus sont entassés dans les 428 baraques construites le long de la route, en pleine boue, avec des planches de bois qui pourrissent en quelques mois. Une centaine de personnes par baraque dans un camp d'internement énorme, le plus grand du sud de la France. Les réfugiés espagnols y étaient arrivés par milliers après la *Retirada*, le repli des républicains devant les troupes de Franco.

Puis, c'est le tour des Juifs. On leur dit qu'il s'agit d'un « camp familial », mais à leur arrivée, les hommes et les garçons de plus de 12 ans sont séparés des femmes. Comme le camp de Poitiers, Gurs est entièrement organisé, encadré et surveillé par l'administration française. Là encore, le froid et la faim sont la préoccupation quotidienne des détenus. Les installations sont aussi insalubres qu'à Poitiers, avec en plus la boue dans laquelle on patauge en permanence. À ces conditions intolérables, il faut ajouter l'absence d'eau courante et de sanitaires.

Les familles peuvent se retrouver l'après-midi, entre 2 et 7 heures, se souvient Henia, puis chacun réintègre sa baraque. La nuit, elle entend les hommes regroupés pour être emmenés à Drancy, et de là vers les camps de la mort. Henia sait bien à quel danger elle est exposée dans ce camp qui est devenu, pour les Juifs, une sorte de salle d'attente des convois pour Drancy, la dernière étape avant la « destination inconnue ». Chaque nuit, Henia entend les cris des femmes qui sont agglutinées contre le grillage qui les sépare des hommes.

« J'étais enceinte, et il n'y avait plus personne », me dit Henia.

Un jour, elle reçoit la visite de son compagnon Charles Mandelbaum, qui lui promet de la faire sortir. Mais aura-t-il le temps d'agir avant qu'elle ne soit envoyée à Drancy ? Henia sait qu'il est inutile, dangereux même, de compter sur une aide extérieure, même celle de ses proches. Elle comprend que tout est une question de *timing*. Alors, une nouvelle fois, elle pense à l'évasion.

À Gurs, elle a sympathisé avec un policier et elle lui demande de l'aider à sortir du camp. Henia sourit : « il n'était pas contre, le flic », mais il ne lui cache pas la folie d'un tel projet : « où irez-vous ? » Henia ne lui a pas révélé que pour ce qui est des évasions, elle a déjà une solide expérience, mais elle lui répond : « Ne vous inquiétez pas, je me débrouillerai ! » Pourtant, le « flic » a raison. S'il n'est pas bien difficile de se sauver du camp de Gurs, il est moins facile de survivre à l'extérieur, sans secours ni abri, sans connaître la région. Enceinte de six mois, elle n'a aucune chance.

Mais Henia n'aura pas besoin de mettre son projet à exécution. Loin d'être un obstacle supplémentaire, sa grossesse va la sauver.

En Décembre 1940 le commandant du camp a autorisé la Croix-Rouge suisse (CRS) à s'installer dans les « îlots », comme on appelle les unités où se trouvent les baraquements. L'infirmière bernoise Elsbeth Kasser, surnommée « l'Ange de Gurs », s'occupe pour la CRS de l'alimentation des enfants et des femmes enceintes. C'est elle qui intervient pour faire sortir Henia du camp. On demande à la jeune femme si elle veut accoucher ailleurs - Je veux bien, répond-elle, mais où ?

- Connaissez-vous Perpignan ?

Elne : ne jamais dormir tranquillement

Tout ce qu'elle sait de Perpignan est que c'est loin, de l'autre côté, vers la Méditerranée. Mais elle a pris l'habitude de ces voyages incessants, un vrai tour de France, me dit-elle en riant.

Un groupe d'une douzaine de femmes enceintes, dont Henia, sont ainsi sorties du camp de Gurs grâce à l'intervention de la CRS, et envoyées dans le petit village d'Elne, à quelques kilomètres au sud de Perpignan. Henia ouvre de grands yeux en me parlant, et ses sourcils remontent au-dessus de la monture de ses lunettes : « Alors là... l'émerveillement ! Je suis arrivée dans un petit château ! »

Ce « château » est un édifice de couleur rose et blanche, d'une architecture étrange, étroite et angulaire, qui s'élève sur trois étages. Henia se souvient de la clarté exceptionnelle à l'intérieur de la maison. L'édifice s'appelle « Château d'en Bardou », du nom de son premier propriétaire, l'industriel du papier à cigarettes Eugène Bardou.

C'est à la suite de la *Retirada* que le château est transformé en maternité pour les réfugiées espagnoles. En 1938, une jeune institutrice zurichoise, Elizabeth Eidenbenz, loue le château et le rend habitable grâce aux fonds qu'elle a pu obtenir de la CRS. La maternité suisse d'Elne ouvre ses portes en décembre 1940 : six cents enfants y naîtront, la majorité de mères espagnoles. Mais malgré l'interdiction d'y accueillir les Juives et les Tziganes, Elizabeth Eidenbenz falsifie les papiers et contourne les règles. Deux cents enfants juifs et tziganes virent ainsi le jour à Elne, jusqu'à la fermeture de la maternité par les autorités allemandes, en 1944.

Henia est ravie. Ici, tout est propre et il fait chaud. Les femmes sont logées ensemble dans des chambres confortables, l'hygiène et la santé reviennent, les poux sont éliminés. Henia se souvient qu'on appelait la directrice ainsi que les infirmières qui l'entouraient « sœur » ou *Schwester* selon la coutume suisse, et elle se demande s'il s'agit de religieuses en civil.

Mais à peine arrivée, elle est reprise de l'envie de partir. De se sauver. Elle sait que Charles Mandelbaum est caché en Savoie, et elle veut le rejoindre. Elle fait part à *Schwester* Elizabeth de son projet mais celle-ci lui conseille d'attendre tranquillement la naissance de son enfant et lui promet son aide.

La *Schwester* est bien loin d'être tranquillisée. Depuis novembre 1942, la Gestapo fait des « descentes » au château pour vérifier qu'aucune Juive ne s'y cache. Le site de l'AJPN (Anonymes, Justes et Persécutés durant la période nazie dans les communes de France) cite son journal intime, qui contredit les paroles réconfortantes qu'elle adresse à Henia :

> Plusieurs fois nous avons eu la police allemande dans notre maison et pendant des semaines cette atmosphère de panique a duré : ne jamais dormir tranquillement, ne pas oser sortir de la maison, voir derrière chaque personne un espion ou quelqu'un qui vous veut du mal.

> […] Comment faire face à tous ces problèmes sans désespérer et sans perdre patience[26] ?

Après la naissance de son fils Patrick, le 21 juin 1943, Henia est censée rentrer au camp de Gurs, mais *Schwester* Elizabeth tient parole. Elle lui remet un peu d'argent, les tickets d'alimentation du bébé et un billet pour Chambéry, où se trouve Charles Mandelbaum.

À nouveau, c'est l'errance et le train, comme à chaque déplacement. Mais cette fois Henia n'est plus seule. L'enfant lui sert d'ailleurs de « couverture » lors des deux contrôles d'identité effectués par la police allemande pendant le voyage. Car bien sûr, Henia n'a toujours pas de papiers. Elle arrive enfin à Chambéry après un trajet de plus de 600 km, et elle parvient à trouver le chef du groupe de résistants dont Charles fait partie. Elle me raconte le quiproquo qui la fait encore rire aux éclats lorsqu'on lui amène un Charles Mandelbaum, qui affirme que l'enfant n'est pas le sien. Henia s'esclaffe : « ce n'était pas le bon » !

À Chambéry, Henia - qui a enfin rejoint le « vrai » Mandelbaum - entre en clandestinité. Elle a obtenu une fausse carte d'identité de la préfecture de Chambéry. Moi, précise-t-elle, c'était Mme Mandelot.

Henia n'a aucune nouvelle de sa famille et ne sait pas que les autorités d'occupation ont fait évacuer tous les internés du camp de Lamotte-Beuvron. Le préfet Jacques-Félix Bussière a reçu l'ordre de vider le sanatorium de ses 98 Juifs qui, le 27 juillet 1942, un mois jour pour jour après l'évasion d'Henia et de son amie Rosa, sont transférés « sous escorte sérieuse » précise la note du préfet, vers le camp de Pithiviers, dans le Loiret. Les Jagla n'y séjourneront que quelques jours.

Le premier convoi, n° 13, transportant les Juifs du Sanatorium des Pins, part de Pithiviers pour Auschwitz le 31 juillet 1942. Léon Jagla, le père d'Henia et d'Anna, en fait partie. Il n'y aura aucun survivant de ce convoi.

Le convoi, suivant, n° 14, parti le 3 août, transporte uniquement des femmes, parmi lesquelles Perel Jagla, la mère d'Henia et d'Anna. Elles sont au nombre de 12 venant de Lamotte-Beuvron, et elles voyagent séparées de leurs enfants que les Allemands ne veulent pas déporter avec elles. Aucune de ces femmes ne rentrera.

---

26 http://www.ajpn.org/juste-elisabeth-Eidenbenz-1009.html

Le 17 et le 19 août, ce sont les enfants du Sanatorium des Pins qui sont déportés, seuls. Ces enfants, livrés volontairement aux Allemands par le gouvernement de Pétain, seront tous exterminés à l'arrivée à Auschwitz

Enfin, Isidore Jagla, d'abord transféré à Drancy depuis Pithiviers, fait partie du convoi n° 27 du 2 septembre 1942. Ce convoi, arrivé à Auschwitz le 4 septembre, contient un très grand nombre d'adolescents. Isidore ne rentrera pas non plus.

Les Juifs du Sanatorium des Pins sont ainsi tous déportés à Auschwitz, y compris les oncles et les tantes, les cousins et les amis d'Henia, et tous y seront assassinés[27].

Anna, enfant bloquée

Henia est également sans nouvelles de sa petite sœur Anna jusqu'à l'été 1944, quand Charles Mandelbaum apprend par les réseaux de résistance qu'elle se trouve depuis plus d'un an dans un centre de l'Union générale des Israélites de France (UGIF). Henia comprend immédiatement qu'Anna n'est plus à l'abri et elle demande à son compagnon de la lui ramener. Bientôt, une opération de sauvetage est mise en place.

C'est dans le livre de Paul Lévy sur le camp de Poitiers que se trouve la liste du 8e transfert d'enfants vers Paris, parti le 26 mai 1943 de Potiers, sur laquelle figure le nom d'Anna. La petite fille, retirée du camp de Poitiers avec l'accord de ses parents en novembre 1941, a été placée en foyer et en famille pendant près de deux ans avant ce transfert vers la capitale. Ce n'est pas une « enfant cachée », car elle a une existence administrative, ce qui explique sa prise en charge par la police française. Le 24 juin 1943, sur ordre des autorités d'occupation, 70 enfants juifs, dont Anna, seront retirés de leurs familles d'accueil ou des foyers de la région où ils vivent dans une relative sécurité. Ces enfants seront ramenés au camp de Poitiers, d'où ils seront transférés à Paris en passant par Drancy. Il s'agit uniquement d'enfants de Juifs déjà déportés.

---

[27] Klarsfeld (Serge), *op. cit.*, vol. 2, p. 652 et vol. 3 p. 1032.

Anna a 11 ans en mai 1943, lors de son arrivée à Paris. Elle est fichée comme « enfant bloquée » - c'est-à-dire n'ayant plus de famille dans les camps. L'expression « enfant bloqué », terme déshumanisant qui donne aux enfants le statut d'une marchandise non-acheminée, pourrait cependant donner l'impression qu'au moins, ils sont protégés. Il n'en est rien. Ces enfants, nous rappelle le Comité français pour Yad Vashem, étrangers ou nés de parents étrangers sont « déportables » à tout moment. Ils sont arrachés à des familles d'accueil bien plus sûres que les centres de l'UGIF qui s'avéreront être de véritables souricières. Car dès juillet 1942, la déportation des enfants juifs de moins de 16 ans est organisée dans ces centres d'enfants, à l'initiative du chef du gouvernement français, Pierre Laval.

Je n'ai pas rencontré Anna en personne, mais elle m'a accordé, pendant l'été 2017, plusieurs entretiens par téléphone. Je l'imagine ressemblant à Henia, car elle a la même voix que sa sœur, assurée, sympathique, au timbre grave.

L'historien Jean Laloum a publié dans *Le Monde juif : revue d'histoire de la Shoah*, un entretien qu'il a eu le 25 octobre 1986 avec Anna Jagla, devenue Mme Hazon, et son beau-frère, Charles Mandelbaum. Anna y décrit son périple depuis sa sortie du camp de Poitiers, à la fin de 1941, et parle de son séjour dans une famille de fermiers près de Poitiers. Elle sera aussi hébergée par un couple de dentistes à Saint-Genis-Laval, et dans une autre famille à Neuville-de-Poitou[28]. Lorsque j'ai interrogé Anna sur ces familles, elle me dit que toutes n'étaient pas aussi bienveillantes que celle des dentistes, un couple de juifs qui fut ultérieurement déporté : « Chez eux, me confie-t-elle, j'étais au paradis. »

De son passage éclair à Drancy, Anna n'a gardé aucun souvenir. Elle sera ensuite transférée au centre d'enfants de la rue Lamarck, dans le XVIIIe arrondissement, par où passent tous les enfants bloqués. Elle sera finalement placée dans un home d'enfants de la proche banlieue parisienne, situé au 21, rue François-Debergue, à Montreuil.

Pendant trois ans, depuis sa sortie du camp de Poitiers jusqu'à la fin de son séjour à Montreuil, Anna est véritablement « trimballée » de famille en famille, de famille en centre, du camp de Drancy dans les homes d'enfants. Lorsqu'on regarde le tracé en zigzag de son parcours,

[28] Laloum (Jean), « L'UGIF et ses maisons d'enfants : "l'enlèvement" d'une enfant », in *Le Monde juif : revue d'histoire de la Shoah* 1986, n° 124, p. 173.

on en comprend mal la raison, sinon qu'aucune logique, aucun sens, aucune méthode ne guidaient ces décisions administratives aléatoires et par conséquent dangereuses. C'est en tout cas une errance et une solitude inimaginables pour cette petite fille séparée de sa famille, isolée et perdue.

Il est vrai que son statut d'enfant bloquée la mettait, très momentanément, à l'abri de la déportation. Lors de son passage à Drancy, Anna a pu ainsi échapper à l'inscription sur la liste des convois. Mais le compte à rebours a commencé.

C'est du home d'enfants de Montreuil qu'Anna garde le souvenir le plus précis. Elle y a vécu assez paisiblement avec la vingtaine d'enfants qui y résidaient : « c'était comme une colonie de vacances » me dit-elle. Les enfants, filles et garçons, sont logés dans des chambrées de quatre ou cinq lits, et sont bien encadrés par un personnel qualifié et attentionné[29].

Je demande à Anna si elle comprenait sa situation, à l'âge de 11 ou 12 ans. « On savait que *quelque chose n'allait pas*, me répond-elle, mais on continuait nos jeux, sans trop poser de questions. » Elle ne vivait pas non plus dans un espace coupé de la réalité, me dit-elle, et « les Allemands, il aurait été difficile de ne pas les voir. Ils venaient une fois par semaine au centre de Montreuil, pour faire des contrôles ».

Anna séjournera dans ce home d'enfants plus d'un an, jusqu'en juillet 1944. Chaque matin, la petite troupe de pensionnaires se rend à l'école Marcelin-Berthelot, à La Croix de Chavaux. Ils sont conduits en classe par groupes de dix, accompagnés d'un surveillant, cartable en main, étoile jaune attachée sur le vêtement bien propre.

Comme au Sanatorium des Pins, cette apparente tranquillité est un leurre. Dans tous les foyers de l'UGIF, le sursis va prendre fin. Entre les 20 et 24 juillet 1944, 249 enfants des centres de Paris et de sa banlieue seront déportés.

L'UGIF, dont les responsables avaient refusé d'organiser la dispersion des enfants, a-t-elle involontairement contribué à leur perte ? Ces rafles d'enfants, écrit l'historien Jacques Adler, « sont peut-être l'élément le plus grave qui puisse être retenu contre l'UGIF[30] ». Le fichier maintenu par l'UGIF, qui comprenait le nom de tous les enfants

---

[29] Laloum (Jean), « L'UGIF et ses maisons d'enfants : le centre de Montreuil-sous-Bois », in *Le Monde juif : revue d'histoire de la Shoah* 1984, n° 116, p. 160.

[30] Adler (Jacques), *Face à la persécution : les organisations juives de Paris*, Paris, Calmann-Lévy, 1994 p 154.

des centres, avait peut-être pour motif de regrouper les familles après la victoire, mais il a surtout servi à recenser les victimes des prochains convois. C'est aussi l'opinion de l'écrivain Maurice Rajsfus qui, dans son livre *Des Juifs dans la collaboration*, accuse les dirigeants de l'UGIF de s'être trop facilement pliés aux ordres des Allemands : « L'UGIF, écrit-il, n'a pas sauvé les enfants. On peut même affirmer qu'elle les a perdus[31]. »

Henia et Charles Mandelbaum ont bien compris ce que l'UGIF avait du mal à admettre : une fillette juive qui porte l'étoile jaune à l'école ne peut pas être protégée. Comme de nombreux résistants, ils sont convaincus que seule la dispersion de ces enfants juifs dans des familles ou dans les couvents prêts à les recevoir peut les sauver. Leur expérience du maquis leur a appris à ne jamais croire aux compromis ni aux atermoiements. Abraham Bezalel ne fut pas non plus protégé par l'UGIF, dont la docilité facilita l'arrestation de toute sa famille.

Mais l'UGIF, créée à la demande des autorités d'occupation, est-elle pour autant une institution de collaboration ? Il est difficile de l'affirmer, malgré les documents assez accablants versés au dossier. Car l'UGIF a aussi contribué au placement clandestin d'enfants « retirés » de ses centres, et Maurice Rajsfus reconnaît l'existence d'équipes clandestines au sein de l'OSE (Œuvre de secours aux enfants), qui travaillaient avec les assistantes sociales de l'UGIF pour mettre les enfants à l'abri. C'est d'ailleurs par l'intermédiaire de l'OSE qu'Henia et Charles ont appris le placement d'Anna au centre de Montreuil.

Les initiatives individuelles, comme celle qui va sauver Anna, sont malheureusement en nombre limité. L'opération est prévue pour juillet, juste avant le début des vacances scolaires. Pour se rendre au centre de Montreuil, Charles Mandelbaum se fait accompagner d'un camarade de son groupe de résistants. L'enlèvement d'Anna est imminent.

Lorsqu'il entre dans le hall de la maison d'enfants et demande à parler au directeur, Charles est armé. Celui qui vient au-devant de lui s'appelle Kurt Schendel, mais il ne se présente pas, ne donne pas son nom. C'est en fait l'un des dirigeants juifs de l'UGIF, responsable de la liaison avec les autorités allemandes. Mandelbaum, sans savoir à qui il s'adresse, lui annonce tout de go qu'il appartient à la Résistance et qu'il vient chercher Anna. Charles raconte lui-même la scène :

---

[31] Rajsfus (Maurice), *Des Juifs dans la collaboration : l'UGIF (1941-1944)*, Paris, Études et Documentation Internationales, vol. 1, 1980, p. 237.

Alors, il m'a demandé si j'avais une autorisation des autorités occupantes, j'ai entrouvert ma veste et je lui ai montré la crosse de mon pistolet. C'est la seule autorisation que j'avais.
Il m'a dit : « moi je ne peux pas, je ne veux pas vous la donner mais je vous suggère de la récupérer sur le chemin de l'école ». [...]
C'est lui-même qui m'a dit par où elle devait arriver. C'est ce que j'ai fait. [...] Je suis allé au-devant d'elle, je l'ai reconnue immédiatement, c'était l'heure de la sortie de l'école, il devait être 11h et demie. [...]
Elle était seule, alors je lui ai fait signe qu'elle vienne et je lui ai dit « voilà je suis ton beau-frère, je t'emmène ».
Je lui ai immédiatement arraché son étoile, il y avait des terrains vagues à cette époque-là, et j'ai jeté l'étoile[32].

Kurt Schendel a donné une version différente de cette « négociation » avec Charles Mandelbaum dans un rapport soumis le 31 août 1944, où il dit avoir su convaincre Mandelbaum que son « coup de force » mettait en danger les autres enfants du centre. Il aurait donc suggéré au résistant de revenir chercher Anna le lendemain, et affirme que Mandelbaum a suivi son conseil. Par la suite, Charles démentira formellement cette version des événements : « Cette opération ne s'est pas faite en deux temps [...] J'étais dans la clandestinité et il ne me serait même pas venu à l'idée d'accepter ainsi un rendez-vous pour le lendemain[33]. »

L'anecdote est éloquente. Il ne fait pas de doute que Schendel a aidé Mandelbaum dans sa mission clandestine, car c'est bien lui qui a suggéré au résistant la façon dont il pourrait trouver Anna, et Mandelbaum le confirme. Mais dans son rapport, Schendel cherche à minimiser sa propre opposition à la mission de sauvetage en se donnant un rôle plus « actif » dans cette opération, une version des faits qui lui serait plus favorable. La position ambiguë de Kurt Schendel est révélatrice des compromissions auxquelles les dirigeants de l'UGIF devaient consentir, se trouvant dans l'intenable posture de devoir collaborer à leur propre perte et à celle des Juifs dont ils avaient la charge.

---

[32] Laloum (Jean), « L'UGIF et ses maisons d'enfants », art. cit., p. 174.
[33] Laloum (Jean), *Les Juifs dans la banlieue parisienne des années 20 aux années 50*, Paris, CNRS Éditions, 1998, p. 268.

Le danger n'était pas de sortir les enfants de ces centres : « ces maisons d'enfants étaient vouées à l'extermination », rappelle Charles Mandelbaum. Le danger était bien de les y laisser.

Anna garde un souvenir moins précis de son *kidnapping* que son beau-frère, mais elle se souvient très bien du moment où Charles a enlevé l'étoile de son vêtement : « il m'a déchiré l'étoile » me dit-elle au téléphone, la voix encore toute remplie de ravissement et de fierté, soixante-treize ans plus tard.

Ce jour-là, à la sortie de l'école, personne n'essaie de retenir la petite fille et l'homme qui est venu la chercher. Anna et Charles sont bientôt dans le métro, en route vers la gare de Lyon. L'errance prend fin : Anna va vivre avec Henia à Pont-de-Beauvoisin, près de Chambéry, jusqu'à la fin de la guerre, munie de sa carte d'alimentation et de sa fausse pièce d'identité préparée pour elle au nom d'Anna Françon.

Autour de la table, le soir du 12 juillet 2017, Henia parle de l'enlèvement de sa sœur et de l'histoire du revolver dont Charles Mandelbaum avait menacé le responsable de l'UGIF. Elle adresse un sourire de connivence à ses petites filles et s'exclame fièrement : « C'était un tueur ! » Les rires fusent.

Anna a vraiment frôlé la déportation. Dans la nuit du 21 au 22 juillet 1944, quelques jours seulement après l'intervention de Charles, les 25 enfants hébergés au centre de Montreuil et les quatre assistantes sociales sont arrêtés. Ils sont conduits à Drancy, où ils ne vont pas rester longtemps. Le 31 juillet 1944, ils sont tous déportés à Auschwitz par le convoi n° 77, qui comprend plus de 400 enfants seuls, 60 par wagon.

Charles Mandelbaum, résistant

Affilié au mouvement de résistance « Libération » dans la zone sud, Charles a été mis à la disposition de l'OJC (Organisation juive de combat), et c'est dans ce cadre qu'il met en place, immédiatement après l'enlèvement d'Anna, une opération de sauvetage de grande envergure. Il s'agit d'extraire tous les enfants du centre de Montreuil et de deux autres foyers, Lamarck à Paris et La Varenne dans le Val-de-Marne.

Les 18 et 19 juillet 1944, une réunion est organisée par le groupe de Charles Mandelbaum, au 90 boulevard de Courcelles à Paris.

32 personnes doivent s'y rencontrer. Or, une trahison va tout changer. Son groupe est compromis par un Français, agent de l'*Abwehr*, le service de renseignements de l'état-major allemand, qui a gagné la confiance des résistants. Charles parle d'un guet-apens : « C'était une souricière tendue par des Français appartenant à la Gestapo ». Les résistants sont tous arrêtés.

Les responsables de cette opération d'infiltration sont connus sous le nom de la « Gestapo de la rue de la Pompe ». Charles Mandelbaum les a identifiés, ainsi que leur chef, un Allemand appartenant à l'*Abwehr*, du nom de Friedrich Berger. Entre avril et août 1944, cet auxiliaire de l'armée allemande a sous ses ordres une quarantaine d'exécutants français chargés de neutraliser les réseaux de résistants. Plus de 300 résistants sont arrêtés pendant ces quatre mois, dont beaucoup sont torturés au 180 rue de la Pompe, et déportés. En faisant arrêter le groupe de Mandelbaum, ces « gestapistes » sont directement responsables de l'extermination des enfants des centres de l'UGIF, dont ils ont empêché le sauvetage.

Arrêté le 19 juillet 1944, Charles Mandelbaum est condamné par un tribunal militaire avec circonstances aggravantes, car il porte une arme chargée, et il est transféré au pénitencier de Fresnes.

Le 15 août, toute la prison est déportée en masse, les politiques, les droits communs, tout le monde est entassé dans les trains, direction Buchenwald. C'est ce qui a sauvé Charles Mandelbaum du peloton d'exécution. Et ses faux papiers, établis au nom de Lambert, lui éviteront la déportation vers les camps d'extermination. Il sera transféré à Dora, puis à Elrich et, cinq jours avant la libération de Buchenwald, à Bergen-Belsen.

Comme Georges Dubus, le fiancé d'Edith, il est entré dans l'enfer carcéral de Buchenwald sous les cris des gardes et les hurlements des chiens. Il a rejoint ceux, parmi les Jurassiens, qui y survivent depuis le mois de mai.

Dans le *Livre mémorial* de la Fondation pour la mémoire de la déportation, là où j'avais trouvé le nom de Georges Dubus, « décédé en déportation », je trouve aussi celui de Charles Mandelbaum, dit Lambert, « rentré de déportation » le 15 avril 1945. Dans son convoi qui comptait plus de 2000 personnes, y compris 543 femmes, seulement 38% des détenus ont survécu. C'est, par rapport aux autres convois pour Buchenwald, un taux de survie très bas.

Après la victoire des Alliés, pendant tout le printemps et l'été 1945, Henia et sa petite sœur Anna attendent, comme les Vitorge, des nouvelles de leurs proches. Si l'on fait le compte des oncles et des tantes, des cousins et des neveux, c'est une famille très nombreuse.

Mais personne n'est rentré.

Henia a également fait des recherches après la guerre, pour savoir où était son amie et compagne d'évasion, Rosalie Joskowitz. Elle ne l'a jamais retrouvée.

CONCLUSION

À la Libération, les Vitorge ont eux aussi attendu les absents, ceux qu'on appelle les « non-rentrés » dans les listes des convois. Pour eux comme pour les autres, le détail de leur « destination inconnue » sera découvert après bien des décennies. Ainsi, Henia m'a confié avoir pris connaissance des circonstances de la déportation de sa famille disparue dans le livre de Serge Klarsfeld, le *Calendrier de la persécution des Juifs de France*, en 2001. C'est également en 2001 qu'Edith a su, grâce au fichier du Mémorial de Yad Vashem à Jérusalem, les dates de l'arrestation et de la déportation de sa tante Mathilde Jewnin, fille de Boris Soloveitchik.

Le parcours des années d'après-guerre s'est effectué autour de trois axes, la reconstruction, la réparation, et la transmission. Pour Edith, ce n'était pas une trajectoire réfléchie mais plutôt un engagement, soutenu par la perspective d'un avenir meilleur. Cet engagement, cette vision optimiste du monde, ce fut d'abord le communisme, l'affirmation d'une période d'espoir pour sa génération. Edith a souvent dit, et elle le dit encore : « Être communiste, c'était notre façon d'être juif. »

La reconstruction

Joseph Vitorge s'est beaucoup investi, après la Libération, dans d'interminables démarches administratives pour récupérer ce qu'il pouvait de sa vie antérieure. Il lui faut maintenant recommencer à l'envers le parcours de l'immigré, reconquérir son espace de vie, remplacer les meubles, se remettre au travail dans un monde qui a perdu la familiarité de l'avant-guerre.

Malheureusement, il ne pourra pas reprendre son activité professionnelle car les anciens fournisseurs de pierres fines ont disparu, d'autres diamantaires occupent le marché, et les joailliers n'ont plus guère besoin de lui. Pour son frère Léon, les choses se présentent mieux, car il a rejoint, au Club des diamantaires de la rue Cadet, ses beaux-frères, Sam et Jack Zousman, négociants en pierres précieuses. Mais Joseph n'a pas sa place dans cette entreprise, et il se tourne alors vers une autre branche de la famille, sa sœur Sonia-la-grande. Celle-ci a récupéré la maison de la rue du Pélican, à Anvers, et a repris son commerce de bijoux fantaisie. Elle a besoin d'aide à présent que le patriarche Aïzik est mort et que Tsipa, très éprouvée par les années de guerre, a « perdu la tête ».

En 1947, Joseph prend donc la décision d'un nouvel exil, et il part s'installer à Anvers. Goutia le suivra quelques mois plus tard, laissant l'appartement à leurs enfants Edith et Léopold. Au début de leur vie en Belgique, ils reviendront souvent à Paris, où Joseph achète en gros les bijoux qui sont revendus dans la boutique anversoise.

Juste avant le départ de son père, en septembre 1946, Edith obtient le diplôme d'État de conseiller d'orientation professionnelle dans une session « réservée aux prisonniers, déportés et résistants ». Elle est alors embauchée en qualité de conseillère du travail à la SNECMA-Kellerman, société phare de l'industrie aéronautique française, où elle va participer au grand mouvement social de l'année 1947. Dans son usine, Edith se souvient que les différents syndicats menaient une action solidaire, et que les organisations de la jeunesse défilaient ensemble dans les rassemblements, bientôt rejoints par les étudiants. Edith y rencontra son futur mari, André Giacchetti, qu'elle épousa l'année suivante.

Pendant l'été 1947, juste avant son mariage, elle accompagna un groupe de jeunes apprentis de son entreprise au premier Festival mondial de la jeunesse et des étudiants, à Prague.

Dans une Europe en pleine reconstruction, qui sortait de la dévastation de la guerre, ce festival fut, pour Edith et pour ses camarades, une fête de chaque instant. Elle a laissé un témoignage de cet après-guerre exalté dans un texte rédigé en 1983 :

> Nous n'avions pas encore de doutes profonds sur l'Union soviétique. Les démocraties populaires naissaient et surtout la Tchécoslovaquie nous paraissait pleine de ressources et d'avenir. À l'époque, il y avait encore des restrictions et des tickets d'alimentation à Paris, mais en Tchécoslovaquie, on trouvait du pain blanc à volonté. À Prague, nous allions dans des bars à bière, au concert écouter des musiques de partout, nous y avons rencontré des jeunes du monde entier et en particulier quelques Américains.
> Cette première rencontre internationale des jeunes, après la guerre, a été un temps très fort pour tous ceux qui ont eu la chance d'y participer. On croyait que « les lendemains qui chantent » étaient vraiment arrivés !

C'était l'époque de ses grandes aspirations. C'est aussi à ce moment qu'elle a rencontré d'autres formes de discrimination que celle qui lui avait fermé les portes de la faculté de médecine de Montpellier en 1942, un rejet dont l'injustice l'avait révoltée. Cette fois, ce n'est plus son statut de Juive naturalisée qui sera le critère de son exclusion. À la rentrée de 1949, alors qu'elle vit à Troyes où son mari André a trouvé un poste d'enseignant, elle pose sa candidature, en réponse à une offre d'emploi, au Centre départemental d'orientation professionnelle de l'Aube, qui ne donne pas suite. Elle s'enquiert alors auprès de la préfecture, qui lui adresse une lettre signée du directeur du centre, et contresignée par l'inspecteur d'académie de l'Aube :

> En réponse à votre lettre du 18 octobre, j'ai l'honneur de vous faire connaître que le Conseil général de l'Aube a effectivement créé un poste de conseiller d'orientation professionnelle lors de sa dernière session.
> Mais cette assemblée a nettement indiqué sa volonté de voir ce poste confié à un homme, étant donné l'effort demandé pour assurer les examens dans la plupart des grosses communes du département.

Edith est furieuse. Cette lettre, approuvée par un représentant de l'État français n'a jamais cessé de l'indigner. Elle l'a soigneusement conservée, et elle en a souvent parlé. Ce rejet, basé sur le simple fait qu'elle était une femme, l'a convaincue que le travail féminin était une nécessité et une condition absolue de l'égalité des sexes. C'est dans ce sens qu'elle a lutté pendant toute sa vie professionnelle.

En 1951, Edith et André rentrent à Paris, et emménagent dans l'appartement de la rue Milton, où ils vivront encore plusieurs années avec leurs trois enfants avant de s'établir dans la proche banlieue. Edith fera une belle carrière dans un cabinet de conseil en organisation, et son frère Léopold va réaliser - seul - le projet qu'il a conçu avec Georges Dubus, de devenir architecte.

La famille s'est ainsi reconstruite et les Vitorge ont retrouvé leur vie ordinaire. Ils étaient parmi les Juifs dont Jacqueline Mesnil-Amar disait dans son journal intime, quelques mois après la libération de Paris, qu'ils étaient les *normaux*. Comme eux, ils ont traversé indemnes les longues années de l'Occupation. Mais peut-on retrouver une existence normale, se demande la diariste, « lorsqu'on a vécu quatre ans de périls sans honneur, sans justice et sans protection, lorsqu'on a joué à ce tragique jeu de cache-cache [...] à travers des centaines de déplacements[1] » ?

La réparation

Dès la fin de l'année 1944, poursuit Jacqueline Mesnil-Amar dans son journal, l'exaspération du public devant le sort des Juifs se fait sentir. On dit en particulier qu'ils sont « bien trop impatients de reprendre leurs biens[2] ». Il fallait pourtant s'armer de patience lorsqu'on s'attelait à cette tâche, car le travail de restitution allait durer pendant des décennies.

Les familles victimes de la spoliation nazie eurent droit à une indemnisation des pertes subies pendant l'Occupation. Mais encore fallait-il savoir comment faire et à qui s'adresser. Edith garde un souvenir assez vague de toutes ces procédures administratives, mais elle a conservé les papiers et les bordereaux de paiement qui m'ont permis d'en reconstituer les étapes. Le classement méticuleux de ces documents montre à quel point ils ont été importants dans la vie des spoliés, non parce qu'ils s'attendaient à des dédommagements à la hauteur de leurs pertes, cet espoir n'a jamais existé, mais à cause de

---

[1] Mesnil-Amar (Jacqueline), *op. cit.*, p. 151.
[2] *Ibid.*, p. 150.

l'irréfutabilité des chiffres inscrits sur le papier, la reconnaissance écrite du préjudice.

En octobre 1947 les Vitorge font la demande auprès du ministère de la Reconstruction et du Logement d'une « allocation mobilière pour foyer sinistré ». Une subvention pour « dommages d'occupation » leur est versée en 1948 et en 1956. Aucune mention n'est faite de la raison *raciale* de ce sinistre. On a l'impression que les indemnités sont versées comme elles le seraient pour n'importe quel dégât couvert par les termes d'un contrat de responsabilité civile.

En 1970, c'est l'État allemand qui accorde aux Vitorge un dédommagement, en vertu de la loi *Bundesrückerstattungsgesetz*, dite BRÜG. Dès les années 1950 en effet, divers décrets d'indemnisation et de restitution sont adoptés dans le cadre d'une réparation des persécutions nazies par la République fédérale d'Allemagne. Cette loi précise qu'il ne s'agit pas de couvrir un préjudice dû à un « sinistre de guerre », mais d'indemniser les victimes de la répression nazie. C'est une différence essentielle pour Edith et les siens.

Le dossier d'indemnisation vient valider les témoignages des voisins de la rue Milton : ce sont bien les Allemands qui, alors que la famille était déjà passée en zone libre depuis longtemps, ont vidé l'appartement, en juillet 1943, après une dénonciation. Edith se souvient avoir entendu dire qu'ils avaient même vidé la cave où Joseph conservait ses bouteilles de champagne. Les voisins ont d'ailleurs raconté que les soldats étaient sortis ivres de leur razzia. Ils n'ont laissé que les 50 kg de plomb que Joseph avait déposés dans sa cave, on ne sait pour quel usage.

Le rapport d'indemnisation confirme que les Vitorge étaient connus des autorités d'occupation, comme le leur avait dit le « flic » de Saint-Claude. Les Vitorge ne l'ont pas vraiment cru ou su, pendant les années de leurs *quatorze déménagements*, mais ils en avaient une vague conscience, et c'est ce qui les a poussés, ville après ville, mois après mois, à la moindre rumeur, au moindre mouvement inhabituel, à déguerpir.

Pendant trente ans, entre les années 1970 et les années 2000, Edith n'a rien réclamé, et n'a fait aucune démarche, même pour obtenir la pension d'ancien combattant à laquelle son statut de résistante dans le maquis FFI lui donnait droit. Ce n'était sûrement pas une volonté d'oubli, de l'indifférence ou même un sentiment un peu honteux de « trop » demander. Elle dit n'avoir jamais voulu « tourner la page » pendant ces décennies, mais elle s'était habituée au silence, à l'absence d'interlocuteur, au manque de répondant.

Puis, en 2005, elle est informée du travail de la Commission pour l'indemnisation des victimes de spoliations intervenues du fait des législations antisémites en vigueur pendant l'Occupation (CIVS). Cette commission, sous l'autorité du Premier ministre, traite les requêtes d'indemnisation à la suite d'un accord entre les gouvernements français et américain, appelé l'Accord de Washington, signé en 2001.

Edith saisit alors la commission pour préjudices matériels et financiers. La procédure est longue et compliquée, car les requêtes font l'objet d'une instruction. Mais deux ans plus tard, en septembre 2007, le service financier du Premier ministre, lui accorde une somme très modique. Le montant lui importe peu. Elle a le sentiment que, par ce geste de restitution, elle a enfin trouvé une écoute dans son propre pays.

Au même moment, elle apprend, avec 50 ans de retard, l'existence de la *Conference on Jewish Material Claims against Germany*, abrégée en *Claims Conference*, organisme américain dont la mission est de réclamer des dédommagements et de l'aide pour les survivants de la persécution et des crimes nazis. Les fonds proviennent des gouvernements allemand et autrichien, ainsi que des biens juifs non réclamés. Dans nos conversations, elle me parle souvent de cette petite pension qui lui a été accordée par l'Allemagne et qu'elle perçoit toujours. Elle s'en émeut parce qu'elle y voit un véritable travail de réparation.

Lorsque je lui demande ce qui l'a poussée à faire ces démarches longues et fastidieuses si longtemps après la fin de la guerre, pour une compensation minime, Edith me dit que la question est ailleurs. Elle a fait les démarches parce qu'elles étaient à faire. Mais il ne suffit pas de recevoir passivement la reconnaissance par l'État et ses institutions des crimes anciens. Elle s'interroge sur la résurgence tolérée, parfois encouragée, des discriminations raciales et antisémites en France comme aux États-Unis. La réparation des crimes nazis est d'autant plus pertinente et nécessaire. Elle nous rappelle notre devoir de vigilance.

Chaque année, pour obtenir le versement de leurs pensions, les bénéficiaires de la *Claims Conference* doivent fournir un « certificat de vie » à ses administrateurs. Edith s'en amuse toujours, et remarque qu'ils ne doivent plus être très nombreux.

Nous arrivons il est vrai à une époque où se pose la question de la rupture du lien « vivant » avec l'histoire de la Shoah. Nous sommes dans ses derniers maillons.

La transmission

Les années 1960 ont marqué la disparition de la génération des « anciens », les immigrés nés à la fin du XIXe siècle.

Dans la famille d'Edith, c'est Goutia qui est partie la première, emportée par un cancer à l'âge de 73 ans. Elle est suivie par sa belle-sœur Sonia-la-petite, quelques mois plus tard, et six ans après, c'est Joseph qui s'en va. Il s'écroule en pleine rue, à Anvers, pendant l'hiver 1969. Il meurt debout, sans prévenir, abattu non par la maladie mais par l'arrêt de la vie, rebelle jusqu'au bout. Sa sœur Sonia-la-grande décèdera trois ans après lui.

Il ne restera de cette génération que Léon qui, chaque dimanche, jusqu'à sa mort en 1977, à l'âge de 93 ans, rendait visite à Edith et à sa famille dans leur maison de Bagnolet, chapeau melon sur la tête et montre gousset dans la poche du gilet de son costume trois-pièces.

Les cousines d'Edith, Charlotte et Jacqueline, ainsi que son amie Gisèle, qui ont toutes traversé ce récit, ont disparu. Son frère Léopold est mort à 70 ans, en 1996, victime, comme leur mère Goutia, d'un cancer. Cet oncle à l'immense sourire espiègle et généreux, qui ressemblait tant à Edith qu'on les aurait crus jumeaux, a lui aussi laissé des souvenirs, qu'il a rédigés en 1994 à l'intention de l'un de ses petits-enfants. À la dernière ligne de cette longue lettre de transmission, il conclut avec une pointe d'humour :

« Je te souhaite plus de sérénité. Mais c'est mal barré. »

Les deux « combattantes », Edith et Henia, qui approchent à présent de leur quatre-vingt-quinzième année, restent optimistes. Elles se tournent vers leurs enfants et petits-enfants, et les interrogent à leur tour.

Dans l'ouvrage qu'elle a intitulé *Un livre du souvenir*, Françoise Milewski parle de la « responsabilité particulière » de la seconde génération, les enfants des victimes et des survivants de la Shoah, dans la transmission de la mémoire à la génération qui la suit, née à la fin du XXe siècle[3]. Mais cette tâche comporte bien des écueils.

Le premier obstacle à la communication intergénérationnelle a été, pour les enfants nés après la guerre, le non-dit de leurs parents. En réfléchissant à ces barrages, à ce refus « d'en parler », je me souviens de la phrase de Simone Veil qui disait, en 1988 : « Si nous n'avons pas parlé c'est parce que l'on n'a pas voulu nous entendre, pas voulu nous écouter. »

Cela est vrai, et pourtant, avec le recul du temps, on s'aperçoit que le parent qui ne racontait rien était rare, et l'enfant qui n'entendait rien aussi. Il n'y avait pas toujours de récit organisé, et c'est souvent par fragments, par bribes, que les enfants apprenaient l'histoire de la persécution de leur famille. Mais quel que fût le mode de diffusion de l'information, on a su ce qu'il fallait savoir, même à travers un brouillard d'approximations, de paroles vagues et inquiétantes, de révélations à demi-mot.

Il existe aussi une transmission ouverte et réfléchie, une construction active de la mémoire partagée. Pour transmettre ce patrimoine familial, on peut mettre en place une pratique délibérée de sauvegarde, et nombreux sont les enfants de la seconde et de la troisième génération qui se sont attelés à la tâche ingrate de l'archivage des souvenirs. Edith, Gisèle, Jacqueline, Henia et bien d'autres ont contribué à la préservation des papiers, des fichiers, des photos, des écrits, mais aussi à celle des histoires et des légendes, de la *geste* familiale. Cette documentation, matérielle et immatérielle, est l'assise d'un système de significations que peut s'approprier chaque individu dans la lignée générationnelle.

Mes contemporains, les *baby-boomers* et ceux qui les suivent, peuvent se sentir habilités et soutenus dans cette pratique de transmission par les institutions mémorielles comme le Centre de documentation juive contemporaine (CDJC) qui a collecté et collecte encore des milliers d'archives documentant les crimes nazis. Les générations d'Edith et de ses parents n'avaient pas ce recours. Mais le travail a été fait.

Il apparaît comme une évidence que la transmission est également le but que se donne le chercheur qui, à partir de fragments dispersés, va

[3] Milewski (Françoise), *Un livre du souvenir : à la recherche d'une famille juive décimée en Pologne*, Paris, Éditions La Découverte, 2009, p. 14.

assembler et agencer la mosaïque mémorielle dans la forme narrative qui lui paraît la plus cohérente. C'est dans ce travail de recouvrement et d'esthétisation du souvenir que se situe la fonction reconstructrice du *storytelling*, de la mise en récit : rendre justice et donner une voix aux disparus, aux survivants, aux réfugiés, aux *déplacés*, et œuvrer humblement, dans le travail solitaire de l'écriture, pour la réparation du monde.

BIBLIOGRAPHIE

Ouvrages et articles sur les Juifs de l'Empire russe et de la diaspora avant 1940

Ames (Edward), « A Century of Russian Railroad Construction : 1837-1936 », in *American Slavic and East European Review* 1947, 6, n° 3-4, pp. 57-74.

Avrich (Paul H.), « The Last Maximalist : An Interview with Klara Klebanova », in *Russian Review* 1973, 32, n° 4, pp. 413-420.

Daly (Jonathan), « Political Crime in Late Imperial Russia », in *The Journal of Modern History* 2002, 74, n° 1, pp. 78-80.

Gousseff (Catherine), « Les Juifs russes en France : profil et évolution d'une collectivité », in *Archives juives* 2001, 34, n° 2, pp. 4-16.

Grinberg (Daniel), « Formes de la militance juive radicale en Pologne », in *Juifs et anarchistes, histoire d'une rencontre*, Amedeo Bertolo éd., Paris, Éditions de l'éclat, 2008, pp. 159-171.

Kobrin (Rebecca), *Jewish Bialystok and its Diaspora*, Bloomington : Indiana University Press, 2010.

Lhoumède (Jean de), « La Pologne », in *La Revue hebdomadaire* 1898, tome XII, Paris, Plon, pp. 469-482.

Mazuy (Rachel), « Les Amis de l'URSS et le voyage en Union soviétique : la mise en scène d'une conversion (1933-1939) », in *Politix* 1992, 5, n° 18, pp. 108-128.

Moindrot (Claude), « Les vagues d'immigration en Grande-Bretagne », in *Population* 1965, n° 20, 1965, pp. 633-650.

Turton (Katy), « Keeping it in the Family : Surviving Political Exile, 1870-1917 », in *Canadian Slovanic Papers* 2010, 52, n° 3/4, pp. 391-415.

Ouvrages et articles sur la Shoah

Adler (Jacques), *Face à la persécution : les organisations juives de Paris*, Paris, Calmann-Lévy, 1994.

Hilberg (Raul), *Perpetrators, Victims, Bystanders : the Jewish Catastrophe*, New York, Harper Perennial, 1993.

Jablonka (Ivan), *Histoire des grands-parents que je n'ai pas eus*, Paris, Seuil, 2012.

Kaspi (André), *Les Juifs pendant l'Occupation*, Paris, Seuil, 1997.

Klarsfeld (Serge), *Calendrier de la persécution des Juifs de France : septembre 1942-août 1944*, 3 vols, Paris, Fayard, 2001.

Lalieu (Olivier), *Histoire de la mémoire de la Shoah*, Paris, Éditions Soteca, 2015.

Laloum (Jean), *Les Juifs dans la banlieue parisienne des années 20 aux années 50*, Paris, CNRS Éditions, 1998.

Laloum, (Jean), « La restitution des biens spoliés », in *Cahiers de la Shoah* 2002, 1, n° 16, pp. 13-58.

Laloum (Jean), « L'UGIF et ses maisons d'enfants : le centre de Montreuil-sous-Bois », in *Le Monde juif, revue d'histoire de la Shoah* 1984, n° 116, pp. 153-172.

Laloum (Jean), « L'UGIF et ses maisons d'enfants : "l'enlèvement" d'une enfant », in *Le Monde juif, revue du d'histoire de la Shoah* 1986, n° 124, pp. 172-176.

Matteoli (Jean), *Mission d'étude sur la spoliation des Juifs de France : rapport général*, Paris, La Documentation française, 2000.

Meinen (Insa), « Facing Deportation : How the Jews Were Arrested in Belgium », in *Yad Vashem Studies* 2008, 36, n° 1, pp. 39-72.

Meinen (Insa), *La Shoah en Belgique*, Waterloo, Renaissance du livre, 2012.

Milewski (Françoise), *Un livre du souvenir : à la recherche d'une famille juive décimée en Pologne*, Paris, Éditions La Découverte, 2009.

Montandon (Georges), *Comment reconnaître le Juif*, Paris, Nouvelles Éditions françaises, 1940.

Paxton (Robert), *Vichy et les Juifs*, Paris, Calmann-Lévy, 1981.
Poznanski (Renée), *Les Juifs en France pendant la Seconde Guerre mondiale*, Paris, librairie Arthème Fayard/Pluriel, 2012.
Rajsfus (Maurice), *Des Juifs dans la collaboration : l'UGIF (1941-1944)*, Paris, Études et Documentation Internationales, vol. 1, 1980.
Ryan (Allan), *Quiet Neighbors : Prosecuting Nazi War Criminals In America*, NY, Harcourt Brace Jovanovich, 1984.
Saerens (Lieven), *Étrangers dans la cité : Anvers et ses Juifs (1880-1944)*, Bruxelles, Éditions Labor, 2005.
Snyder (Timothy), *Black Earth : the Holocaust as History and Warning*, New York, Tim Duggan Books, 2015.
Steinberg (Maxime), *La Persécution des Juifs en Belgique (1940-1945)*, Bruxelles, Éditions Complexe, 2004.
Van Goethem (Herman), « La convention de La Haye, la collaboration administrative en Belgique et la persécution des Juifs à Anvers, 1940-1942 », in *Cahiers d'histoire du temps présent* 2006, n° 17, pp. 117-197.
Wieviorka (Annette), *L'Ère du témoin*, Paris, Hachette, 1998.
Wieviorka (Annette) et Azoulay (Florianne), *Le Pillage des appartements et son indemnisation, mission d'étude sur la spoliation des Juifs de France*, Paris, La Documentation française, 2000.

Ouvrages et articles sur les camps d'internement et de concentration (1940-1945)

Antelme (Robert), *L'Espèce humaine*, Paris, Gallimard, 2015.
Auger (Frédéric) et Delétang (Henri), « 1939-1943 : les années sombres du Sanatorium des Pins, un devoir de mémoire », in *Bulletin du GRAHS* 2005, 26, n° 4, pp. 119-122.
Bernard (Jean-Jacques), *Le Camp de la mort lente : Compiègne, 1941-42*, Paris, Albin Michel, 1944.
Brière (Vanina), « Les Français déportés à Buchenwald : exemple du convoi du 12 mai 1944 », in *Bulletin de la Fondation Auschwitz* 2004, n° 85, pp. 77-103.
Collectif, Association des déportés du Jura, *Les Jurassiens dans les camps de concentration*, Lons-le-Saunier, Éditions Marque-Maillard, 1988.

Ferrand (Yvette), « Les Juifs internés au Sanatorium des Pins et déportés à Auschwitz en 1942 », in *Bulletin du GRAHS* 2004, 26, n° 4, pp. 115-118.
Husser (Beate) *et al*, *Frontstalag 122, Compiègne-Royallieu : un camp d'internement dans l'Oise, 1941-1944*, Archives départementales de l'Oise, 2008.
Kogon (Eugen), *L'État SS*, Paris, Éditions de la jeune Parque, 1993.
Lalieu (Olivier), *La Résistance française à Buchenwald*, Paris, Tallandier, 2012.
Levi (Primo), *Les Naufragés et les rescapés*, Paris, Gallimard, 1986.
Lévy (Paul), *Un camp de concentration français : Poitiers 1939-1945*, Paris, Sedes, 1995.
Luc (Benoît), *Les Déportés de France vers Aurigny*, Marigny, Éditions Eurocibles, 2010.
Ostermann (Simon) « Le centre d'internement du Sanatorium des Pins de Lamotte-Beuvron (novembre 1940- juillet 1942) », in *Bulletin du GRAHS* 2004, 26, n° 4, pp. 91-114.
Poznanski (Renée), et Peschanski (Denise), *Drancy : un camp en France*, Paris, Fayard, 2015.
Rousset (David), *L'Univers concentrationnaire*, Paris, Fayard/Pluriel, 2011.
Semprún (Jorge), *Le Grand Voyage*, Paris, Folio, 1963.

Ouvrages et articles sur l'Occupation, les maquis et la Résistance

Canaud (Jacques), *Le Temps des maquis*, Clermont-Ferrand, De Borée, 2011.
Collectif, *Nous accusons : le calvaire des martyrs de la Résistance*, Paris, Imprimerie du Front national de lutte pour la liberté et l'indépendance de la France, 1943.
Kaspi (André), *La Libération de la France : juin 1944-janvier 1946,* Paris, Perrin, 1995.
Le Goupil (Georges), « Débats stratégiques autour des maquis de l'Ain », in *La Résistance et les Français : lutte armée et maquis*, François Marcot éd., Besançon, Presses Universitaires de Franche-Comté, 1996, pp. 235-247.

Poznanski (Renée), *Propagande et persécution : la Résistance et le « problème juif », 1940-1944*, Paris, Fayard, 2008.
Robert (André), *Jura, 1940-1944 : Territoires de Résistance*, Pontarlier, Éditions du Belvédère, 2014.
Rochebrune (Renaud de), *Les Patrons sous l'Occupation*, Paris, Odile Jacob, 2013.
Romans-Petit (Henri), *Les Maquis de l'Ain*, Paris, Hachette, 1974.
Rousso (Henry), « L'épuration en France : une histoire inachevée », in *Vingtième siècle* 1992, 33, n°1, pp. 78-105.
Veyret (Patrick), *Histoire de la Résistance armée dans l'Ain*, Châtillon-sur-Chalaronne, Éditions La Taillanderie, 1999.
Veyret (Patrick), *Histoire secrète des maquis de l'Ain : acteurs et enjeux (1942-1944)*, Châtillon-sur-Chalaronne, Éditions de La Taillanderie, 2010.
Wieviorka (Olivier), *Histoire de la Résistance*, Paris, Perrin, 2013.

Mémoires, journaux, témoignages

Berr (Hélène), *Journal*, Paris, Tallandier, 2008.
Dupin (Jean), *Ma déportation*, Saint-Claude, 2015, non publié.
Herszberg (Awrom Szmuel), « One Hundred Years Ago », in *The Bialystoker Memorial Book*, New York, The Bialystoker Center, 1982.
Hoen (Jean), *Frontstalag 122, un camp de concentration en France*, Luxembourg : Bourg-Bourger, 1946.
Hoen (Jean,) *KLB, journal de Buchenwald, 1943-1945*, Paris, PUF, 2013.
Lorge (Jean), *J'étais devenu un numéro, Saint-Claude, 9 avril 1944*, Bière, Éditions Cabédita, 2009.
Marion (Jean), *Itinéraire d'un déporté jurassien*, Pontarlier, Presses du Belvédère, 2009.
Mesnil-Amar (Jacqueline), *Ceux qui ne dormaient pas : journal, 1944-1946*, Paris, Stock, 2009.
Rakovsky (Puah,) *Mémoires d'une révolutionnaire juive*, Paris, Phébus, 2006.
Rayger (Ariel), *Dix-huit mois de maquis dans le Haut-Jura*, Lons-le-Saunier, Éditions Arts et Littérature, sans date.

Wengoroff (Pauline), *Memoirs of a Grandmother: Scenes from the Cultural History of the Jews of Russia in the Nineteenth Century*, Stanford CA, Stanford University Press, 2010.

Ouvrages et articles d'intérêt général

Berlière (Jean-Marc), *Le Monde des polices en France (XIXe-XXe siècles)*, Bruxelles, Éditions Complexe, 1996.
Berstein (Serge), et Becker (Jean-Jacques), « L'anticommunisme en France », in *Vingtième Siècle* 1987, 15, n° 1, pp. 17-28.
Colin (Thérèse), « Les industries de Saint-Claude », in *Les Études rhodaniennes* 1937, 13, n° 3, pp. 189-206.
Escudier (Jean-Louis), *Edmond Bartissol : du Canal de Suez à la bouteille d'apéritif*, Paris, CNRS Éditions, 2000.
Escudier (Jean-Louis), « Itinéraire d'un entrepreneur de travaux publics éclectique : Edmond Bartissol (1841-1916) », in *Histoire, Économie et Société* 1995, 14, n° 2, pp. 229-251.
Gide (André), *Retouches à mon Retour de l'URSS,* Paris, Gallimard, 1937.
Herzig (Rebecca), *Plucked : A History of Hair Removal,* New York, NYU Press, 2015.
Weil, Patrick, *Qu'est-ce qu'un Français ? Histoire de la nationalité française depuis la Révolution*, Paris, Grasset, 2002.

ABRÉVIATIONS

AJPN	Anonymes, Justes et Persécutés durant la période nazie
AS	Armée secrète
AUS	Amis de l'Union soviétique
CDJC	Centre de documentation juive contemporaine
CDL	Comité départemental de libération
CGQJ	Commissariat général aux questions juives
CGT	Confédération générale du travail
CIA	Central Intelligence Agency
CIF	Comité des intérêts français (Buchenwald)
CRS	Croix-Rouge suisse
FFI	Forces françaises de l'intérieur
FTP	Francs-tireurs et partisans
GMR	Groupes mobiles de réserve
GRAHS	Groupe de recherches archéologiques et historiques de Sologne
KLB	*Konzentration Lager* Buchenwald
OJC	Organisation juive de combat
OSE	Œuvre de secours aux enfants
PC	Poste de commandement (maquis)
PCF	Parti communiste français
SIPO-SD	*Sicherheitspolizei-Sicherheitsdienst* (Police de sûreté-service de la sécurité)
SOE	*Special Operations Executive*
STO	Service du travail obligatoire
UGIF	Union générale des Israélites de France

TABLE DES MATIÈRES

HISTOIRE,
DEUXIÈME GUERRE MONDIALE
AUX ÉDITIONS L'HARMATTAN

Dernières parutions

UNE POIGNÉE DE BRAVES
La bouleversante aventure de la Résistance en Franche-Comté 1939-1945
André Besson
Pour cet ouvrage, André Besson s'est inspiré des nombreux témoignages qu'il a rassemblés à partir de l'automne 1945 auprès des anciens résistants. Ils ne furent qu'une poignée à s'opposer dès la fin de'été 1940 à l'opposant nazi. Une poignée seulement à répondre à l'appel du général de Gaulle. C'est leur étonnant et souvent incroyable combat que l'auteur raconte dans ce livre
(192 p., 18 euros)
ISBN : 978-2-37362-010-8, EAN EBOOK : 9782140096594

LA TRADITION JUIVE ET SA SURVIVANCE À L'ÉPREUVE DE LA SHOAH
Tome 1
Emmanuel Feinermann
Exilé et dispersé parmi les nations, le peuple juif a été confronté deux millénaires durant à l'expérience de la survie. À l'aube du XXe siècle, il entrevoit enfin l'ère des grandes espérances. Sa survie dépendait, en premier lieu, de la chance et du sens donné à la vie avant le cataclysme hitlérien : une vie intérieure riche et catalysée par une forte culture et une foi religieuse profonde. Cet ouvrage revient donc sur la survivance de la tradition juive face à la prise du pouvoir par Hitler.
(494 p., 39 euros)
ISBN : 978-2-343-09860-9, EAN EBOOK : 9782140040214

LA TRADITION JUIVE ET SA SURVIVANCE À L'ÉPREUVE DE LA SHOAH
Tome 2
Emmanuel Feinermann
Ce deuxième tome étudie le comportement humain et religieux dans les situations extrêmes sous la dictature hitlérienne. Afin d'assurer la survivance de la tradition juive, forts de leur expérience millénaire de la souffrance, les Juifs européens entrèrent en résistance spirituelle dans les lieux d'enfermement : ghettos, bunkers, camps de concentration et d'extermination. Dans cet univers de fin du monde, certains « métiers » imposés par les nazis ont en effet débouché sur la survie, et c'est donc ce que tente de mettre en avant cet ouvrage.
(448 p., 39 euros)
ISBN : 978-2-343-12327-1, EAN EBOOK : 9782140040221

SOLDAT EN ALSACE-LORRAINE
(1939-1940)
Récit de guerre et de captivité (Tome 1)
Léon Noguéro
Textes recueillis et annotés par Henri Noguéro ; préface de Gérard Trémège
Dès les premiers jours de septembre 1939, le soldat Léon Noguéro est affecté comme téléphoniste au 49e Régiment d'Infanterie de Bayonne qui fait mouvement pour l'Est de la France, en Alsace-Lorraine, à proximité de la ligne Maginot et de la frontière allemande. Ce témoignage, tout en invitant le lecteur à partager l'intimité d'une famille, se veut être également un support d'enseignement et d'investigations pour les jeunes générations.
(Coll. Mémoires du XXe siècle, 248 p., 26 euros)
ISBN : 978-2-343-10581-9, EAN EBOOK : 9782140036194

PRISONNIER DE GUERRE EN ALLEMAGNE (1940-1945)
Récits de guerre et de captivité (Tome 2)
Léon Noguéro
Textes recueillis et annotés par Henri Noguéro ; préface de Gérard Trémège
Le 22 juin 1940, le caporal Léon Noguéro du 49e Régiment d'Infanterie de Bayonne est fait prisonnier par les troupes allemandes dans les Vosges, au hameau les Feignes, les armes à la main. Durant cinq années de captivité passées en Allemagne, il sera rattaché à un kommando de travailleurs du bâtiment et affecté dans un premier temps à Urlau puis muté successivement dans les villes d'Hannover, de Munster, de Bremen, d'Osnabrück, de Magdeburg pour y accomplir des missions civiles à la suite des dégâts occasionnés par les bombardements des Alliés.
(Coll. Mémoires du XXe siècle, 502 p., 42 euros)
ISBN : 978-2-343-11883-3, EAN EBOOK : 9782140036200

UN CHEVALIER DE LA FRANCE LIBRE
Jacquelin de la Porte des Vaux
Eric Brothé
Londres, juillet 1940. Après la débâcle des armées françaises, ils ne sont qu'une poignée à rejoindre les rangs de la « légion de Gaulle ». Jacquelin de la Porte des Vaux est de ceux-là. Entre idéal chevaleresque et personnalité singulière, il va même s'imposer comme une figure pittoresque de la France libre, connue aussi bien pour son courage que pour ses excentricités. Naufragé à deux reprises, porté disparu à Dunkerque, fait chevalier de la Légion d'honneur à titre posthume, il est l'un des premiers « Free French » à partir défier l'ennemi avec son aviso.
(Coll. Mémoires du XXe siècle, 244 p., 25,5 euros)
ISBN : 978-2-343-10247-4, EAN EBOOK : 9782140035708

SALAMANDRE
Une vie confrontée à la Gestapo française et à la police politique hongroise
Vera Varsa-Szekeres
Traduit du hongrois par Paul Remetean et Thierry Loisel
La biographie pleine de tourments du Hongrois Georges Szekeres est ici présentée par son épouse, essentiellement à partir de documents - provenant de France, de Hongrie ou d'Italie - où se mêlent citations militaires françaises ; procès verbaux de la police secrète hongroise ; souvenirs de ses amis ; correspondances inédites avec Paul Nizan et Maurice Merleau-Ponty ; documents d'archives, etc. Nous pénétrons ici dans les salons, mais aussi les cachots, pour découvrir un tableau d'époque du XXe siècle et de ses fléaux...
(294 p., 30 euros)
ISBN : 978-2-343-09521-9, EAN EBOOK : 9782140027109

DU CÔTÉ DE LA VIE
Correspondance de Maryse (1926-1940)
Daniel Baron
Cet ouvrage nous livre le trésor constitué par toute la correspondance conservée par Maryse. Romantisme et amour de 1925 à 1931 forment l'essentiel des deux premières parties des mémoires involontaires de Maryse et d'Abraham. La troisième partie, en 1940, nous fait vivre au jour le jour le quotidien d'un soldat français durant la "Drôle de Guerre" pendant que sa femme, enceinte, à l'arrière, travaille, s'occupe d'un enfant de trois ans et gère sa belle-mère.
(Coll. Mémoires du XXe siècle, 186 p., 19,5 euros)
ISBN : 978-2-343-10545-1, EAN EBOOK : 9782140024252

DANSE AU BORD DU PRÉCIPICE

Lettres et écrits des années de guerre (1939-1945)

Micheline Maurel

Préface de Jean-Marie Guillon/Introduction, notes et choix des textes par Olivier Maurel

Arrêtée le 19 juin 1943 alors qu'elle effectuait une mission pour la Résistance, Micheline Maurel a été déportée à Neubrandenburg, une annexe de Ravensbruck. Elle a probablement dû sa survie à la force de son amour pour un pilote polonais rencontré à Lyon. Sa correspondance et ses écrits autobiographiques permettent de suivre au jour le jour la naissance de cet amour ainsi que son implication progressive dans la Résistance. Écrite dans un style très personnel et vivant, cette correspondance est aussi un document historique sur l'Occupation allemande et la Résistance française et polonaise à Lyon.

(Coll. Mémoires du XXe siècle, 398 p., 39 euros)

ISBN : 978-2-343-10058-6, EAN EBOOK : 9782140022098

ODONTOLOGIE MÉDICO-LÉGALE ET SECONDE GUERRE MONDIALE

Mélanie Decobert

Préface de Xavier Riaud

Environ 60 millions de personnes sont mortes pendant la Seconde Guerre mondiale. la majorité des corps n'a pas pu être identifiée, laissant des familles dans l'impossibilité de faire le moindre deuil ; Mélanie Decobert s'est attachée à démontrer que les techniques utilisées en odontologie médico-légale pouvaient apporter une aide considérable à cette fin, dans la connaissance de cette période et dans la résolution des problèmes consécutifs à toute disparition. L'auteur est parvenu également à attester du bon usage des analyses ADN dans l'identification de restes humains (civils ou militaires).

(Coll. Médecine à travers les siècles, 186 p., 19 euros)

ISBN : 978-2-343-10134-7, EAN EBOOK : 9782140020902

ALSACE, TERRITOIRE DE RÉSISTANCE

Les filières d'évasion et les passeurs en 1939-1945

Éric Le Normand

Alors que l'Alsace est annexée par les nazis en 1940, de nombreuses parsonnes s'engagent spontanément dans les filières d'évasion ou bien s'improvisent passeurs à l'occasion, mues par la solidarité et la patriotisme. En effet, les frontières de 1871 rétablies, la région devient un véritable piège pour les prisonniers de guerre évadés, les oposants au nazisme ou les résistants pourchassés. Aujourd'hui, plus que jamais, il est temps de réhabiliter la mémoire de tous ces gens, leur action et leur engagement.

(192 p., 19 euros)

ISBN : 978-2-88419-420-4, EAN EBOOK : 9782140020902

UN AGENT PARACHUTISTE DANS L'HISTOIRE

Jean-Claude Maréchal

Préface de Fabrice Maerten

L'ouvrage inscrit le récit d'une vie dans les événements qui ont marqué la première moitié du XXe siècle. Commencée par un drame, l'histoire du personnage prend, à travers les crises de l'entre-deux-guerres, un tour favorable. Mais la guerre rattrape cet universitaire, également officier de réserve. Son parachutage en Belgique depuis l'Angleterre constitue le point d'orgue d'une odyssée dont l'auteur, au terme d'une minutieuse recherche, a pu retracer les péripéties et éclairer le contexte.

(Coll. L'Histoire en mouvement, 254 p., 25,5 euros)

ISBN : 978-2-8066-3571-6, EAN EBOOK : 9782806650580

EAUX MÊLÉES À MONTMARTRE

Une histoire familiale

Deuxième période : 1936-1950

Michel Gaspard

Préfaces de Georges Loinger, Katy Hazan

Mars 1941, Orphelinat Rothschild : Marie-Rose Lévy et Lucien Gaspard se rencontrent pour la première fois. Pendant deux ans, ils vont s'occuper d'une vingtaine d'orphelines juives séparées de leurs parents par les persécutions antisémites. Nombre d'entre elles sont livrées aux Allemands par la police de Vichy en 1942 et 1943, déportées et assassinées. Ces souvenirs tragiques, Marie-Rose et Lucien les recouvriront d'un linceul de silence après la guerre. Leur fils, l'auteur, en découvre les détails à travers une correspondance de guerre retrouvée en 2010.

(Coll. Mémoires du XXe siècle, 438 p., 25 euros)

ISBN : 978-2-336-31181-4, EAN EBOOK : 9782140014802

GÉNOCIDE ET CRIMES DE MASSE (1933-1946)

Anna Tatarinoff

La Seconde Guerre mondiale est une période cruciale de l'histoire. Si de nombreux domaines ont été abordés au sujet de la Seconde Guerre mondiale, ceux concernant la population civile restent imprécis. Sous le couvert du tabou, la question de l'étendue et de la force de la participation des civils au Régime nazi est traitée de façon superficielle. C'est pourquoi il importe d'étudier et comprendre comment s'est déroulée cette participation populaire.

(Coll. Bibliothèques de droit, 144 p., 15,5 euros)

ISBN : 978-2-343-07702-4, EAN EBOOK : 9782140014116

LA SEMAINE DES QUATRE JEUDIS

Souvenirs du 13e arrondissement de Paris durant la Seconde Guerre mondiale

Claude Hauwel

Ce livre est un témoignage de ce que fut Paris dans les années 1940 : la mémoire vivante d'un quartier du 13e arrondissement, vue par un gamin d'une dizaine d'années. Peut-on imaginer ce qu'était Paris pendant la guerre ? Les privations, les difficultés, les alertes aériennes. Mais pour les enfants qui n'avaient pas connu la vie d'avant, tout était normal. Pour eux, la rue sans voiture était comme une immense cour de récréation. Ils étaient heureux comme les enfants peuvent l'être.

(Coll. Rue des écoles, 138 p., 15 euros)

ISBN : 978-2-343-09071-9, EAN EBOOK : 9782140014680

L'ENFANT ET L'AVION

François Ydier

Le 8 juin 1944 le Lancaster DS 822 de la RAF est abattu vers 2h du matin dans la région parisienne. Trois aviateurs périssent dans l'accident, quatre aviateurs sautent en parachute, leur évasion commence. L'appareil faisait partie d'un groupe de plusieurs centaines de bombardiers envoyés cette nuit-là pour ralentir la venue des troupes allemandes en Normandie : le « D DAY » avait commencé deux jours plus tôt. Pendant cette nuit fatale, les défenses allemandes ont abattu trente bombardiers, 145 aviateurs furent tués. Grâce à de longues recherches, l'auteur a retrouvé tous les acteurs de l'époque qui combattaient dans un but précis : la défense de notre liberté, la libération de Paris et la victoire finale contre les nazis.

(262 p., 29 euros)

ISBN : 978-2-343-07903-5, EAN EBOOK : 9782140008535

EXODE 1940

De la Gaume à la Bourgogne

Marie Fizaine

10 Mai 1940 c'est la guerre. Des milliers de Belges sillonnent les routes de France sous les bombardements, toutes sortes de misères et l'ardeur du soleil. Puis, c'est le retour. Les grands désastres, les deuils, l'occupation et la barbarie. La débrouille pour la survie. La résistance, enfin, après cinq ans, arrive la libération... Et encore après ?... Les faits divers abondent, le récit reste fidèle à la véracité de l'époque et au vécu des réfugiés en général.

(Coll. Encres de vie, 190 p., 18,5 euros)

ISBN : 978-2-336-30841-8, EAN EBOOK : 9782140009730

Structures éditoriales du groupe L'Harmattan

L'Harmattan Italie
Via degli Artisti, 15
10124 Torino
harmattan.italia@gmail.com

L'Harmattan Hongrie
Kossuth l. u. 14-16.
1053 Budapest
harmattan@harmattan.hu

L'Harmattan Sénégal
10 VDN en face Mermoz
BP 45034 Dakar-Fann
senharmattan@gmail.com

L'Harmattan Cameroun
TSINGA/FECAFOOT
BP 11486 Yaoundé
inkoukam@gmail.com

L'Harmattan Burkina Faso
Achille Somé – tengnule@hotmail.fr

L'Harmattan Guinée
Almamya, rue KA 028 OKB Agency
BP 3470 Conakry
harmattanguinee@yahoo.fr

L'Harmattan RDC
185, avenue Nyangwe
Commune de Lingwala – Kinshasa
matangilamusadila@yahoo.fr

L'Harmattan Congo
67, boulevard Denis-Sassou-N'Guesso
BP 2874 Brazzaville
harmattan.congo@yahoo.fr

L'Harmattan Mali
Sirakoro-Meguetana V31
Bamako
syllaka@yahoo.fr

L'Harmattan Togo
Djidjole – Lomé
Maison Amela
face EPP BATOME
ddamela@aol.com

L'Harmattan Côte d'Ivoire
Résidence Karl – Cité des Arts
Abidjan-Cocody
03 BP 1588 Abidjan
espace_harmattan.ci@hotmail.fr

L'Harmattan Algérie
22, rue Moulay-Mohamed
31000 Oran
info2@harmattan-algerie.com

L'Harmattan Maroc
5, rue Ferrane-Kouicha, Talaâ-Elkbira
Chrableyine, Fès-Médine
30000 Fès
harmattan.maroc@gmail.com

Nos librairies en France

Librairie internationale
16, rue des Écoles – 75005 Paris
librairie.internationale@harmattan.fr
01 40 46 79 11
www.librairieharmattan.com

Lib. sciences humaines & histoire
21, rue des Écoles – 75005 Paris
librairie.sh@harmattan.fr
01 46 34 13 71
www.librairieharmattansh.com

Librairie l'Espace Harmattan
21 bis, rue des Écoles – 75005 Paris
librairie.espace@harmattan.fr
01 43 29 49 42

Lib. Méditerranée & Moyen-Orient
7, rue des Carmes – 75005 Paris
librairie.mediterranee@harmattan.fr
01 43 29 71 15

Librairie Le Lucernaire
53, rue Notre-Dame-des-Champs – 75006 Paris
librairie@lucernaire.fr
01 42 22 67 13